기초부터 배우는 **인공지능**

머신러닝, 지식표현, 추론, 인공신경망, 딥러닝, 진화연산, 떼지능, 자연어처리

기초부터 배우는 인공지능

오다카 토모히로 지음 · **이강덕** 감역 · **양지영** 옮김

BM (주)도서출판 **성안당**

Original Japanese Language edition
KISO KARA MANABU JINKOCHINO NO KYOKASHO
by Tomohiro Odaka
Copyright © Tomohiro Odaka 2019
Published by Ohmsha, Ltd.
Korean translation rights by arrangement with Ohmsha, Ltd.
through Japan UNI Agency, Inc., Tokyo

Korean translation copyright © 2021 by Sung An Dang, Inc.

시작하며

인공지능(Artificial Intelligence; AI)이라는 단어가 탄생한 지 벌써 60년이란 시간이 흘렀다. 처음 등장할 당시만 해도 꿈같은 이야기에 불과했던 인공지능이, 지금은 사회를 지탱하는 공학적 기초 기술의 지위까지 구축하게 되었다. 그리고 현대를 살아가는 우리는 일상생활이나 업무 처리 등 여러 가지 상황에서 자연스럽게 인공지능 기술을 이용하고 있다.

이 책에서는 인공지능의 여러 영역에 관한 기초 기술과 구체적인 응용을 체계적으로 다룬다. 대체 인공지능이란 무엇인지, 무엇을 인공지능이라고 하는지와 같은 질문으로 시작해서 인공지능의 다양한 영역, 즉 머신러닝과 지식표현, 추론, 신경망, 딥러닝, 진화연산, 떼지능, 자연어처리, 이미지 인식, 에이전트 게임의 응용 등 다양한 측면에서 인공지능을 쉽게 설명하고 있다.

인공지능은 컴퓨터 소프트웨어 기술이다. 그래서 컴퓨터 프로그램으로 표현하지 못하는 기술은 인공지능 기술이 될 수 없다. 따라서 이 책에서는 필요에 따라 알고리즘 표현이나 수식을 사용해 구체적인 처리 과정을 설명한다. 또한 각 장 말미에는 파이썬(Python) 언어를 이용한 인공지능 프로그래밍 연습문제를 마련하였다. 이러한 내용과 구성은 인공지능이 단순히 흥미로운 이야기가 아닌 인간에게 도움을 주는 공학기술이라는 것을 이해하는 데 도움이 될 것이다.

이 책을 출판하기까지 후쿠이대학의 교육연구 활동으로 얻은 경험이 많은 힘이되었다. 이 자리를 빌려 기회를 주신 후쿠이대학 교직원 및 학생들에게 감사의 말씀을 드린다. 또한 이 책이 세상에 나올 수 있도록 도와주신 옴사 편집국 여러분께도 다시 한 번 감사의 뜻을 표하고 싶다. 마지막으로 집필을 응원해준 가족(요코, 겐타로, 모모코, 유)에게도 고마움을 전한다.

차례

제 **4** 장 지식표현과 추론   81

제 **8** 장   **자연어처리**   165

제 **9** 장   **이미지 인식**   191

제**12**장 인공지능은 어디로 향하는가   259

제 **1** 장

인공지능이란

1장에서는 인공지능의 개요와 인공지능 기술의 구체적인 성과를 개괄하고, 인공지능이란 무엇인지에 대해 살펴본다.

인공지능을 바라보는 데는 다양한 관점이 있지만 이 책에서는 생물의 구조나 지적 활동에서 힌트를 얻은 소프트웨어 기술이라는 입장을 취한다.

1장에서는 인공지능이라는 학문 분야를 간략하게 소개한다.

인공지능은 컴퓨터 과학의 한 분야로 인지과학, 심리학, 언어학이라는 학문 분야와 밀접한 관련이 있다.

1.1.1 인공지능의 위치

인공지능(AI; Artificial Intelligence)은 컴퓨터 과학의 소프트웨어 기술 중 한 분야이다. 컴퓨터 과학은 컴퓨터를 이용한 정보처리 전반을 대상으로 한 학문으로, 컴퓨터가 계산하는 원리를 수학적으로 다루는 **전산이론**이나 전기·전자공학과 관련이 깊은 **하드웨어 기술**, 프로그램이나 데이터를 다루는 **소프트웨어 기술** 등을 말한다.

그중에서 소프트웨어 기술에는 운영체제, 데이터베이스, 소프트웨어 공학, 프로그래밍 언어 또는 컴퓨터 그래픽이나 휴먼 컴퓨터 인터랙션 등 다양한 기술이 있다. 인공지능은 소프트웨어 기술의 일종이고 특히 생물의 구조나 지적 활동에서 힌트를 얻는다(**그림 1.1**).

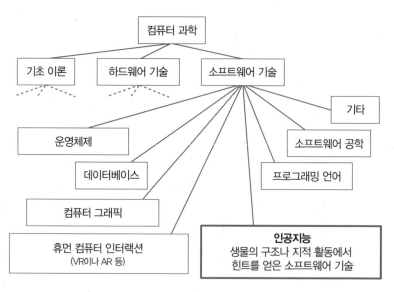

●그림 1.1 컴퓨터 과학에서 인공지능의 위치

1.1.2 인공지능과 인접한 학문 분야

인공지능은 일종의 소프트웨어 기술로, 특히 생물의 지능에서 힌트를 얻는다는 특징이 있다. 그래서 인공지능은 인간이나 생물의 지성과 지능을 다루는 다양한 학문 영역과 인접해 있다.

그림 1.2를 보면 **인지과학**(cognitive science)은 인지 프로세스를 좇아 지능이나 지성을 고찰하는 학문 분야이다. 인지과학의 직접적인 목적은 지능과 지성에 대한 이해로, 이 점은 소프트웨어 기술인 인공지능과는 견해가 다르다. 그러나 생물의 지능에 주목한다는 점에서는 입장이 같고, 특히 둘 다 경계 영역을 초월하는 연구가 진행되고 있다.

심리학(psychology)은 컴퓨터 과학이 정립되기 전부터 인간이나 생물의 지적 활동을 대상으로 연구해 온 학문 분야이다. 인공지능 분야에서는 심리학의 지식을 응용한 기술이 다수 이용되고 있다.

언어의 사용은 인간이나 일부 생물에서 나타나는 두드러진 지적 활동이다. 최근에는 **언어학**(linguistics)과 인공지능의 각 분야에서 서로 영향을 주고받으면서 언어 연구가 진행하고 있다.

철학(philosophy)은 과거 인간의 지능과 지성에 대해 더 깊이 고민하고 연구했던 학문으로, 인공지능과 철학의 관계도 깊다. 특히 '지성이란 무엇인가?'라는 원론적인 질문에 대해서는 철학과 인공지능의 상호 협조적인 연구가 진행되고 있다.

뇌 또는 기타 기능을 추구하는 **뇌과학**(brain science) 그리고 뇌와 신경 전반을 다루는 **신경과학**(neuroscience)도 인공지능 분야와 밀접한 학문 영역이다.

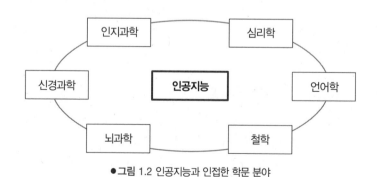

●그림 1.2 인공지능과 인접한 학문 분야

인공지능 연구는 다양한 영역에서 성과를 올리고 있고, 그 결과 많은 영역이 구성되었다.

인공지능을 구성하는 인공지능 분야의 다양한 영역을 **그림 1.3**과 같이 예시해 두었다. 그림에 표시한 각 영역은 서로 밀접한 관계를 맺으면서 인공지능 분야를 구성한다.

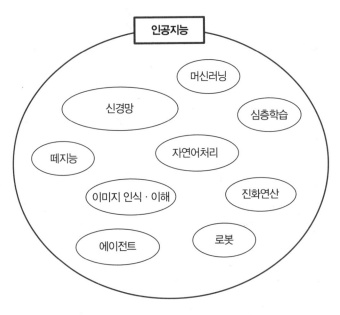

●그림 1.3 인공지능 분야의 다양한 영역

1.2.1   머신러닝

머신러닝(machine learning, **기계학습**)은 기계, 즉 컴퓨터 프로그램이 학습 가능한 구조를 만드는 기술이다(**그림 1.4**). 일반적으로 머신러닝에는 학습 기반이 되는 학습 데이터세트가 필요하다. 머신러닝 시스템에 학습 데이터세트가 주어지면 데이터에 내재한 경향이나 특징을 자동으로 추출한다. 이와 같은 시스템이 학습한 결과로 얻은 지식을 이용해서 새로운 데이터를 분류하거나 미래에 발생할 데이터를

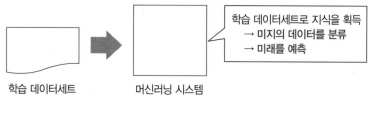

학습 데이터세트　　　　　머신러닝 시스템

●그림 1.4 머신러닝

예측할 수 있다.

　머신러닝에는 다양한 방법이 있으며, **신경망**(neural network)은 그중 하나이다. 신경망은 생물의 신경세포나 신경조직에서 힌트를 얻은 정보처리기구이고, 머신러닝에 의해서 필요한 기능을 자동으로 획득한다. 신경망은 생물의 신경세포를 모델로 한 인공 뉴런을 서로 연결해서 구축한다. 신경망은 머신러닝 시스템의 일종이기 때문에 신경망에 학습 데이터세트를 심어 데이터의 특징을 자동으로 학습할 수 있다.

　신경망 중에서도 특히 최근에는 **딥러닝**(deep learning, **심층학습**) 방법이 크게 주목을 받고 있다(**그림 1.5**). 딥러닝은 신경망의 일종으로, 규모가 크고 복잡한 정보처리가 가능하다. 딥러닝에서 활용되는 신경망은 다수의 인공 뉴런을 교묘하게 접속한 **딥 뉴럴 네트워크**이다.

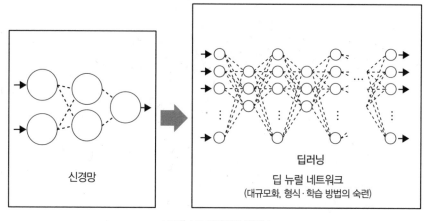

●그림 1.5 신경망과 딥러닝

1.2.2   진화연산

진화연산(evolutionary computation)이나 다음 설명할 **떼지능**(swarm intelligence)
은 생물의 진화나 집단의 행동에서 힌트를 얻은 인공지능 기술이다.

진화연산은 생물집단이 세대를 거치면서 환경과 더 나은 상호작용을 하게 된다
는 진화의 특징을 정보처리에 적용한 기술이다. 진화연산의 전형적인 예인 **유전
자 알고리즘**(genetic algorithm)은 앞으로 다루게 될 문제 영역의 해에 해당하는 정
보를 유전자 정보로 염색체에 코딩한다. 처음에 무작위로 염색체를 작성하고 이
염색체들이 교차, 돌연변이, 선택이라는 유전자 조작을 하면서 세대교체를 한다.
유전자 조작의 결과 새롭게 생성된 자식 세대는 평균적으로 부모 세대보다 우수
한 형질을 가진다. 그리고 계속 세대교체를 거듭하면서 더 좋은 해를 생성한다.

① **해의 정보를 염색체에 코딩한다**

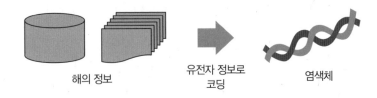

해의 정보   유전자 정보로   염색체
              코딩

② **복수의 염색체를 무작위로 생성해서 초기 세대를 만든다**

초기 세대

③ 유전자 조작을 반복하면서 더 좋은 형질을 획득한다

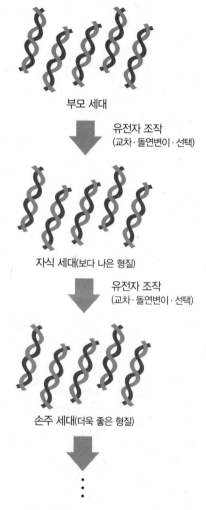

부모 세대

유전자 조작
(교차·돌연변이·선택)

자식 세대(보다 나은 형질)

유전자 조작
(교차·돌연변이·선택)

손주 세대(더욱 좋은 형질)

●그림 1.6 진화연산(유전자 알고리즘)

1.2.3 떼지능

떼지능은 물고기나 새의 무리가 나타내는 지적 활동에서 힌트를 얻은 소프트웨어 기술이다. 떼지능의 각 범주에는 더욱 세분화된 다양한 방법이 있다. 예를 들면 **입자군집 최적화**(PSO; Particle Swarm Optimization)로 불리는 떼지능 방법은 공간 속을 날아다니는 입자의 시뮬레이션을 통해 함수의 최적값을 찾아낼 수 있다.

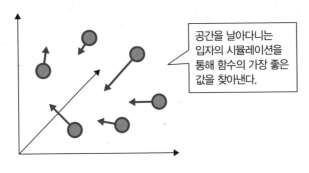

●그림 1.7 떼지능(입자군집 최적화)

1.2.4 자연어처리

자연어처리(natural language processing)는 자연어,[1] 즉 우리가 평소 정보교환이나 사고의 수단으로 사용하는 한국어나 영어와 같은 언어를 다루기 위한 인공지능 기술이다(**그림 1.8**). 자연어처리에는 문서 검색·문서 자동교정·문서 요약·문서 자동생성·기계번역 등 다양한 기술이 있다. 또한 1.3절에서 설명할 음성인식이나 음성합성도 자연어처리의 범주에 포함된다.

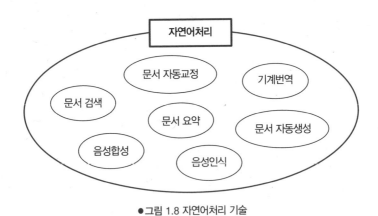

●그림 1.8 자연어처리 기술

---

1) 자연어라는 말은 프로그래밍 언어로 대표되는 인공어와 대치되는 개념으로 사용된다. 인공지능의 세계에서는 종종 자연어와 인공어를 구별해서 다루는 경우가 있기 때문에 한국어나 영어와 같이 우리가 일반적으로 언어라고 말하는 것을 자연어라고 부른다.

1.2.5 이미지 인식

이미지 인식(image recognition)은 인간이 가진 시각계의 역할을 모방하는 인공지능 기술이다(**그림 1.9**). 이미지 인식 기초 기술은 문자와 숫자를 읽거나 제시된 이미지의 특징을 추출해서 그 이미지가 무엇인지를 판단하는 기능이다. 또한 이미지의 의미를 파악해서 얻은 결과를 이용해 정보를 처리하는 **이미지 이해**가 이루어진다.

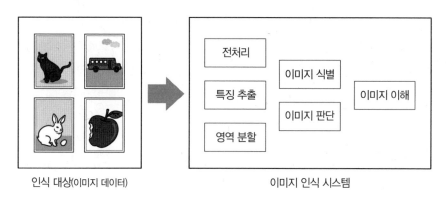

인식 대상(이미지 데이터)   이미지 인식 시스템

●그림 1.9 이미지 인식

1.2.6 에이전트

에이전트(agent)를 기반으로 한 정보처리 모델은 상태(Status: 환경이 보유하는 환경의 상태를 말하며, 에이전트가 일으키는 행동에 따라 업데이트된다 – 옮긴이 주)가 있으며, 환경과 상호작용할 수 있는 에이전트를 중심으로 한 모델이다(**그림 1.10**). 에이전트는 오직 소프트웨어만으로 구성된 소프트웨어 에이전트와 실체가 있는 로봇으로 나뉜다.

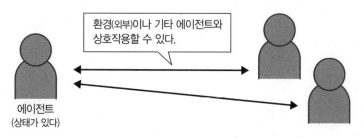

●그림 1.10 에이전트를 기반으로 한 정보처리 모델

인공지능 분야에서는 그림 1.3에서 제시한 영역 외에도 다양한 대상 영역이 있는데, 생물의 지능이나 지성에서 힌트를 얻은 소프트웨어라는 점에서는 전부 관련이 있다.

1.3 생활 속 인공지능 기술

여기에서는 인공지능 기술의 구체적인 성과 사례에 대해 살펴보려고 한다. 현대 사회의 여러 국면에 인공지능을 응용한 공업기술이 기반기술로 이용된다. 인공지능 기술은 우리에게 익숙한 생활 곳곳에서 폭넓게 응용되고 있다. 그 전형적인 예가 애플의 시리(siri)로 대표되는 스마트폰 음성응답 시스템이다(**그림 1.11**).

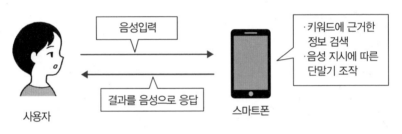

●그림 1.11 스마트폰 음성응답 시스템

스마트폰 음성응답 시스템은 자연어로 음성을 입력하면 키워드에 따라 정보를 검색하거나 스마트폰을 조작한다.

자연어란 한국어나 영어와 같이 우리가 평소 대화나 사고의 수단으로 사용하는 언어를 의미한다. 음성응답 시스템은 검색 결과나 단말기 조작의 결과를 문자만이 아닌 음성의 형태로 사용자에게 응답을 제공할 수 있다.

이러한 처리를 구현하려면 음성을 단어로 인식하는 **음성인식**(speech recognition) 기술이나 주어진 지시의 의미를 해석하는 자연어처리 기술이 필요하다. 게다가 음성으로 응답할 때는 **음성합성**(speech synthesis) 기술이 이용된다. 이와 같은 음성인식과 음성합성은 인공지능 기술의 전형적인 예라 할 수 있다.

그림 1.11과 같이 음성응답 시스템 처리는 일반적으로 다음과 같은 순서로 실행된다.

① 스마트폰에서 음성응답 시스템의 프로그램이 기동되면 음성응답 시스템 프로그램은 사용자의 음성입력을 기다린다.

② 음성이 입력되면 스마트폰의 프로그램은 네트워크를 경유해서 서버에 입력된 데이터를 전송한다.

③ 서버 컴퓨터에서는 음성인식이나 자연어처리 기술을 기반으로 한 처리 프로그램이 주어진 음성 데이터를 분석해서 무엇을 실행할지 결정한다.

④ 그 결과가 다시 스마트폰으로 보내지면 스마트폰에서는 단말기 조작이나 정보 검색 처리를 실행한다.

⑤ 최종 결과는 필요에 따라 음성합성을 통해 음성으로 사용자에게 전달된다 **(그림 1.12)**.

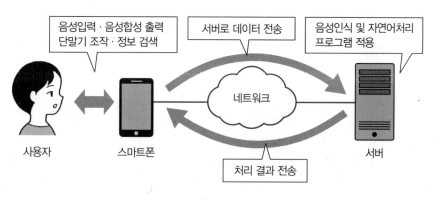

●그림 1.12 음성응답 시스템의 구성

이러한 구조는 스마트폰은 물론 **인공지능 스피커** 등 **네트워크 접속형 휴먼 인터페이스**에서 활용된다. 실제로 인공지능 스피커는 아마존 에코(Amazon Echo)나 구글 홈(Google Home) 등으로 출시되기도 했다.

그림 1.12에서 음성인식이란 스마트폰의 마이크로 입력된 음성정보를 자연어의 문자열로 변환하는 조작을 의미한다. 이 기술은 인공지능 기술의 한 분야로, 오래 전부터 연구해온 기술이다. 또한 그림 1.12의 자연어처리란 주어진 자연어의 문자열을 해석해서 그 의미를 추출하는 처리 과정을 말한다. 이 기술도 인공지능의 연구 분야에서는 20세기 중반부터 꾸준히 연구 개발된 기술이다.

게다가 키워드에 근거한 정보 검색에서는 해당 정보를 대규모 데이터에서 효율적으로 찾아내는 **탐색**(search) 기술이 이용된다. 탐색도 인공지능 역사에서는 초기부터 연구가 진행되던 기술 중 하나이다. 그리고 검색 대상인 데이터를 인터넷에서 수집하기 위해서는 **소프트웨어 에이전트**(software agent)라 불리는 프로그램 기술이 이용된다. 인터넷의 웹서버에 자동으로 액세스해서 웹서버가 보유하는 데이터를 수집하는 프로그램을 **웹크롤러**라고 한다. 웹크롤러는 소프트웨어 에이전트의 일종이고, 인공지능 기술의 연구 성과 중 하나이다(**그림 1.13**). 웹크롤러는 구글이나 야후 같은 검색 엔진에서 정보를 수집하는 데 이용된다.

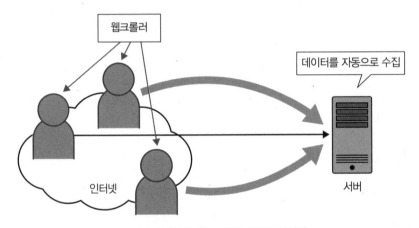

●그림 1.13 웹크롤러(소프트웨어 에이전트의 일종)

스마트폰으로 이용할 수 있는 또 다른 인공지능 기술에는 언어번역 시스템이 있다. 예를 들면 정보 검색 결과로 찾아낸 외국어의 웹페이지를 읽을 때 웹브라우저의 번역 기능을 사용하면 일괄적인 한국어 번역이 가능하다(**그림 1.14**). 이때 사용된 **기계번역**(machine translation) 기술은 인공지능의 한 분야인 자연어처리 과정을 응용한 기술이다. 게다가 기계번역과 음성인식, 음성합성 기술을 융합하면 음성을 토대로 한 자동번역 시스템도 구성할 수 있다. 스마트폰에 이 기능을 탑재하면 자동번역 전화를 구현할 수 있다.

지금까지 음성인식과 자연어처리에 기반을 둔 인공지능 응용기술을 살펴봤는데, 사실 인공지능의 적용 사례는 이뿐만이 아니다. 최근에는 1.2.1에서 설명한 머신러닝이 비약적인 발전을 이룩하면서 머신러닝의 응용 분야로 확대되고 있다. 그중 하나가 온라인 쇼핑 사이트에서 '추천 상품'을 보여주는 기술이다(**그림 1.15**).

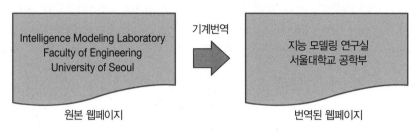

●그림 1.14 웹브라우저의 자동번역 기능

스마트폰이나 퍼스널 컴퓨터(PC)를 이용한 온라인 쇼핑은 현대 생활에서 없어서는 안 될 일상이 되었다. 일반적으로 온라인 쇼핑에서는 고객의 상품 검색 이력이나 주문 이력이 고객의 특징을 표현하는 중요한 정보로 서버에 보존된다. 이러한 정보를 머신러닝 방법으로 학습하고 분석해서 고객의 특징을 나타내는 사용자 모델을 만든다. 온라인 쇼핑 사이트에서는 이러한 사용자 모델을 이용해서 고객의 과거 이용 이력을 참고로 고객이 원할 거라 생각하는 상품을 예측해서 자연스럽게 제안하거나 비슷한 모델을 가지고 있는 다른 고객의 구매 패턴을 활용해 추천 상품의 광고를 제시하는 등의 서비스를 제공하고 있다. 그 결과 같은 쇼핑 사이트라도 각각의 고객 취향에 맞춘 상품이 나타나기 때문에 고객마다 표시되는 내용이 다르다.

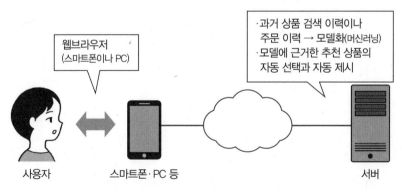

●그림 1.15 온라인 쇼핑 사이트의 '추천 상품' 표시 기술

이미지 인식 기술은 인공지능 기술의 중요한 한 분야를 구성한다. 스마트폰이나 PC의 **얼굴인식 시스템**은 이미지 인식 기술을 응용한 예이다. 얼굴인식 기술을 응용한 예로는 얼굴 이미지를 이용한 시스템이 있다(**그림 1.16**). 얼굴인식 시스템을 활용하면 디바이스를 이용할 때 비밀번호나 패턴을 입력하지 않고 카메라로 얼굴 이미지를 촬영하기만 해도 인증이 가능하다.

●그림 1.16 스마트폰의 얼굴인식 시스템

이미지 인식 기술의 응용으로 자동차 등 자율주행기술이 구현되고 있다. 자율주행기술은 레이더, 광계측 디바이스, GPS와 같은 정보와 더불어 카메라로 얻은 이미지 정보를 이용해서 상황을 판단하여 자동차를 운전한다(**그림 1.17**). 이미지 인식 기술은 이미 실용화되고 있는 자동브레이크나 평행주차의 어시스트 시스템에도 이용된다.

●그림 1.17 자율주행기술

최근에는 인공지능 기술에 있어 중요한 부분으로 게임 세계가 있다. 게임에 적용된 인공지능 기술에는 바둑이나 장기게임 소프트웨어 등이 있다(**그림 1.18**). 이러한 게임 소프트웨어 중 일부는 머신러닝의 한 분야인 딥러닝(1.2.1)이 이용된다. 바둑이나 장기의 세계에서는 최첨단 인공지능 게임 소프트웨어의 실력이 인간 세계의 챔피언을 능가한다고 한다.[2]

●그림 1.18 게임 소프트웨어의 머신러닝·딥러닝 이용

1.4 산업에 응용되는 인공지능

인공지능 기술은 일상생활뿐 아니라 사회의 다양한 국면에서 이용되고 있다. 예들 들면 주식이나 증권 매매에는 **전문가 시스템**(expert system)이 이용된다. 전문가 시스템은 시스템이 가진 지식을 이용해 자율적으로 추론하는 것으로, 인간 전문가와 같은 지적 처리를 하는 인공지능 시스템이다.

주식이나 증권의 매매에서는 동향이나 사회 정세에 관한 정보를 입력 데이터로 받아 시스템에 구비된 전문지식을 이용해서 자동적인 추론을 하고 자동으로 주식과 증권을 매매한다(**그림 1.19**). 이러한 시스템을 활용한 매매는 인간의 수작업으로는 절대로 흉내낼 수 없을 정도로 빠른 속도로 진행된다. 전문가 시스템은 인공지능 분야에서 지식표현이나 탐색·추론·머신러닝 등의 요소 기술을 조합한 응용 기술이다. 전문가 시스템은 의료 분야에서 투약과 진단을 보조하거나 위성사진을 이용한 자원탐사와 같은 다양한 상황에서 활용된다.

---

2) 바둑이나 장기 인공지능 게임 소프트웨어에 관해서는 2장과 11장에서 자세하게 다룬다.

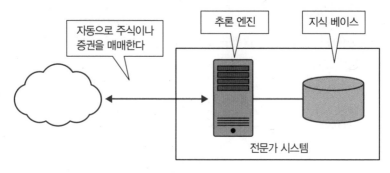

●그림 1.19 전문가 시스템을 활용한 주식이나 증권 매매

빅데이터(big data)가 여러 분야에서 이용되고 있다. 빅데이터란 인터넷을 매개로 수집된 대규모 데이터를 총칭하는 말로, 발생원은 다수의 센서나 각종 애플리케이션 시스템, 분산 데이터베이스 시스템 등 종류도 다양하다.

빅데이터를 판매 예측이나 재고 관리에 활용할 경우에 인공지능 기술을 이용하는 경우가 있다. 예를 들면 어떤 상품을 소매점에서 구매할 때 빅데이터의 머신러닝으로 얻은 정보를 토대로 판매를 예측한다. 그 결과를 토대로 구매하면 최적의 재고 관리를 할 수 있다(**그림 1.20**). 이런 경우의 판매 예측에는 과거 판매 동향 데이터뿐만 아니라, 예를 들면 기온이나 날씨 같은 데이터도 포함할 수 있고, 내일 최고 기온이 1℃ 높아지면 청량음료의 판매 매출이 1.2배 상승한다는 구체적인 예측도 가능하다.

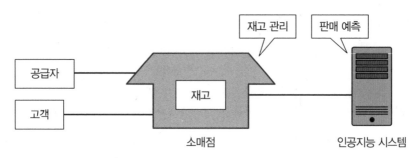

●그림 1.20 머신러닝을 이용한 빅데이터 분석의 응용

제조 현장에서는 로봇의 활약이 두드러진다. 로봇에는 다양한 인공지능 기술

이 탑재되어 있다. 로봇의 시각기구인 **로봇비전**(robot vision)이나 로봇의 **동작제어**(motion control) 및 **운동계획**(motion planning)은 다양한 로봇의 구성기술로 응용된다. 최근에는 로봇의 동작제어에 머신러닝, 특히 **강화학습**(reinforcement learning)의 성과가 활용되고 있다.

강화학습은 어떤 행동의 최종 결과를 통해 행동의 좋고 나쁜 점을 학습할 수 있는 머신러닝 기술이다. 강화학습을 로봇 동작의 제어학습에 적용하면 이족보행과 같은 복잡한 제어지식을 자동적·자율적으로 획득할 수 있다. 이 경우 학습을 통해 보행연습을 반복하면서 점점 정확한 이족보행의 제어지식을 획득할 수 있다. (그림 1.21).

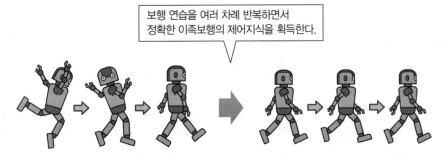

보행 연습을 여러 차례 반복하면서
정확한 이족보행의 제어지식을 획득한다.

●그림 1.21 강화학습을 통한 로봇의 제어지식 획득

1.5 인공지능의 정의

지금까지는 주변의 생활공간에서 산업응용에 이르기까지 인공지능 기술이 폭넓게 우리 사회에 침투해 있는 모습을 살펴봤다. 여기에서는 도대체 인공지능 기술이란 무엇인지 그리고 최근에 인공지능 기술이 주목받는 이유는 무엇인지 살펴본다.

1.5.1 인공지능에 대한 두 가지 입장

앞에서 살펴본 바와 같이 모든 인공지능 기술은 컴퓨터 소프트웨어 기술과 관련이 깊다. 머신러닝이나 언어처리 등 모든 인공지능 기술은 인간과 기타 생물의 지적 활동을 컴퓨터 소프트웨어로 모방해서 고도의 처리를 한다.

따라서 인공지능은 똑똑한 소프트웨어를 만들기 위한 목적으로 생물이나 인간에게서 나타나는 지적 활동을 관찰하고, 그 결과로 소프트웨어 작성에 도움을 주는 기술이라고 할 수 있다(**그림 1.22**). 이와 같은 관점에서 인공지능을 **약한 AI (weak AI)**라고 부르기도 한다. 이 책에서는 일관되게 약한 AI의 입장을 취한다.

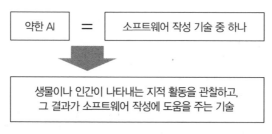

●그림 1.22 소프트웨어 기술로서의 인공지능(약한 AI)

한편, 인공지능은 단순한 소프트웨어 기술이라기보다는 생물의 지능과 직결된 기술이라는 관점도 있다. 이러한 관점에서는 생물이나 인간이 가진 지능과 지성을 인공적으로 만들어내는 것에 목적을 둔다. 이것을 **강한 AI(strong AI)**라고 한다 (**그림 1.23**).

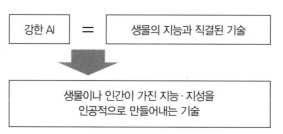

●그림 1.23 생물이나 인간이 가진 지능과 지성을 인공적으로 만들어내는 기술(강한 AI)

약한 AI와 강한 AI의 입장은 어느 쪽의 옳고 그른 문제가 아니다. 그러나 우리의 생활을 더 나은 쪽으로 이끄는 공학기술 관점에서 본 인공지능 기술은 약한 AI 입장에 더 가깝다.

약한 AI와 강한 AI에 관한 논의는 3장부터 다양한 인공지능 기술을 살펴본 후에 12장(마지막 장)에서 다시 다루려고 한다.

1.5.2　왜 인공지능 기술이 주목받는 것일까

　최근 들어 인공지능 기술, 특히 머신러닝과 딥러닝 기술이 주목을 받고 있다. 2
장에서 설명하겠지만 인공지능 연구 자체는 이미 1950년대부터 시작되었다. 지금
다시 인공지능 기술이 주목을 받는 데에는 몇 가지 요인이 있다(**그림 1.24**).

① 컴퓨터 하드웨어 기술의 극적인 발전

인공지능

② 인터넷의 확대　　　　　③ 인공지능기술 자체의 발전

●그림 1.24 왜, 지금 인공지능 기술이 주목받는 것일까?

　첫 번째 요인으로 컴퓨터 하드웨어 기술의 극적인 발전을 들 수 있다. 현대적인
전자식 컴퓨터가 발명된 것은 1940년대였으나 그 당시 컴퓨터는 지금의 컴퓨터와
는 비교도 안 될 정도로 느린 데다 데이터 용량도 아주 작았다. 이후 컴퓨터 하드
웨어 기술이 급속하게 발전해서 현재는 스마트폰의 계산 능력이 과거 슈퍼컴퓨터
에 필적할 정도가 되었다. 따라서 얼마 전까지만 해도 불가능하던 대규모 계산이
가능해지고, 인공지능의 소프트웨어 능력도 크게 진보하였다.

　두 번째 요인으로 인터넷의 확대가 큰 영향을 미치고 있다고 보인다. 인공지능
을 다루는 문제 영역에서는 양질의 데이터를 대량으로 수집할 필요가 있다. 현재
인터넷은 많은 종류의 다양한 데이터를 대량으로 유통하고 축적한다. 이러한 데
이터를 인공지능 기술로 처리하게 되면서 과거에는 불가능하던 대규모이고 복잡
한 현실 문제에 대처할 수 있게 되었다.

　마지막 요인으로 인공지능 기술 자체의 발전도 중요하다. 20세기 중반부터 시
작된 인공지능 연구는 지금도 발전 도상에 있고, 최근에도 머신러닝 기술에 있어
딥러닝이 발전하는 등 인공지능 기술은 끊임없이 향상되고 있다.

　이처럼 현재 인공지능 기술은 **빠른 속도로** 결실을 보고 있다. 3장에서는 다양
한 인공지능 기술을 살펴보면서 그 본질에 접근해보려고 한다.

제 2 장

인공지능 연구의 역사

인공지능 연구는 1940년대 컴퓨터 발명을 전후로 시작되었다.

2장에서는 인공지능 연구의 발단부터 현재에 이르는 인공지능의 역사를 들여다본다.

2.1 [1940년~] 컴퓨터 과학의 시작

이 책의 입장인 '소프트웨어 기술로서의 인공지능' 개념이 탄생한 것은 전자식 계산 기계인 컴퓨터가 발명된 직후이다. 2장에서는 컴퓨터 과학의 시작과 인공지능의 시작을 개괄한다.

2.1.1 존 폰 노이만과 셀룰러 오토마타

세계 최초 전자식 컴퓨터는 1940~1950년대에 개발된 것으로 알려져 있다. 세계 최초의 컴퓨터가 구체적으로 어떤 것이었는지에 관해서는 의견이 분분하지만 **표 2.1**에 정리한 것처럼 컴퓨터가 동 시대에 개발되고 발표된 것은 분명하다.

표 2.1을 보면 가장 빠른 시기에 가동된 컴퓨터는 ABC(Atanasoff-Berry Computer)이다. ABC는 전자식 자동계산 장치의 구성이 실제로 가능하다는 것을 보여주었으며, 1942년에 가동했다는 점에서 초기 컴퓨터라 할 수 있다.

에니악(ENIAC)은 컴퓨터를 공학적으로 응용할 수 있게 한 세계 최초의 전자계산기이다. 에니악은 1940년대라는 시대적인 배경도 작용하여 포탄의 탄도 계산에 이용되었고, 일부는 원자폭탄 개발과 관련이 있는 계산에도 이용되었다. 진공관을 논리소자로 이용한 에니악은 그때까지 사용된 전기계산식 계산기보다 훨씬 빨라서 컴퓨터의 실용적인 가치를 보여주었다.

1949년에 가동된 애드삭(EDSAC)는 현재 우리가 이용하는 컴퓨터의 원리로 구성된 컴퓨터이다. 그런 의미에서 애드삭은 현재 컴퓨터의 선조인 셈이다.

●표 2.1 1940~1950년대에 처음 가동된 컴퓨터

가동된 해	명칭	설 명
1942년	ABC	아이오와주립대학의 아타나소프(John V. Atanasoff)와 베리(Cifford Berry)가 만든 실험적 전자식 컴퓨터
1946년	에니악 (ENIAC)	펜실베이니아대학의 모클리(J. W. Mauchil)와 에커트(J. P. Eckert)가 발명한 실용적 전자식 컴퓨터. 포탄의 탄도 계산 등 실용적인 문제를 계산하는 데 이용되었다.
1949년	에드삭 (EDSAC)	케임브리지대학의 윌키스(Maurice V. Wilkes)가 완성한 전자식 컴퓨터. 오늘날 사용되는 컴퓨터의 기본 구성과 같다는 점에서 현재 컴퓨터의 선조라고 여겨진다.
1951년	에드박 (EDVAC)	에니악의 뒤를 잇는 것으로, 모클리와 에커트가 만든 전자식 컴퓨터

이러한 컴퓨터 개발에는 많은 사람이 참여했는데, 그중에서도 **존 폰 노이만**(John von Neumann)은 오늘날 컴퓨터 아키텍처의 명칭인 '폰 노이만 구조'로도 명성을 남기는 등 큰 역할을 했다. 폰 노이만 구조라는 명칭은 표 2.1의 **에드박**(EDVAC)에 관련된 기술 보고서에서 처음 설명한 데서 유래되었다.

폰 노이만은 컴퓨터 개발에 큰 영향을 미쳤을 뿐만 아니라 다양한 과학기술 분야에도 지대한 공헌을 했다. 그 영향 범위는 상당히 넓어 수학의 기초 분야, 물리학, 기상학, 경제학 등 여러 분야에서 새로운 영역을 개척했다. 컴퓨터 과학 분야에서도 컴퓨터 성립에 공헌한 것은 물론 **셀룰러 오토마타**(Cellular Automata) 개념을 제창하면서 나중에 등장하는 인공지능과 인공생명 연구에도 큰 영향을 미쳤다.

셀룰러 오토마타는 상호 정보를 교환하는 셀들이 모여서 어떤 규칙에 따라 정보교환과 상태전이를 반복하면서 시간의 경과에 따라 상태가 변화하는 시스템이다(**그림 2.1**). 즉, 각각의 요소가 시간과 더불어 상호작용하는 현상을 단순화해서 모델링한 수학적 시스템이라고 할 수 있다. 셀룰러 오토마타는 생명현상과의 관련이 깊어 폰 노이만의 연구는 인공지능 분야만이 아닌 인공생명 분야 연구에서도 선구적인 역할을 했다.

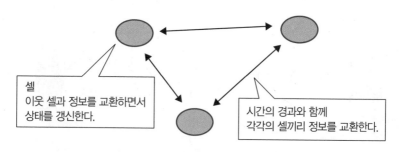

셀
이웃 셀과 정보를 교환하면서
상태를 갱신한다.

시간의 경과와 함께
각각의 셀끼리 정보를 교환한다.

●그림 2.1 셀룰러 오토마타

셀룰러 오토마타를 이용하면 다양한 물리현상이나 생물의 행동을 모델링한 시뮬레이션이 가능하다. 또한 교통의 흐름이나 혼잡한 상황에 부닥친 사람의 움직임을 셀룰러 오토마타를 이용해서 모델링하는 등 사회현상에 적용하는 연구에도 활용되고 있다.

이처럼 폰 노이만이 제창한 셀룰러 오토마타 개념은 생물의 행동에서 학습하는 소프트웨어 기술인 인공지능 기술의 탄생에도 지대한 영향을 미쳤다.

2.1.2 튜링 테스트

같은 시대에 인공지능 연구에 큰 공헌을 한 인물로 **앨런 튜링**(Alan Turing)이 있다. 튜링은 수학자로 2차 세계대전 중에 독일군의 암호 해독에 크게 기여했다는 이야기는 유명하다.

컴퓨터 과학에서도 튜링은 **튜링 기계**(Turing machine)를 제창하여 계산이론 정립에 크게 공헌했음은 물론, 인공지능 분야에서는 **튜링 테스트**(Turing test)를 제안하여 인공지능 연구에도 많은 영향을 미쳤다.

튜링 테스트는 1950년에 MIND지에 소개된 논문 'Computing Machinery and Intelligence'에서 튜링이 제안한 인공지능의 지능과 지성을 판별하는 실험방법이다.

튜링 테스트는 **그림 2.2**와 같은 설정에서 이루어진다. 그림 2.2에서 질문자는 인간이다. 질문자는 응답자와 채팅할 수 있다(1950년 논문에서는 채팅이 아닌 텔레타이프를 사용한 통신이었다). 응답자는 인간 또는 컴퓨터이다. 이러한 설정에서 만약 질문자가 인간인지 컴퓨터인지 응답자의 정체를 알아내지 못하면 '응답자인 컴퓨터는 인간과 지능이 같다고 간주해도 된다'는 것이 튜링의 주장이다.

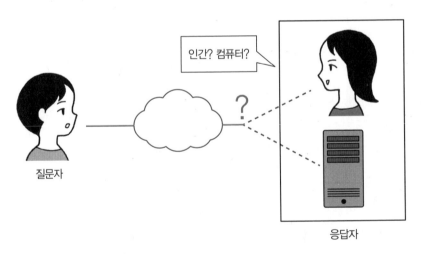

●그림 2.2 튜링 테스트

튜링 테스트에는 여러 가지 비판이 따랐다. 현대사회를 살아가는 우리 생각으로는 SNS에서 인간처럼 행동하는 챗봇도 사실 단순한 조건반사적인 프로그램이며 지성과는 무관하다는 사실을 잘 알고 있다. 따라서 인간처럼 대화하는 프로그램이 반드시 지적이라고는 할 수 없다. 사실 튜링 자신도 논문 대부분을 할애해서 튜링 테스트를 비판하면서 고찰했다. 그러나 역사상 처음으로 지성을 객관적인 것으로 파악하고 그것을 구체적으로 표현하면서 공식적인 논의를 전개했다는 점에서 인공지능에 기여한 바가 크다고 할 수 있다.

2.2 [1956년] 다트머스 회의에서 인공지능 분야의 확립

1956년 여름 다트머스 대학에서 젊은 연구자들이 주체가 되어 인공지능을 주제로 한 학술회의가 개최되었다. 이 세미나의 발기인에는 나중에 인공지능계의 중요 인물이 되는 **존 맥카시**(John McCarthy)와 **마빈 민스키**(Marvin Minsky) 등이 있었다. 회의의 취지문에는 '학습이나 기타 지능의 특징은 컴퓨터를 이용해 시뮬레이션이 가능한 형식으로 기술할 수 있다'는 주장이 들어 있다. 다시 말하면 프로그래밍으로 인공적인 지능을 구현할 수 있다는 의미이다.

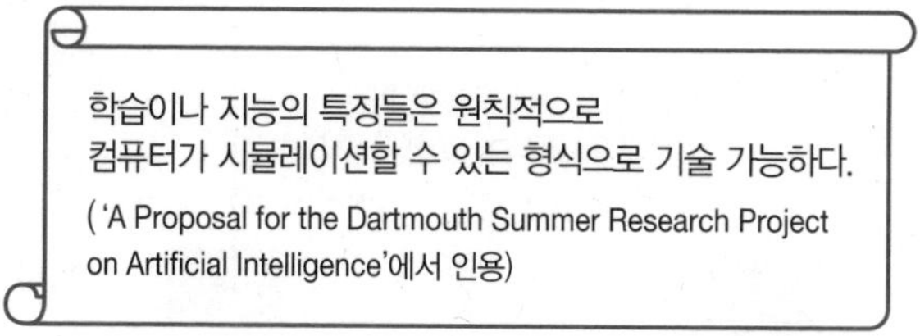

학습이나 지능의 특징들은 원칙적으로
컴퓨터가 시뮬레이션할 수 있는 형식으로 기술 가능하다.
('A Proposal for the Dartmouth Summer Research Project
on Artificial Intelligence'에서 인용)

●그림 2.3 다트머스 회의

인공지능(AI)이라는 용어는 맥카시가 이 회의에서 처음 사용했다고 전해진다. 다트머스 회의 이후 인공지능 연구는 더욱 활발하게 진행되었다.

[1960년~] 자연어처리 시스템

2.3.1   1965년: 요제프 바이첸바움의 ELIZA

1965년 ACM(Association for Computing Machinery, 미국 컴퓨터 학회)의 학회지인 CACM(Communications of the ACM)에 **요제프 바이첸바움**(Joseph Weizenbaum)의 논문이 게재되었다. 이 논문에서 바이첸바움은 **엘리자**(ELIZA)라는 프로그램을 발표한다.

엘리자는 MAD-SLIP이라는 프로그래밍 언어로 기술된 자연어처리 프로그램이다. 엘리자는 사용자와 영어로 대화를 하는데, 그때 비지시적 상담을 하는 상담사의 행동을 모방하도록 만들어졌다. 즉, 사용자가 입력한 단어 등을 힌트로 규칙에 따라 앵무새처럼 응답문을 작성해서 마치 카운슬링을 하는 것처럼 동작한다.

엘리자는 간단한 구문 해석과 패턴 매칭에 따른 응답 시스템으로, 사용자가 발언한 의미를 처리하는 기능은 없다. 마치 챗봇을 간략화한 것 같은 시스템이다. 그러나 사용자의 질문에 대답하는 형태에 따라서는 마치 의미 있는 대화가 성립하는 것처럼 보이기도 한다. 이런 점은 튜링 테스트와도 관련해서 인공적인 지능이란 무엇인지 또는 생물의 지능이란 무엇인지와 같은 의문을 푸는 실마리가 될 수 있을 것이다.

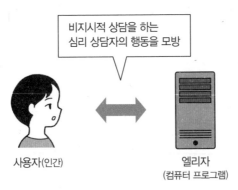

비지시적 상담을 하는
심리 상담자의 행동을 모방

사용자(인간)   엘리자
(컴퓨터 프로그램)

●그림 2.4 바이첸바움의 엘리자

2.3.2 1971년: 테리 위노그래드의 블록 세계(SHRDLU)

슈드루(SHRDLU)는 **테리 위노그래드**(Terry Winograd)가 1970년대에 개발한 자연어 이해에 관한 인공지능 시스템이다. 사용자는 슈드루와 자연어(영어)로 대화하면서 슈드루가 관리하는 가상환경 속에 있는 블록의 조작을 명령할 수 있다.

슈드루에서는 영어로 시스템에 지시한다. 지시 내용은 시스템에 준비된 로봇팔을 이용한 블록의 조작이다. 사용자는 가상환경에 있는 블록을 영어로 지정하고 시스템에 영어로 조작을 지시하여 그 블록을 로봇팔로 잡아서 다른 장소로 이동시킬 수 있다.

조작 대상인 블록의 지정은 예를 들면 '빨간 입방체 블록'이라든지, '작고 파란 블록'과 같은 표현을 사용한다. 블록 조작은 '지정한 블록을 로봇팔로 잡아서 바닥에 둬'라든지, '다른 블록 위에 쌓아둬'와 같은 지시로 이루어진다. 이처럼 사용자가 내린 조작 지시를 슈드루 시스템은 자연어(영어)로 그 의미를 분석하고 조작한다.

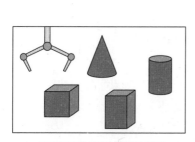

원통형 블록을 잡아

슈드루가 관리하는 블록의 세계　　　자연어로 조작을 지시

●그림 2.5 슈드루

엘리자와 달리 슈드루는 사용자가 입력한 자연어로 지시한 의미를 해석한다. 또한 지시 내용이 애매해서 정보가 부족할 경우에는 추론을 통해 합리적인 지시 내용을 결정할 수 있다. 그래서 비록 블록이라는 한정된 세계이기는 해도 슈드루는 의미를 해석하면서 인간과 대화가 가능한 시스템이라고 할 수 있다.

그렇다면 인공지능은 블록 세계와 같은 한정된 세계에서 벗어나 일반 세계에서도 같은 능력을 발휘할 수 있을까? 문제를 특정하지 않고 적용 가능한 인공지능을 **범용 인공지능**(AGI; Artificial General Intelligence)이라고 부른다. 지금까지 다양한 접근을 통해 범용 인공지능을 추구해봤지만 아직은 실현 단계에 이르지 못한 듯하다. 그러나 슈드루 이후 인공지능은 특정한 적용 분야에서 그 능력을 발휘해 온 것이 사실이다.

2.4 [1970년~] 전문가 시스템

1970년대에는 **전문가 시스템**(expert system)이라 불리는 인공지능 시스템이 활발하게 연구 개발되었다. 전문가 시스템은 인간(전문가), 즉 엑스퍼트의 전문 지식을 기반으로 추론하고 컴퓨터 프로그램이 시뮬레이션하는 인공지능 시스템이다.

현재 개발된 전문가 시스템의 전형적인 예로 **마이신**(MYCIN)이 유명하다. 마이신은 스탠퍼드대학교에서 1970년대에 개발된 전문가 시스템으로 의학적인 진단, 특히 감염병 치료를 지원하기 위한 목적으로 활용되었다. 마이신은 환자의 상태나 의학적 검사 결과를 입력정보로 받아 미리 준비한 지식 베이스를 이용해서 추론을 진행한다. 그 결과로 진단 결과와 치료 방법을 출력한다(**그림 2.6**).

마이신은 의료 분야의 전문가 시스템이지만 지식 베이스를 기반으로 추론을 진행한다는 사고 방식은 다른 분야에도 적용할 수 있다. 예를 들어 마이신보다 먼저 개발된 전문가 시스템 **덴드럴**(DENDRAL)은 마이신과 같은 형식으로 구성된 화학 분야의 질량분석을 지원하는 전문가 시스템이다.

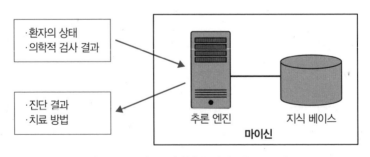

·환자의 상태
·의학적 검사 결과

·진단 결과
·치료 방법

추론 엔진   지식 베이스
마이신

●그림 2.6 마이신(전문가 시스템)

전문가 시스템은 다양한 분야에 적용되어 많은 실용적인 성과를 내고 있다. 1장에서 설명한 바와 같이 전문가 시스템은 원격탐사 분야에서 자원탐사에 응용되거나 증권거래에서 실시간 전문가 시스템에 적용되는 등 실질적인 국면에서 다양하게 활용된다.

2.5　[1960년~] 퍼셉트론과 오차역전파법

2.5.1　인공 신경망의 탄생

인공 신경망(artificial neural network)은 생물의 신경세포가 구성하는 회로망을 모델로 해서 수학적으로 모방한 계산 기구이다. 신경세포를 모방한 구성 요소인 **인공 뉴런**(artificial neuron)이 복수 결합해서 신경망을 형성한다. **그림 2.7**에서 원으로 표시한 것이 인공 뉴런이다. 그림에서는 복수 인공 뉴런의 입출력이 다층 상태로 연결되어 있다.

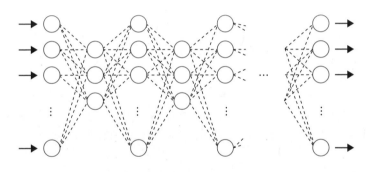

복수의 인공 뉴런(구성 요소)이 상호 결합

●그림 2.7 인공 신경망의 구성 예

인공 신경망의 개념을 처음 제창한 사람은 **워렌 맥컬로치**(Warren McCulloch)와 **월터 피츠**(Walter Pitts)이다. 그들은 1943년 논문에서 인공 뉴런의 수학적 모델을 발표했다. 그 모델은 현재 사용되고 있는 신경망을 구성하는 인공 뉴런의 원형이다.

그림 2.8은 인공 뉴런의 구성을 나타낸 것이다. 그림과 같이 인공 뉴런은 다수의 신호를 받아 하나의 신호를 출력하는 계산 소자로 간주할 수 있다. 입력신호를 받으면 각 입력신호에 대응한 계수를 곱해서 그 결과를 합산한다. 이 계수를 **가중치** 또는 **결합 하중**이라 하고, 이렇게 구한 값에 적당한 비선형 함수를 적용하는데, 이 비선형 함수를 **전이함수**라고 한다. 전달함수는 **출력함수** 또는 **활성화함수**라고 부르기도 한다. 전이함수의 종류 등 인공 뉴런의 자세한 구성 방법에 대해서는 5장에서 다시 설명한다.

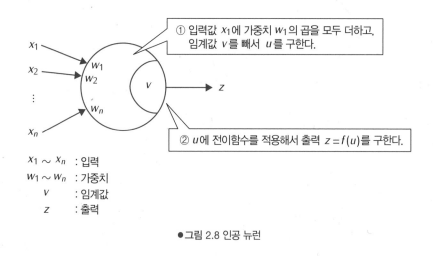

$x_1 \sim x_n$: 입력
$w_1 \sim w_n$: 가중치
v : 임계값
z : 출력

●그림 2.8 인공 뉴런

이후 혼동의 소지가 없는 한 인공 신경망을 줄여서 신경망이라고 하겠다.

2.5.2. 퍼셉트론

1958년에 **프랑크 로젠블라트**(Frank Rosenblatt)는 **퍼셉트론**(perceptron)이라는 신경망을 발표했다. 퍼셉트론은 뉴런을 층 상태로 병렬한 계층형 신경망의 일종이다(**그림 2.9**). 로젠블라트 등이 연구한 퍼셉드론은 그림 2.7에서 볼 수 있듯이 입력층에서 은닉층 결합이 임의의 수로 결정되는 무작위 결합이고, 출력값은 0 또는 1의 두 개 값이다. 이 설정으로 입출력 쌍으로 주어진 데이터를 사용해 은닉층에서 출력층으로 이어지는 결합을 조절하면서 입출력 관계를 학습한다. 퍼셉트론 학습에 대해서는 5장에서 다시 설명한다.

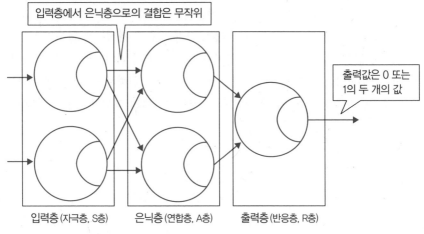

입력층에서 은닉층으로의 결합은 무작위

출력값은 0 또는
1의 두 개의 값

입력층(자극층, S층)　　은닉층(연합층, A층)　　출력층(반응층, R층)

●그림 2.9 퍼셉트론(로젠블라트 등이 제안한 오리지널 구성)

현재 퍼셉트론은 적극적으로 연구되어 퍼셉트론의 능력과 더불어 한계도 밝혀
졌다. 그 결과 퍼셉트론이 적용 가능한 문제의 범위도 명확해졌다. 그리고 한 시
대를 뒤흔들던 신경망 연구도 서서히 진정되기 시작했다.

2.5.3　오차역전파법

퍼셉트론 붐 이후 한동안 신경망 연구는 잠잠했다. 그러다 1986년에 신경망 학
습을 다룬 **데이비드 럼멜하트**(David E. Rumelhart) 등의 논문이 발표되면서 신경망
연구가 다시 관심을 끌기 시작했다.

논문에서는 퍼셉트론과 같은 계층형 신경망을 학습하는 방법으로 **오차역전파법**
(backpropagation)을 정식화했다. 일반적으로 신경망 학습이란 표준이 되는 입출
력 관계를 기술한 복수의 학습 데이터를 사용해서 특정 입력 데이터에 기대하는
출력값이 출력되도록 신경망의 매개변수를 조절하는 조작을 말한다. 오차역전파
법은 계층형 신경망 학습을 효율적으로 할 수 있는 알고리즘이다.

오차역전파법에 의한 계층형 신경망 학습에서는 처음에 네트워크에 입력 데이터를 주고 네트워크의 출력값을 계산한다. 그때 학습이 완성되지 않은 네트워크에서는 기대하는 값과는 다른 값이 출력된다. 그리고 이 기댓값과 출력값의 차를 오차로 간주한다. 오차역전파법에서는 오차를 줄이기 위해서 네트워크의 매개변수를 조정한다(**그림 2.10**). 조정 방법 등 오차역전파법의 자세한 내용은 5장에서 다시 설명한다.

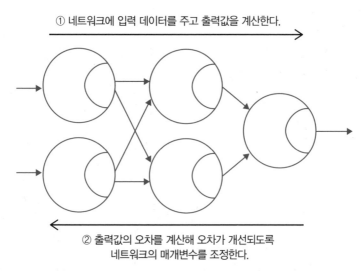

① 네트워크에 입력 데이터를 주고 출력값을 계산한다.

② 출력값의 오차를 계산해 오차가 개선되도록
네트워크의 매개변수를 조정한다.

●그림 2.10 신경망 학습

오차역전파법을 사용하면 초기 퍼셉트론이 안고 있는 한계를 돌파하여 더욱 확장된 문제 영역에 계층형 신경망을 적용할 수 있게 된다. 그래서 계층형 신경망의 이용 범위가 확대되고 신경망 연구도 다시 활성화되었다.

그러나 이후에는 역사가 다시 반복되었다. 오차역전파법을 이용한 신경망 구축에 관한 연구가 진행되자 이번에는 이러한 형식의 신경망에서 처리힐 수 있는 문제 영역의 판별이 가능해지면서 동시에 한계도 밝혀졌다. 특히 대규모적이고 현실적인 데이터 처리에는 당시의 컴퓨터 능력이 충분하지 않은 데다 신경망의 구조설계와 학습에 관한 문제가 많아 적용이 어려운 상황이었다.

그리고 이러한 문제를 해결하기 위해서는 21세기에 딥러닝 기술이 출현할 때까지 기다려야 했다.

2.6 [1950년~] 체스, 체커, 바둑 대전 프로그램

2.6.1 1950년~ : 체커 게임 프로그램

인공지능 연구가 시작된 1950년대 당시부터 체커나 체스 같은 보드게임에 인공지능 기술을 응용하는 시도가 이루어졌다. 왜냐하면 보드게임은 지적 활동이면서도 게임 세계는 규모가 한정된 작은 세계여서 인공지능 기술의 대상으로 삼기 쉬웠기 때문이다.

초기 게임 연구에는 **아서 사무엘**(Arthur Lee Samuel)의 체커 게임 프로그램이 있다. 체커는 두 명이 대전하는 보드게임으로, 말을 움직여 상대의 말을 따먹는다. 상대의 말을 전부 따먹거나 상대편 말을 움직일 수 없는 상태로 만드는 쪽이 이긴다.

사무엘은 1950~1970년대에 걸쳐 체커 게임 프로그램을 연구했다. 그 과정에서 사무엘은 프로그램에 게임 지식을 집어넣기 위해 **지식표현**이나 **탐색**과 같은 인공지능의 기초적인 기술을 검토했다. 여기서 말하는 지식표현이란 사실과 사실의 관계 또는 규칙 등을 인공지능 시스템이 이용할 수 있는 형식으로 기술하는 방법을 의미한다. 그리고 탐색은 지식표현으로 주어진 데이터 구조를 통해 조건에 일치하는 데이터를 찾아내는 알고리즘이다. 지식표현과 탐색 기술은 인공지능 시스템을 구성하는 데 꼭 필요한 기초 기술이다.

사무엘은 수작업으로 전략 지식을 체커 게임 프로그램에 심는 방법 말고도 프로그램이 스스로 학습해서 더 나은 전략을 획득하는 시스템을 도입했다. 이것을 **머신러닝**이라 부르며, 현재 머신러닝은 인공지능의 중심이 되는 기술이다. 이와 같이 체커 게임 프로그램의 개발을 통해 인공지능의 기초 기술이 발전했다.

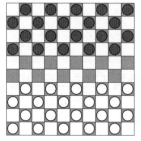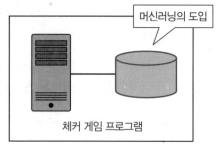

수작업으로 전략 지식을 체커 게임 프로그램에 심는 것뿐만 아니라
프로그램이 머신러닝을 통해 더 나은 전략을 획득하는 시스템을 도입

●그림 2.11 체커 게임 프로그램과 머신러닝

2.6.2 1990년~ : 체스 게임 프로그램

체커는 비교적 단순한 내용의 게임이다. 반면에 같은 보드게임이라도 체스는
더 복잡하다. '게임이 복잡하다'는 의미는 초기 배치부터 규칙에 따라 보드가 변
하는 경우의 수가 많다는 것을 의미한다. 게임이 복잡하면 컴퓨터 프로그램이 처
리해야 할 데이터 양이 많아져서 보드의 변화를 충분히 조사하기 어려워진다. 따
라서 복잡한 게임을 다루기 위해서는 더 빠른 컴퓨터를 이용해 더욱 고도의 처리
알고리즘으로 플레이어 프로그램을 가동해야 한다. 이러한 의미에서 체스 게임
프로그램은 체커 게임 프로그램보다 구성의 문제가 어렵다.

그런데도 인공지능 분야에서 체스는 체커와 비슷한 시기부터 연구가 진행되었
다. 그러나 컴퓨터 하드웨어 성능의 한계로 1990년대까지는 인간 챔피언의 실력
에 필적할 만한 컴퓨터가 출현하지 않았다.

인간 체스 챔피언과 컴퓨터의 대전은 1980년대 후반부터 시작되었다. 처음에는
인간보다 약하던 컴퓨터가 1990년대 후반에 들어서면서 우열을 가릴 수 없을 정
도의 실력을 보였다. 1997년에 컴퓨터 **딥블루(DeepBlue)**는 당시 체스 세계 챔피언
이던 가리 카스파로프(Garry Kasparov)를 상대로 인간의 대국과 동일한 규칙을 적
용한 싸움에서 승리를 거두었다.

딥블루는 병렬 컴퓨터에 체스 전용 탐색 하드웨어를 추가한 체스 전용 컴퓨터이다. 전용 하드웨어를 추가하면서 소프트웨어의 부족한 계산 속도를 보완하여 대규모적으로 신속한 처리가 가능해졌다.

이와 같은 공격적인 탐색으로 최적의 수를 도출하는 방법은 인간 체스 선수가 수를 두는 방법과는 완전히 다르다. 그러나 인간의 지적 활동을 관찰해서 모방하는 인공지능의 입장에서는 더 좋은 수를 둘 수 있다면 과정이 비록 인간과 비슷하지 않아도 문제가 될 일은 없다.

딥블루는 1997년 대국이 끝나고 해체된 후로 카스파로프와의 대전은 이루어지지 않았지만, 인공지능 분야의 체스 게임 연구는 꾸준히 진행되어 이후에도 더욱 효율적인 체스 게임 프로그램이 개발되었다.

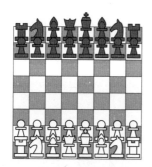 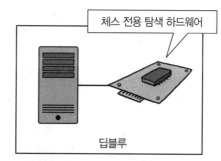

병렬 컴퓨터에 체스 전용 탐색 하드웨어를 추가한 체스 전용 컴퓨터
(공격적인 탐색으로 최적의 수를 도출)

●그림 2.12 딥블루

2.6.3 2010년~ : 바둑 프로그램

지금까지 체커와 체스를 예로 들어 인공지능 분야에서 보이는 게임 연구의 흐름을 소개했다. 이제는 바둑을 살펴보려고 한다.

앞에서 이야기한 보드게임 중 가장 복잡한 게임이 바둑이다. 바둑은 체스와 비교해 보드가 넓은 데다 선택 수가 많은 것이 특징이다. 그래서 바둑은 체커나 체스 또는 장기와 같은 게임에 비해 매우 복잡하다. 결과적으로 가능한 한 장면 전개를 공격적으로 탐색해서 해를 구하는 체커나 체스 게임의 효과적인 방법만으로는 인간 전문가에 필적하는 바둑 프로그램을 구성하기가 어려웠다. 실제로 인공지능에서 바둑 연구는 다른 게임 연구와 비교해 성과가 나타나기까지 긴 시간이 필요했다.

역사적으로는 바둑게임 컴퓨터가 인간 챔피언의 수준까지 오른 것은 체스보다 훨씬 늦은 20년 후였다. 그 선두주자는 **알파고(AlphaGo)**라는 바둑 소프트웨어였다. 알파고는 2015년에 유럽 챔피언인 인간 2단 프로기사를 이겼다. 이듬해인 2016년에는 세계 톱 레벨 프로 기사 중 하나인 이세돌에 승리하고, 2017년에는 세계 최강 프로 기사로 촉망받던 커제를 이겼다.

알파고는 머신러닝, 특히 딥러닝 기술로 구성되었다. 알파고가 인간 챔피언을 이길 수 있었던 이유는 딥러닝으로 바둑판 평가 시스템을 연습하고, 그 결과를 탐색기술과 융합해서 얻은 성과라고 생각된다. 이후 알파고는 딥러닝에 더 중점을 둔 **알파고 제로(AlphaGo Zero)** 시스템으로 발전하였고 또한 바둑 외 보드게임도 학습 대상으로 삼을 수 있는 **알파 제로(Alpha Zero)**로 발전하였다.

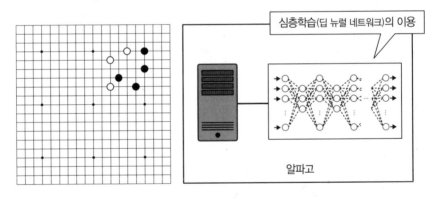

●그림 2.13 알파고 딥러닝을 응용한 바둑 프로그램

2.7.1 딥러닝으로 이미지 인식 분야의 돌파구 마련

이미지 인식, 즉 영상에 무엇이 찍혀 있는지를 판단하는 기술은 이미지 처리에 있어 중요한 과제로 오래 전부터 연구되었다. 20세기에는 다양한 방법이 제안되어 표준 벤치마크 문제에 대한 인식의 정확도도 점점 향상되고 있다.

세계적으로 이미지 인식 기술의 중요한 축을 형성하는 이미지넷 **대용량 영상 인식 대회**(ILSVRC; Large Scale Visual Recognition Challenge)라는 세계대회가 있다. ILSVRC에서 특정 이미지 데이터세트에 포함된 이미지가 무엇인지를 분류하는 과제에서 나타나는 우승 시스템의 정확도가 2010년까지는 70% 정도였다. 정밀도를 향상시키려는 노력은 지속해서 이루어졌지만 정확도가 어느 선에서 정체되면서 겨우 몇 포인트의 정밀도를 다투는 시기가 한참 지속되었다.

그런 경직된 상태를 깬 것이 머신러닝의 이미지 인식 시스템이었다. 2012년 ILSVRC에서 **알렉스넷**(AlexNet)이라는 시스템이 전년도 우승 시스템의 이해도를 10포인트나 개선하면서 우승했다. 알렉스넷은 **합성곱 신경망**(Convolutional Neural Network)이라는 종류의 신경망을 이용한 시스템이다.

합성곱 신경망은 생물의 시각 신경계에서 힌트를 얻은 신경망이다. 합성곱 신경망은 퍼셉트론과 같은 전결합 계층형 신경망과는 달리 **그림 2.14**와 같은 특징적인 구조로 되어 있다.

그림 2.14를 보면 합성곱층에서는 작은 사이즈의 이미지 필터를 입력하고 이미지 전체에 적용하여 이를 통해 이미지의 특징을 강조하였다. 그리고 풀링층을 이용해 이미지의 이동이나 회전의 영향을 줄일 수 있다. 합성곱 신경망에서는 합성곱층과 풀링층을 몇 층이나 겹치면서 이미지의 특징을 추출한다.

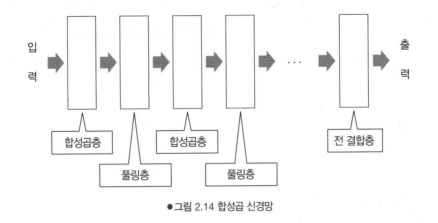

입력 合成곱층 풀링층 合成곱층 풀링층 ⋯ 전 결합층 출력

●그림 2.14 합성곱 신경망

그림의 합성곱 신경망처럼 다계층 신경망은 **딥 뉴럴 네트워크**(deep neural network)
라고 한다. 또한 딥러닝 네트워크를 활용한 기계학습을 심층학습 또는 **딥러닝**
(deep learning)이라고 한다. 2012년의 일대 사건은 이미지 인식과 인공지능 연구
자들에게 딥러닝의 능력을 보여줌으로써 강한 인상을 남겼다. 이후 ILSVRC에서
는 딥러닝을 응용한 방법이 연이어 발표되었고, 그 결과로 인공지능 시스템의 이
미지 분류 능력은 인간과 비슷하거나 또는 그 이상의 수준이 되었다.

2.7.2 딥러닝과 빅데이터

알렉스넷의 성과로 이미지 인식 세계에서는 딥러닝에 의한 이미지 인식 연구가
진행되었고, 결과적으로 딥러닝 자체의 연구도 발전했다. 딥러닝은 이미지 인식에
만 국한된 방법이 아닌, 예를 들어 합성곱 신경망은 다양한 분야에도 적용이 가능
하다.

마침 당시에는 인터넷을 전제로 한 **빅데이터**(big data)의 처리기술이 필요했다.
그래서 딥러닝을 이미지 인식이 아닌 다양한 빅데이터 분석에 활용하려는 움직임
이 나타난 것이다.

빅데이터는 인터넷상의 수많은 단말기나 센서에서 데이터를 수집한 거대한 데
이터를 말한다. 인터넷의 발전과 **사물인터넷**(IoT; Internet of Things)을 기반으로 한
무선 센서 네트워크가 발전하면서 다양한 종류의 빅데이터가 축적되었다. 일반적
으로 빅데이터는 규모가 크고 내용도 복잡하기 때문에 종래의 분석 방법으로는

분석이 어렵다고 여겨진다.

빅데이터는 대규모인 데다 데이터도 복잡하기 때문에 이것을 표현하는 모델의 규모도 크고 복잡할 필요가 있다. 그래서 딥러닝을 이용해서 빅데이터를 처리하고 딥러닝 네트워크를 이용해서 모델링하는 추세로 이어진 것이다(**그림 2.15**).

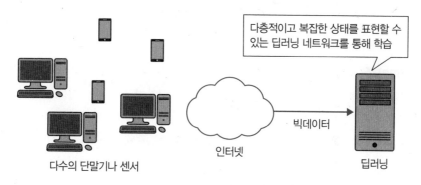

●그림 2.15 빅데이터와 딥러닝

현재 딥러닝은 이미지 인식 외에도 다양한 영역에서 응용되고 있다. 예를 들어 자연어처리에서는 딥러닝을 활용한 문장 분석이나 생성 방법이 개발되었다. 문장에 적용하는 것 뿐만 아니라 음성 데이터를 입력한 음성인식에도 딥러닝을 응용하는 사례가 보고되고 있다.

또한 제어에 딥러닝을 적용해서 과거에는 불가능했던 수준의 제어 능력을 발휘하는 제어 시스템을 구축했다거나 앞에서 소개한 알파고와 같은 게임에 딥러닝을 적용하는 등 다양한 사례가 보고되고 있다.

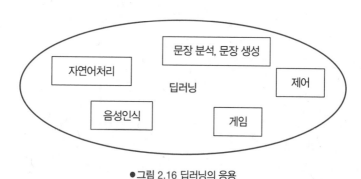

●그림 2.16 딥러닝의 응용

2.8 과거의 인공지능 시스템 – 컴파일러, 한글한자 변환

인공지능 연구의 세계에는 어떤 분야의 연구가 무르익으면 그 분야가 따로 독립해서 새로운 분야를 이룬다는 전통이 있다. 이번에는 그런 분야 중에서 컴파일러와 한글한자 변환을 예로 들어 설명하겠다.

2.8.1 컴파일러

컴파일러(compiler)는 프로그래밍 언어로 기술된 소프트웨어를 기계어 프로그램으로 자동 변환하는 프로그램이다(**그림 2.17**). 즉, 인간이 쓴 프로그램을 컴퓨터가 이해할 수 있게 번역하는 기계라고 생각하면 된다. 컴퓨터가 발명된 1940년대에 프로그램은 기계어로 쓰는 것이 당연했다. 이후 소프트웨어 개발의 생산성을 높이기 위해 **포트란**(FORTRAN)이나 **코볼**(COBOL)과 같은 프로그래밍 언어가 개발되었고, 그러한 언어를 처리하는 컴파일러가 구현되었다.

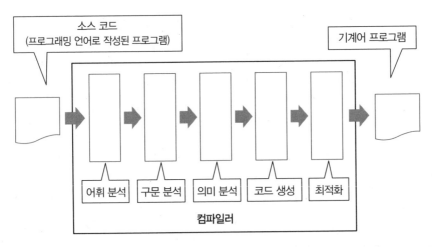

소스 코드
(프로그래밍 언어로 작성된 프로그램)

기계어 프로그램

| 어휘 분석 | 구문 분석 | 의미 분석 | 코드 생성 | 최적화 |

컴파일러

●그림 2.17 컴파일러의 구조

컴파일러가 소스 코드를 기계어 프로그램으로 변환하는 과정에서 소스 코드의 표층적인 기호표현을 통해 의미를 읽어내고, 그 의미에 대한 기계어 프로그램을 생성할 필요가 있다. 이 과정은 자연어처리와 매우 비슷하다. 그래서 자연어처리

구조를 언어처리 프로그램에 도입해서 어휘 분석이나 구문 분석과 같은 자연어처리 기술을 활용한 컴파일러가 만들어졌다.

자연어와 컴파일러로 처리할 경우 자연어의 애매함과 프로그래밍 언어의 정확성이라는 차이가 나타난다. 프로그래밍 언어는 인공어라서 표현과 의미의 대응관계를 정확하게 정의할 수 있다. 그 결과 자연어가 가지는 애매함이 사라지고 프로그래밍 언어를 정확하게 기계어로 변환할 수 있는 것이다.

컴파일러는 자연어처리나 기호처리에 관한 인공지능 연구의 지식을 살려 구축되었지만 현재는 컴파일러의 구축 기법 자체가 하나의 분야를 형성한다. 즉, 컴파일러는 인공지능을 졸업하고 독립된 기술 분야를 형성한 것이다.

2.8.2 한글한자 변환

한글한자 변환은 로마자로 입력된 문자열을 한글과 한자가 섞인 문자열로 변환하는 기술이다.

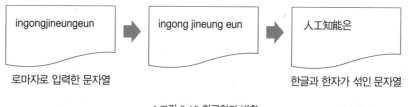

로마자로 입력한 문자열

한글과 한자가 섞인 문자열

●그림 2.18 한글한자 변환

한글한자 변환은 자연어처리 기술의 일환으로 연구되었다. 현재 한글한자 변환은 하나의 확립된 기술로 퍼스널컴퓨터만이 아닌 스마트폰에도 이용된다. 이와 같이 한글한자 변환도 인공지능에서 독립하여 하나의 기술이 되었다.

2.9 인공지능에 적합한 프로그래밍 언어의 변천

인공지능은 소프트웨어 기술이기 때문에 인공지능 시스템 구조에는 프로그래밍 언어가 필요하다. 여기에서는 인공지능 연구에서 많이 사용되는 언어 몇 가지를 소개하려고 한다.

2.9.1 LISP

인공지능 연구에서 널리 사용되는 언어 중 가장 역사가 깊은 것이 LISP이다. LISP는 1958년에 맥카시가 설계한 것으로 원래는 계산과학에 관한 이론을 기술하기 위해 고안된 언어였는데, 나중에 컴퓨터의 인터프리터(인간이 작성한 프로그램을 순차적으로 해석해 기계어로 번역하면서 실행하는 프로그램)로 구현되었다. 이름은 List Processor이며, 이름에서 알 수 있듯이 리스트 처리 기계에서 유래하였다.

LISP의 특징은 기호처리가 쉽다는 점이다. LISP와 동시에 개발된 프로그래밍 언어에 포트란과 코볼이 있다. 포트란은 과학기술 계산에 적합한 프로그래밍 언어이고, 코볼은 사무처리에 적합한 프로그래밍 언어이다. 인공지능 관련 프로그램에서는 수치적 처리만이 아닌 기호처리도 많이 쓰기 때문에 LISP가 많이 이용되었다.

LISP가 인공지능 프로그래밍에서 사용된 배경에는 LISP가 인터프리터에서 대화 형식으로 실행된다는 점도 들 수 있다. 인공지능 프로그래밍에서는 잦은 시행착오를 통해 알고리즘을 개발한다. 그런 경우 포트란이나 코볼과 같은 컴파일러 방식의 언어를 사용하는 것보다 텔레타이프 단말기를 매개로 대화 형식으로 인터프리터를 조작하는 LISP를 사용하는 편이 효율적이다. 그래서 인공지능 프로그래밍에서는 LISP가 많이 사용된다.

```
1   (defun yoko ()    ;함수 정의
2   ;대역 변수 설정 (리스트 구조)
3   (setq tree '(("S[]"   "A[S]" "B[S]" "D[S]")
4               ("A[S]" "C[A]")
5               ("B[S]" "E[B]" "F[B]")
6               ("D[S]" "C[D]" "H[D]")
```

> LISP의 특징
> ·기호처리에 용이
> ·인터프리터에 의한 대화
> 형식의 프로그래밍이 가능

```
7              ("H[D]" "F[H]" "G[H]")
8            )
9    )
10
11   ;#0 초기 설정
12   (let ((openlist) (closedlist) (A) (Pa))) ;리스트 대입
     ...
```

●그림 2.19 LISP의 작성 예

2.9.2 프롤로그(Prolog)

프롤로그(Prolog)는 논리학의 1차 논리를 베이스로 한 프로그래밍 언어이다. 그래서 프롤로그는 논리형 언어로 분류되며, 프롤로그라는 이름은 Programming in Logic에서 유래했다.

1970년대에 개발된 프롤로그는 수리논리학이나 데이터베이스 시스템의 구축 그리고 인공지능 분야에서 논리를 바탕으로 한 프로그래밍에 사용하기 위한 언어였다. 논리형 언어는 1980년대 일본에서 진행된 제5세대 컴퓨터 프로젝트에서도 다뤄졌으며, 성과물로 논리형 언어 **ESP**가 개발되었다.

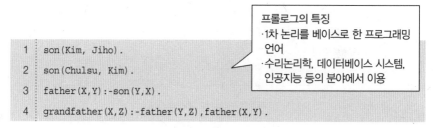

```
1    son(Kim, Jiho).
2    son(Chulsu, Kim).
3    father(X,Y):-son(Y,X).
4    grandfather(X,Z):-father(Y,Z),father(X,Y).
```

프롤로그의 특징
·1차 논리를 베이스로 한 프로그래밍 언어
·수리논리학, 데이터베이스 시스템, 인공지능 등의 분야에서 이용

●그림 2.20 프롤로그의 작성 예

2.9.3 파이썬(Python)

파이썬(Python)은 1990년대에 등장한 비교적 새로운 프로그래밍 언어로, LISP나 프롤로그와는 달리 C나 C++, Java와 같은 **절차적 언어**[3]의 흐름을 계승하였다.

---

3) 절차적 언어: 처리 순서를 절차적으로 작성하는 언어로, 절차를 밟아가면서 프로그램 전체를 구성하는 데 적합한 프로그래밍 언어

또한 파이썬은 읽고 작성하기도 쉬울 뿐만 아니라 다양한 종류의 라이브러리 (자주 사용하는 기능을 정리해서 사용하기 편하게 만든 프로그램의 집합)가 미리 준비되어 있어 프로그램 개발이 용이하다. 파이썬이라는 이름은 영국 Monty Python's Flying Circus에서 따온 것이다.

파이썬은 범용 프로그래밍 언어로, 인공지능 전용 프로그래밍 언어는 아니다. 그러나 인공지능 분야에서도 널리 이용되고 있고, 중요한 인공지능 알고리즘에는 처리 프로그램의 모양을 본뜬 라이브러리도 다수 개발되고 있다. 특히 딥러닝 분야에서는 표준 플랫폼의 지위를 확립했다.

이 책에서는 인공지능 분야에서 파이썬이 널리 사용된다는 점에 근거해서 각 장의 말미에 파이썬을 활용한 연습문제를 실었다. 그리고 파이썬의 기본문법에 대해서는 해설하지 않지만, 해답으로 프로그램 예제를 게재했다. 인공지능 분야의 프로그램을 구현하고 싶은 분은 꼭 풀어보기 바란다.

> **파이썬의 특징**
> ·프로그램을 읽고 작성하기 쉽다.
> ·다양한 종류의 라이브러리가 준비되어 있다.
> ·인공지능 분야에서도 널리 이용되고 있고,
> 특히 딥러닝 분야에서는 표준 플랫폼으로 이용된다.

```
1   # forward() 함수
2   def forward(wh,wo,hi,e) :
3       """ 순방향 계산 """
4       # hi의 계산
5       for i in range(HIDDENNO) :
6           u = 0.0
7           for j in range(INPUTNO) :
8               u += e[j] * wh[i][j]
9           u -= wh[i][INPUTNO] # 임계값의 처리
10          hi[i] = f(u)
11      # 출력 0의 계산
12      o=0.0
13      for i in range(HIDDENNO) :
14          o += hi[i] * wo[i]
15      o -= wo[HIDDENNO] # 임계값의 처리
16      return f(o)
17  # forward() 함수 끝내기
```

●그림 2.21 파이썬의 작성 예

파이썬을 이용해 바이첸바움의 엘리자와 비슷한 프로그램인 doctor.py 프로그램을 작성해보자. doctor.py 프로그램은 입력문에 대해 다음과 같이 응답한다. 프롬프트 'Dr >' 다음 메시지는 프로그램에서 출력된 것이고, '당신>'의 다음 메시지는 프로그램에 입력한 것이다.

1	Dr > 나는 Doctor, 이야기를 들어볼까요
2	당신 > 안녕하세요
3	Dr > 계속해보세요
4	당신 > 앞으로의 인생이 걱정입니다
5	Dr > 앞으로의 인생은 걱정입니까?
6	당신 > 네 그래요
7	Dr > 계속해보세요
8	당신 > 저에게는 어머니가 있습니다
9	Dr > 당신 어머니에 대해 이야기해주세요
10	당신 > 어머니는 저에게 잔소리가 심합니다
11	Dr > 당신 어머니에 대해 이야기해주세요
12	당신 > 왜 잔소리가 심한 걸까요?
13	Dr > 왜 잔소리가 심한 걸까요? 입니까…
14	당신 > 네, 선생님의 의견을 듣고 싶습니다
15	Dr > 내가 아닌 당신에 관한 이야기를 합시다
16	당신 > 그래도 뭔가 의견을 말씀해주세요
17	Dr > 내 의견을 듣고 싶은 겁니까?
18	당신 > 네, 그렇습니다
19	Dr > 계속해보세요
20	당신 >

doctor.py 프로그램의 응답은 **표 2.A**와 같은 규칙으로 이루어진다. 표 2.A를 참고하여 doctor.py 프로그램을 작성해보자. 표 2.A의 규칙 외에 정기적(5번마다)으로 반복해서 응답한다.

● 표 2.A doctor.py 프로그램의 응답 규칙

프로그램 입력	프로그램 응답(출력)
"선생님"이 포함	"Dr > 내가 아닌 당신에 관한 이야기를 합시다"
"어머니"가 포함	"Dr > 당신 어머니에 대해 이야기해주세요"
"아버지"가 포함	"Dr > 당신 아버지에 대해 이야기해주세요"
"의견"이 포함	"Dr > 내 의견을 듣고 싶은 겁니까?"
"이 걱정입니다"가 포함	"이 걱정입니다"를 "은 걱정입니까?"로 바꿔서 응답
기타	"Dr > 계속해보세요"

연습문제 해답

간단히 작성한 엘리자 프로그램인 doctor.py 프로그램의 구현 예제를 **그림 2.A**에 제시했다. doctor.py 프로그램에서는 메인 실행부의 while문에 따라 문제의 표 2.A에서 나타낸 대응을 반복한다. while문의 반복문에서는 if~ elif~ else의 구문을 이용하여 응답문을 선택한다.

```
1   # -*- coding: utf-8 -*-
2   """
3   doctor.py 프로그램
4   간단히 작성한 ELIZA 프로그램
5   사용 방법 c:\>python doctor.py
6   """
7   # 모듈 가져오기
8   import re
9
10  # 초기 설정
11  LIMIT = 20     # 취소 횟수
12  CYCLE = 5      # 반복 횟수
13
14  # 메인 실행부
15  count = 0
16  endcount = 0
```

```
17    print ("Dr> 나는 Doctor, 이야기를 들어볼까요")
18    while True :    # 1 행마다 패턴을 조사해서 응답한다
19        inputline = input("당신>")
20        if count >= CYCLE:    # 반복
21            print ("Dr> ",inputline,"입니까…")
22            count = 0
23        elif re.search("선생님", inputline) :
24            print("Dr> 내가 아닌 당신에 관한 이야기를 합시다")
25        elif re.search("어머니", inputline) :
26            print("Dr> 당신 어머니에 대해 이야기해주세요")
27        elif re.search("아버지", inputline) :
28            print("Dr> 당신 아버지에 대해 이야기해주세요")
29        elif re.search("의견", inputline) :
30            print("Dr> 내 의견을 듣고 싶은 겁니까?")
31        elif re.search("이 걱정입니다", inputline) :
32            print ("Dr>",inputline.replace("이 걱정입니다", "가 걱정입니까?"))
33        else :
34            print("Dr> 계속해보세요")
35        count += 1
36        endcount += 1
37        if endcount >= LIMIT :
38            break
39
40    print ("Dr> 그러면 여기서 마칩시다. 수고하셨습니다.")
41    # doctor.py 끝내기
```

●그림 2.A doctor.py 프로그램

제 **3** 장

머신러닝

학습은 생물이나 인간에게서 나타나는 지적 활동 중에서도 특히 돋보이는 활동이다.

이 장에서는 컴퓨터를 이용한 학습, 즉 머신러닝의 원리와 다양한 방법을 설명하고, 구체적인 예로 K-인접기법, 결정 트리, 서포트 벡터 머신에 대해 살펴본다.

3.1.1 머신러닝이란

생물에게 **학습**(learning)이란 과거의 경험이나 지식에 의해 더 나은 방법으로 환경에 적응하는 수단이라고 할 수 있다. 인간에게 학습은 매우 폭넓은 개념이고, 우리는 여러 상황을 통해 학습을 한다.

전형적인 예로 학교에서 수학이나 영어 등의 과목을 배우거나 체육을 통해 운동을 배우거나 학원에서 운전을 배우거나 음악 선생님한테 노래를 배운다. 이런 경우만이 아니라 도구의 사용법에 숙달되거나 평소 생활할 때 행동에 익숙해지거나 처음 만난 사람과 이야기를 나누거나 인간관계에 실패한 경험을 반성하는 것도 학습의 성과이다. 이러한 성과는 모두 과거 경험이나 지식을 통해서 더 나은 방법으로 대상과 상호작용하는 예로 볼 수 있다.

머신러닝(machine learning)은 생물의 학습이 가진 이와 같은 측면을 컴퓨터 프로그램으로 구현하는 기술이다. 즉, 주어진 정보를 바탕으로 어떤 모델을 생성하고 획득한 모델을 이용해서 더 좋은 방법으로 환경에 적응하는 과정을 머신러닝이라고 한다(**그림 3.1**). 그리고 머신러닝으로 생성된 모델을 **지식**(knowledge)이라고 한다.

주어진 정보   지식(모델)을 획득, 지식을 이용해
더 좋은 방법으로 환경에 적응

● 그림 3.1 머신러닝

머신러닝은 현대적인 소프트웨어 시스템의 다양한 국면에서 이용되었다. 1장에서도 설명한 바와 같이 스마트폰에서 활용된 음성인식이나 이미지 인식, 얼굴 인식 등의 시스템에 머신러닝이 응용되었다. 또한 기계번역, 온라인상점의 '추천' 기능 또는 제어나 전문가 시스템에 응용하는 등 다양한 소프트웨어에 머신러닝 기술이 활용되고 있다.

일반적으로 학습에는 **연역적 학습**(deductive learning)과 **귀납적 학습**(inductive learning) 두 종류의 범주가 존재한다. 연역적 학습은 기초적인 추상적 개념에서 구체적인 지식을 도출하면서 학습을 진행한다. 반면에 귀납적 학습은 복수의 구체적인 사실로부터 학습 결과인 구체적인 지식을 이끌어낸다(**그림 3.2**).

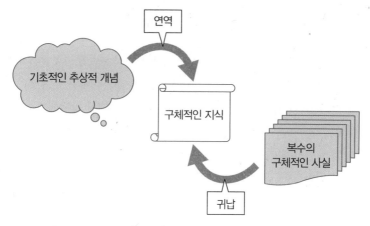

●그림 3.2 연역적 학습과 귀납적 학습

머신러닝에서는 특히 귀납적 학습이 자주 사용된다. 1장에서 소개한 응용 사례는 모두 귀납적 학습을 바탕으로 한 머신러닝의 예였다. 예를 들면 이미지 인식이나 얼굴인식의 경우에는 사전에 찍힌 것이 무엇인지 인식하는 이미지를 몇 개 준비해서 학습을 통해 인식에 관련된 구체적인 지식을 획득한다. 또한 기계번역의 경우에는 번역할 언어와 번역될 언어의 문장을 준비해서 그 대응 관계를 학습한다(**그림 3.3**).

●그림 3.3 머신러닝의 귀납적 학습

귀납적 학습에서는 복수의 구체적인 사실에서 지식을 이끌어내기 때문에 학습 대상인 데이터세트가 필요하다. 학습 대상인 데이터세트를 **학습 데이터세트** (learning data set) 또는 **훈련 데이터세트**(training data set)라고 부른다.

학습 데이터세트의 형식은 다양하다. 예를 들면 수치 데이터, 글자나 문장 데이터, 이미지나 음성 또는 영상 데이터 등 여러 가지 형식의 데이터가 학습 대상이 된다. 귀납적 학습에 기반을 둔 머신러닝 시스템은 이러한 학습 데이터를 통해 구체적인 지식표현을 획득한다.

획득한 지식의 표현도 다양하여 수식에 근거한 것이라든지 규칙표현에 바탕을 둔 것 또는 신경망을 토대로 한 것 등 다양한 지식표현을 이용할 수 있다.

또한 그림 3.3과 같이 머신러닝 시스템이 활용되는 학습 방법에도 결정트리·서포트 벡터 머신 또는 신경망 등 다양한 방법이 제안되고 있다. 학습 방법은 학습 데이터의 표현 방법이나 지식표현의 방법 또는 학습 데이터의 내용이나 질, 양에 따라서도 달라진다. 그래서 어떤 학습 방법을 선택할지는 대상이 되는 문제에 따라 인간이 판단해야 한다.

3.1.2 오컴의 면도날 법칙과 노 프리 런치 정리

귀납적 학습을 할 때 머신러닝 분야에서는 **오컴의 면도날**(Ockham's razor)이라 불리는 기본 법칙이 통용되고 있다. 오컴은 13~14세기에 활약한 영국의 철학자이다. 오컴의 면도날이란 '같은 현상을 설명하는 두 개의 주장이 있다면 간단한 쪽을 선택하라'는 원칙을 말한다.

머신러닝의 입장에서 오컴의 면도날을 해석하면 '똑같은 결과가 나올 경우 학습 결과로 얻은 지식표현은 가능한 한 단순한 쪽이 좋다'는 의미이다. 이 원칙을 설명하기 위해 예를 들어 보겠다. 주식시장에서 주가 변동에 관한 지식을 얻고 싶다고 가정하자.

학습 데이터세트로 과거의 주가 추이나 시장의 동향 또는 경제지표 등을 머신러닝 시스템에 집어넣는다. 머신러닝 시스템은 이러한 학습 데이터를 이용해서 주가 변동을 예측하는 규칙들을 지식으로 학습해서 분석한다.

그때 학습 방법 A를 적용하면 10개의 규칙으로 이루어진 주가 변동의 지식 A를 얻을 수 있다고 가정하자. 또 다른 학습 방법 B로는 100개의 규칙으로 이루어진 지식 B를 얻을 수 있다고 가정하자. 만약 지식 A와 지식 B가 같은 수준의 예측 능력을 가진다면 더 단순한 쪽의 지식 A를 선택해야 한다는 것이 오컴의 면도날 법칙이다(그림 3.4).

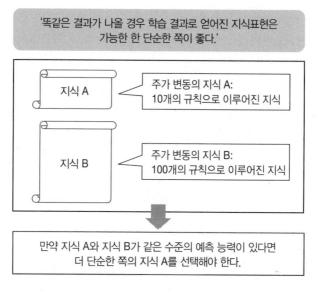

'똑같은 결과가 나올 경우 학습 결과로 얻어진 지식표현은 가능한 한 단순한 쪽이 좋다.'

지식 A — 주가 변동의 지식 A: 10개의 규칙으로 이루어진 지식

지식 B — 주가 변동의 지식 B: 100개의 규칙으로 이루어진 지식

만약 지식 A와 지식 B가 같은 수준의 예측 능력이 있다면 더 단순한 쪽의 지식 A를 선택해야 한다.

●그림 3.4 머신러닝에 적용한 오컴의 면도날

오컴의 면도날은 머신러닝의 다양한 상황에서 학습 결과의 평가나 학습 방법의 비교 규범으로 활용된다. 그러나 오컴의 면도날은 얻은 지식 자체의 좋고 나쁨을 결정하거나 학습 방법의 우열을 판단하는 논리는 아니다. 어디까지나 똑같은 결과가 나온다면 단순한 결론을 선택하는 쪽이 합리적이라는 주장에 불과하다.

앞에서 머신러닝에는 다양한 방법이 있다고 했다. 왜 최선의 방법만이 아닌, 문제마다 여러 가지 다른 방법을 적용해야 하는 것일까? 그 필요성을 제시한 명제가 **노 프리 런치 정리**(No Free Lunch Theorem, **공짜 점심은 없다는 뜻**)이다.

노 프리 런치 정리는 대상이 되는 모든 문제의 평균값을 고려했을 경우 '귀납적 머신러닝의 학습 방법은 어떤 방법을 써도 같은 값이 나온다'는 것을 증명한다. 다시 말하면 학습 대상에 상관없이 항상 최적화된 성능을 발휘하는 것처럼 모두의 입맛에 맞는 학습 방법이란 원리적으로 존재하지 않는다는 말이다.

좀 더 구체적으로 설명해보겠다. 지금 설명한 학습 방법 A와 학습 방법 B의 두 가지 머신러닝 방법이 있다. 이 두 가지 학습 방법을 주가 변동 모델을 구현하는 데 적용했다고 하자. 그리고 어떤 학습 데이터세트를 두 가지 방법으로 학습한 결과, 학습 방법 A에 따른 학습 결과가 학습 방법 B보다 우수하다고 가정한다.

다음에 두 가지 학습 방법을 이미지 인식 문제에 적용한다. 이 경우에 주가 변동 모델에서 학습 방법 A의 퍼포먼스가 더 좋았다고 해서 반드시 이미지 인식 문제에서도 좋은 결과를 낸다고 단정할 수는 없다. 경우에 따라 이미지 인식 문제에서는 학습 방법 B가 더 우수한 결과를 낼 수도 있다.

다른 다양한 문제에서도 두 가지 학습 방법을 비교해보면 결국 모든 경우의 평균값은 같지 않다. 이것이 노 프리 런치 정리의 해석이다(그림 3.5).

	문제 1	문제 2	문제 3	. . .
학습 방법 A	◎	×	△	
학습 방법 B	×	○	○	
학습 방법 C	△	△	○	
. . .				

특히 양호 / 불량 / 그럭저럭 / 양호

대상이 되는 모든 문제의 평균값을 고려했을 때
머신러닝 학습 방법의 성능값은 어떤 방법을 적용해도 같은 값이 나온다.

●그림 3.5 노 프리 런치 정리

노 프리 런치 정리는 어떤 문제라도 학습 성능을 최고로 향상시킬 수 있는 최적의 학습 방법이란 존재하지 않는다는 것을 증명한다. 반대로 말하면 학습 대상의 성질이나 데이터의 경향에 따라 학습에 적절한 머신러닝의 학습 방법과 부적합한 학습 방법이 있다는 것이다. 즉, 어떤 학습 방법은 어떤 대상에 효과가 있고, 다른 학습 방법은 다른 대상에 효과가 있는 것처럼 방법에 따라 맞고 안 맞는 것이 존재한다는 뜻이다. 그래서 머신러닝에는 다양한 방법이 마련되어 있고 적용 대상이나 문제에 따라 적당히 구분된다.

노 프리 런치 정리는 '학습 대상에 대한 선험적 지식 없이 되는 대로 머신러닝 방법을 적용해도 학습이 잘 된다고 보장할 수 없다'는 의미도 내포한다. 따라서 머신러닝을 할 때는 대상이 되는 문제의 성질을 충분히 이해한 후에 적절한 학습 방법을 선택해야 한다.

3.1.3 다양한 머신러닝

머신러닝에는 다양한 학습 방법이 있다. **표 3.1**에는 대표적인 방법을 제시했다. 여기에서는 표 3.1에 제시한 것 중에서 처음 세 가지 방법, 즉 K-인접기법, 결정 트리, 서포트 벡터 머신에 대해서만 다루고 기타 방법은 뒷부분에서 다룰 것이다.

●표 3.1 머신러닝의 학습 방법(대표적인 예)

방법의 명칭	설 명
K-인접기법	분류 지식의 학습 방법. 특정 공간에 배치된 데이터세트를 분류하기 위한 지식으로 이용한다. 주어진 표본에서 거리가 가까운 순으로 k개의 데이터세트를 조사해서 다수를 차지하는 데이터세트가 속하는 클래스를 분류 결과의 클래스로 삼는다
결정 트리	두 갈래로 나뉜 나무 구조에 따라 특정 분류 순서를 기술한 데이터 구조. 복수의 특징을 통해 성질이나 분류를 결정할 수 있나
서포트 벡터 머신	주어진 데이터를 두 종류로 분류하기 위해 특정 공간에 배치된 데이터군에 적당한 변수를 두어 데이터군을 두 종류로 구분하는 평면을 구하는 방법
신경망	뉴런이 상호 연결된 네트워크. 계층형, 순환형, 전결합형 등 다양한 형태가 있다
딥러닝	신경망 중에서 특히 대규모에 복잡한 구조를 가진 딥 뉴럴 네트워크를 이용한 머신러닝의 학습 방법
강화학습	어떤 목적을 이루기 위한 일련의 행동 지식을 획득하는 데 있어 개개의 행동이 아닌 일련의 행동 결과의 좋고 나쁨에 근거해서 행동 지식을 머신러닝하는 방법
유전 알고리즘	생물의 진화를 모델로 한 알고리즘으로, 조합 최적화 문제의 해를 점차적으로 변형하여 더 좋은 해를 만들어내는 방법
떼지능	생물 군집의 행동을 시뮬레이션하여 최적화 문제를 해결하는 방법

3.2 머신러닝 학습 방법

지금부터 머신러닝의 여러 가지 학습 방법에서 공통되는 몇 가지 개념을 살펴본다.

3.2.1 지도학습, 비지도학습 및 강화학습

표 3.1에 나타낸 것처럼 머신러닝에는 다양한 학습 방법이 있다. 이것은 **지도학습**(supervised learning), **비지도학습**(unsupervised learning), **강화학습**(reinforcement learning) 등으로 나뉜다.

지도학습은 학습 대상인 학습 데이터세트(training data set)에 정확한 학습 데이터가 포함된 경우에 활용할 수 있는 학습 방법이다.

이미지 인식을 예로 들면 학습 데이터세트에 포함된 각각의 이미지에 대한 인식 결과의 정답이 미리 주어질 경우 이미지의 정답을 얻을 수 있게 학습을 진행하는 것이 지도학습이다.

지도학습

그림 3.6의 예에서는 학습 데이터세트에 포함된 강아지 또는 고양이 이미지에 관해 명확히 구분된 데이터를 제시한다. 이 학습 데이터세트를 이용해 새로운 이미지가 주어질 경우 그것이 강아지인지 고양이인지를 판단할 수 있는 인식 시스템을 만드는 것이 지도학습을 활용한 이미지 인식의 학습 목표이다. 또한 학습 데

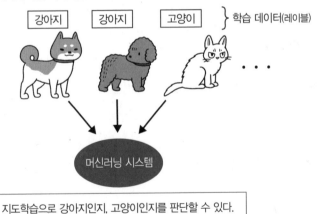

지도학습
이미지에 학습 데이터(정답 레이블)가 미리 설정되어 있다.

강아지　　강아지　　고양이　　} 학습 데이터(레이블)

머신러닝 시스템

지도학습으로 강아지인지, 고양이인지를 판단할 수 있다.
인식 시스템을 구축할 수 있다.

●그림 3.6 지도학습

이터는 정답을 나타내는 개념의 레이블이기 때문에 단순히 **레이블**이라 부르기도 한다.

지도학습은 K-인접기법, 결정트리, 서포트 벡터 머신, 대부분의 신경망, 딥러닝, 유전 알고리즘, 떼지능 등으로 구현된다.

비지도학습

한편 비지도학습에는 학습 데이터세트에 정답이 되는 레이블이 포함되지 않는다. 비지도학습은 학습 데이터세트가 주어지면 미리 결정된 규범에 따라 학습 데이터세트를 분류하거나 학습 데이터세트가 가진 성질에 따라 모델을 만들어낸다.

●그림 3.7 비지도학습

비지도학습은 자기조직화지도나 자기부호화기로 대표되는 일부 신경망이나 통계를 기반으로 한 **군집분석**(cluster analysis) 또는 **주성분분석**(principal com-ponent analysis) 등으로 구현된다.

강화학습

제3의 영역인 강화학습은 로봇의 동작 지식이나 보드게임에서 전략 지식의 획득과 같은 개개 동작에 대한 적합성 여부는 알려주지 않지만, 일련의 행동 후에 나타나는 결과가 학습 데이터로 주어질 경우에 활용하는 학습 방법이다.

강화학습을 이족보행 로봇의 동작 지식을 예로 들어 설명하겠다. 이족보행 로봇은 두 발에 장착된 모터를 적절한 타이밍에 제어하면서 보행을 구현한다. 따라서 이족보행 로봇의 동작 지식은 환경에 따라 모터를 제어하기 위해 보내지는 제어신호로 이루어진 지식의 집합이다.

이와 같은 지식은 원리적으로는 지도학습을 통해 획득할 수 있다. 즉, 이족보행 로봇의 자세나 중심 위치 또는 관절의 각도 등에 따라 상태가 설정되면 그 상태에 대응하기 위한 모터에 학습 데이터로 제어신호를 준다. 이와 같은 작업을 무수한 상태에 대해 반복하면 동작 지식을 획득할 수 있다.

그러나 상황에 대응하는 모터의 제어신호를 구체적인 학습 데이터로 입력하는 일은 이족보행 로봇을 구현한 인간에게도 쉬운 일이 아니다. 게다가 무수한 상태에 대응해 하나씩 입력하려면 굉장한 노력이 필요하다.

그래서 강화학습이 활용되는 것이다. 강화학습에서는 각 상태에 대응하는 모터의 제어신호를 학습 데이터로 입력할 필요가 없다. 그 대신 일련의 동작이 종료된 후에 이족보행의 평갓값을 받아서 그 평가에 따라 세부적으로 좋고 나쁨을 평가한다. 이때 '일련의 동작이 종료했다'는 말은 예를 들면 이족보행을 시작한 다음에 넘어져서 종료할 때까지를 말한다. 또한 넘어질 때까지 보행을 연속한 시간을 행동 전체의 평갓값으로 할 수 있다. 강화학습에서는 행동 전체에 대한 평갓값을

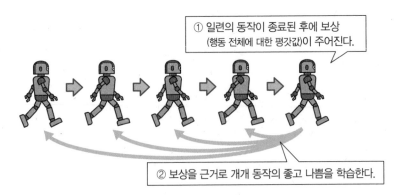

① 일련의 동작이 종료된 후에 보상
(행동 전체에 대한 평갓값)이 주어진다.

② 보상을 근거로 개개 동작의 좋고 나쁨을 학습한다.

●그림 3.8 강화학습(이족보행의 예)

보상(reward)이라고 한다.

강화학습에서는 일련의 행동을 몇 번이나 반복하면서 학습을 진행한다. 이족보행의 예를 들면 처음에는 보행에 필요한 지식이 형성되지 않아 보행을 지속하지 못하기 때문에 보상을 받을 수 없다. 그러나 우연히 한 걸음이라도 다리를 내디디면 보행이 지속된 것으로 인정되어 다소의 보상을 받을 수 있다. 이때 발을 잘 움직이게 하는 데 기여한 지식의 평가가 높아진다.

그리고 행동을 반복하는 동안 이족보행에 필요한 지식 평가가 점점 높아지다 마침내 안정된 이족보행이 가능해지면 이족보행의 동작 지식 학습이 완성된다.

이상으로 지도학습, 비지도학습 및 강화학습이라는 세 가지 영역에 관해 설명했다. 머신러닝에서는 이것을 조합한 학습 방법이 이용되는 경우도 있다. 그중 준지도학습과 다중작업에 관해 설명하겠다.

준지도학습(semi supervised learning)은 소량의 데이터를 바탕으로 학습 데이터에 없는 데이터도 지도학습의 범주에 포함시키는 학습 방법이다. 강화학습은 일련의 동작으로 구성된 지식에 대해 지도학습의 학습 데이터를 작성해야 하는 문제를 피할 수 있는 학습 방법이었다.

반면 준지도학습은 데이터에 입력된 소량의 학습 데이터를 이용해서 데이터에 입력되지 않은 학습 데이터까지도 학습의 범주에 포함시켜 이용하는 학습 방법이다.

준지도학습의 기본적 동작을 **그림 3.9**에 나타냈다. 준지도학습은 지도학습과 비교해 학습이 어렵지만 대규모의 데이터를 다루는 경우에 이용하면 데이터를 입력하는 수고를 덜 수 있어 유용하다. 준지도학습의 응용 예로는 6.5절에서 다룬

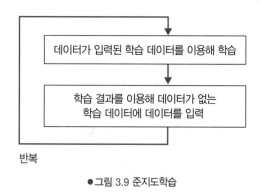

반복

●그림 3.9 준지도학습

GAN(Generative Adversarial Network)이 있다.

다중작업(multitasking)은 복수의 다른 대상을 표현한 학습 데이터세트를 정리해서 하나의 머신러닝 시스템으로 취급하여 학습 정밀도를 높이는 학습 방법이다.

지금까지 설명한 머신러닝 시스템의 학습 대상은 어떤 좁은 대상의 영역에 대한 학습 데이터세트를 다루는 것을 전제로 했다. 이와 달리 비슷하긴 해도 성질이 조금씩 다른 대상에 대한 학습 데이터세트를 준비하여 그것을 정리하고 학습 틀을 만들면 각각에 대해 학습하는 것보다 정밀한 학습이 가능하기도 하다.

예를 들면 화학 분야에서 화합물의 활성을 예측하는 문제는 각각의 예측을 하나씩 학습하기보다는 여러 경우를 하나로 묶어 학습하는 편이 더 효율적이다. 다중작업에서는 이와 같은 학습을 잘 처리할 수 있는 틀을 제공한다.

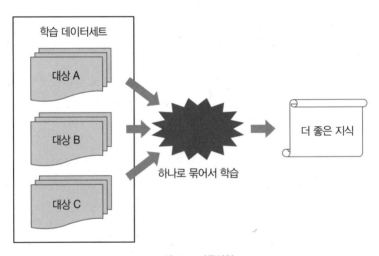

●그림 3.10 다중작업

3.2.2. 학습 데이터세트와 검증 데이터세트

지금까지 학습 대상인 데이터군을 학습 데이터세트라 부르면서 학습 데이터세트에 머신러닝 방법을 적용하는 대상과 내용에 관해 살펴보았다. 물론 머신러닝에서 학습 대상인 학습 데이터세트는 필수 불가결한 정보이다. 그러나 학습 데이터세트만으로는 머신러닝을 완성할 수 없다. 학습 결과를 평가하여 학습 결과가 도움이 되는지를 확인하기 위해서는 **검증 데이터세트**(testing data set)가 필요하다.

머신러닝의 목적은 일반적으로 도움이 되는 지식을 획득하기 위한 것이다. 이를 위해서는 학습 데이터세트를 이용하여 학습 데이터세트 전체를 설명할 수 있는 지식을 얻어야 함은 물론 획득한 지식이 학습 데이터세트가 아닌 다른 데이터에도 적용할 수 있는 지식이어야 한다. 전자는 학습 데이터세트만으로도 실시할 수 있지만, 후자는 학습 데이터세트가 아닌 다른 데이터를 이용해서 평가할 필요가 있다. 이처럼 학습 데이터세트에 포함되지 않는 평가 데이터세트를 **검증 데이터세트** 또는 **테스트 데이터세트**라고 한다(**그림 3.11**).

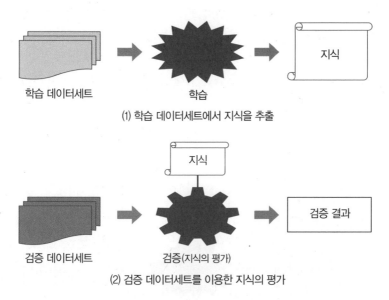

(1) 학습 데이터세트에서 지식을 추출

(2) 검증 데이터세트를 이용한 지식의 평가

●그림 3.11 학습 데이터세트와 검증 데이터세트

그림 3.11을 보면 (1)의 학습 단계에서는 다양한 머신러닝 방법을 이용한 학습 데이터세트에서 지식을 추출한다. 이때 학습 데이터세트 이용 방법의 차이에 따라 학습 과정을 분류할 수 있다.

하나는 **배치학습**(batch learning)이라는 방법이다. 배치학습에서 학습 데이터세트는 일괄적인 데이터의 집합으로, 주어진 학습 데이터세트를 반복적으로 사용하면서 학습이 이루어진다. 배치학습은 머신러닝의 기본 학습 방법이다.

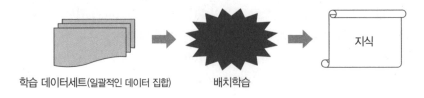

학습 데이터세트(일괄적인 데이터 집합)　　　배치학습　　　지식

●그림 3.12 배치학습

온라인학습(online learning)은 배치학습과는 달리 데이터가 발생할 때마다 한 개의 데이터를 사용해서 머신러닝을 한다. 즉, 학습 데이터가 발생하면 순차적으로 학습하는 것이 온라인학습이다. 온라인학습에서는 학습 결과로 획득한 지식을 새로운 사실에 맞춰 순차적으로 갱신하는 형식으로 학습을 진행한다. 그래서 배치학습보다 학습하기가 용이하고, 학습을 위해 기억해야 할 학습 데이터세트의 크기도 배치학습보다 작아도 된다.

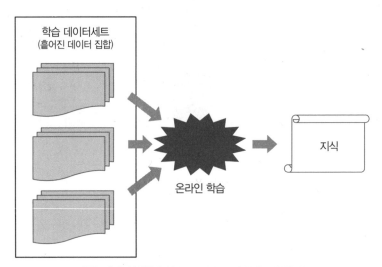

학습 데이터세트
(흩어진 데이터 집합)　　　온라인 학습　　　지식

학습 데이터 발생에 따라 순차적으로 학습을 진행한다.

●그림 3.13 온라인학습

미니배치학습(mini batch learning)은 배치학습과 온라인학습의 중간 정도 되는 학습 방법이다. 즉, 학습 데이터세트를 복수의 작은 덩어리로 분할하고, 덩어리에서 하나의 데이터세트를 꺼내어 배치학습을 한다. 그리고 다른 데이터세트를 대상으로 배치학습을 반복하는데, 모든 학습 데이터세트에서도 같은 과정을 반복한다.

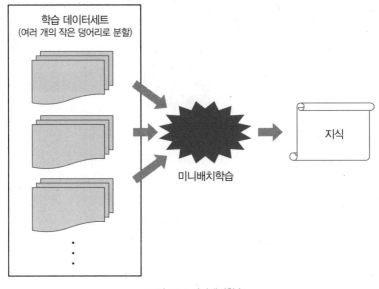

●그림 3.14 미니배치학습

이번에는 검증 데이터세트 구성 방법에 대해 살펴보자. 학습 데이터세트와 검증 데이터세트는 같은 대상을 다루고 있기 때문에 형식도 같다. 따라서 이러한 데이터세트를 수집할 때에는 일반적으로 학습 데이터와 검증 데이터의 구별 없이 수집할 수 있다.

예를 들면 주식시장에서 주가 변동에 대한 지식 획득을 예로 들면 과거 주식의 추이나 시장 동향 또는 경제지표 등으로 이루어진 데이터세트를 작성할 경우에는 데이터를 수집할 때 어떤 데이터를 학습에 사용하고 어떤 데이터를 검증에 사용할지를 결정하지 않아도 된다. 그리고 수집한 데이터로 학습 데이터세트와 검증 데이터세트를 작성하는 것은 실제 머신러닝을 실시하기 직전이라도 상관없다.

그렇다면 학습 데이터세트와 검증 데이터세트는 어떻게 구성해야 할까? 기본적으로는 수집한 데이터군이 중복되지 않게 두 무리로 분할하여 각각을 학습 데이터세트와 검증 데이터세트로 나눈다. 이때 양쪽에 중복되는 것이 있으면 학습할 때 검증(테스트) 내용을 '커닝'한 것으로 간주하여 학습에 편향을 초래한다.

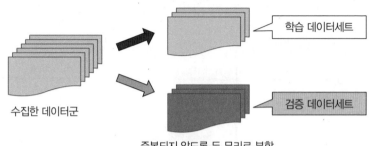

●그림 3.15 학습 데이터세트와 검증 데이터세트의 분할

학습 데이터세트와 검증 데이터세트의 분할 비율 등 두 무리로 분할할 때의 방침은 사실 대상이 되는 문제의 성질에 따라 달라지기 때문에 일반적인 방침을 제시할 수 없다. 예를 들면 무작위로 일정한 개수를 추출해서 학습과 검증을 하고 개수를 변경해서 양호한 결과가 얻어지는 경우를 찾는 등 구체적인 문제마다 다른 대응이 필요하다.

학습 데이터세트와 검증 데이터세트를 분할할 때 분할을 고정하지 않고, 분할 방법을 변경하면서 학습 결과를 검증할 수도 있다. 예를 들면 **K겹 교차검증**(K-fold cross validation)에서는 수집한 데이터군을 K번 분할하여 K-1개를 학습 데이터세트로, 남은 1개를 검증 데이터세트로 삼는다. 그리고 이것을 반복해서 얻은 결과의 평균을 학습 결과로 한다.

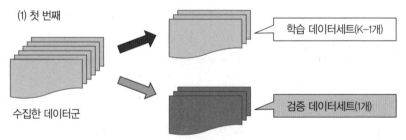

수집한 데이터군을 K등분하여 K-1개를 학습 데이터세트로,
나머지 1개를 검증 데이터세트로 삼는다.

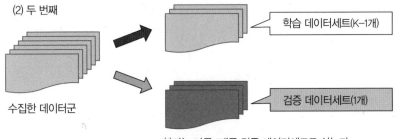

(2) 두 번째

수집한 데이터군

학습 데이터세트(K-1개)

검증 데이터세트(1개)

(1)과는 다른 1개를 검증 데이터세트로 삼는다.

(3) 위의 조작을 K번 반복해서 얻어진 결과의 평균을 학습 결과로 한다.

● 그림 3.16 K겹 교차검증

3.2.3 일반화와 과적합

머신러닝에서 학습 데이터세트와 검증 데이터세트는 관측에 의해 얻은 데이터
군을 분할해서 작성한다. 그런 의미에서 학습 데이터세트와 검증 데이터세트는
공통된 통계적 성질을 가진 데이터의 부분집합으로 간주할 수 있다. 이러한 전제
가 있기 때문에 학습 데이터세트로 얻은 지식은 검증 데이터세트에도 적용할 수
있는 것이다.

또한 이렇게 얻은 지식은 미리 준비된 데이터군만이 아닌 새로운 데이터에도
적용할 수 있다. 이와 같이 학습 데이터세트에 명시적으로 표시되지 않은 사항도
지식으로 획득하는 능력을 **일반화**(generalization)라고 한다. 따라서 검증 데이터세
트에 의한 검증 과정은 일반화 능력도 같이 평가하는 셈이다.

일반화와 관련된 개념으로 **과적합**(overfitting)이라는 용어가 있다. 과적합이란
학습 데이터에 최적화된 학습을 지나치게 의존하면 결과적으로 일반화 성능이 저
하되는 것을 말한다.

그림 3.17에 과적합의 예를 나타내었다. 그림을 보면 알 수 있듯이 두 변수(x, y)
사이의 함수에 관한 학습 데이터세트가 주어질 경우 이 변수 사이의 함수를 머신
러닝으로 획득할 수 있다.

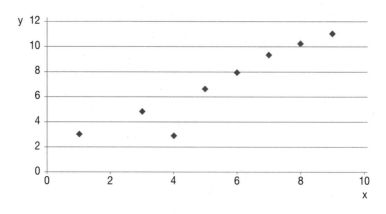

●그림 3.17 두 변수(x, y) 사이의 함수에 관한 학습 데이터세트

이 함수를 수식으로 표현하는 방법은 사실 무한하다. 예를 들면 **그림 3.18**에 나타낸 것처럼 직선관계로 데이터의 관계를 표현할 수 있다.

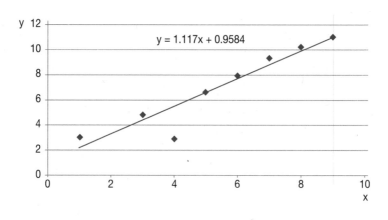

$y = 1.117x + 0.9584$

●그림 3.18 직선으로 표현

또는 **그림 3.19**와 같이 다항식으로 데이터의 관계를 표현할 수도 있다.

그림 3.18과 그림 3.19를 비교해보면 학습 데이터세트에 대한 오차의 평균은 그림 3.19처럼 표현하는 방법이 더 작게 나타나는데, 이로써 그림 3.19의 표현 방법

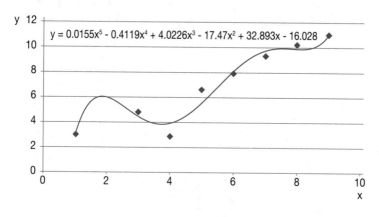

●그림 3.19 다항식으로 표현

이 양호한 결과를 초래한다고 할 수 있다. 그러나 실제로는 그림 3.17에서 주어진 학습 데이터세트에는 노이즈가 포함되어 있어 직선으로 표현하는 편이 적절한 학습 결과일 수도 있다. 그림 3.20은 과적합의 한 예이다(**그림 3.20**).

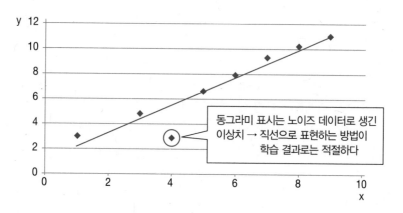

●그림 3.20 노이즈 데이터로 생긴 이상치

과적합이 나타날지 어떨지는 검증 데이터세트에 의한 검증이나 K겹 교차검증에 의한 검증 등으로 확인할 수 있다. 또한 과적합 억제를 위해 지식표현의 복잡함을 제한하는 수단으로 **정규화**(regularization)라는 방법을 사용하기도 한다. 정규화는 오컴의 면도날 법칙에 따라 지식표현 모델의 복잡함에 제한을 두는 방법이다.

3.2.4 앙상블 학습

앙상블 학습(ensemble learning)이란 복수의 머신러닝 방법을 조합해서 학습하고, 그 결과를 통합해서 학습의 정밀도를 높이는 방법이다. **그림 3.21**에 앙상블 학습의 원리를 나타내었다.

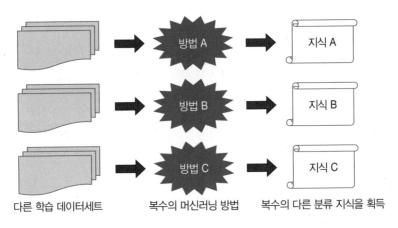

●그림 3.21 앙상블 학습의 학습 과정

그림 3.21의 과정으로 입력 데이터를 분류하는 지식을 획득할 수 있다. 즉, 복수의 다른 데이터세트를 학습 데이터세트로 구성하고, 각각 다른 머신러닝 방법을 적용하여 그 결과로 복수의 입력 데이터 분류 지식을 획득할 수 있다.

이러한 지식을 이용해서 새로운 데이터를 분류하면 각각의 지식에 대응한 분류 결과를 얻는다. 이와 같은 분류 결과는 서로 모순될 수도 있지만, 모든 결과의 다수결로 최종 결과를 구하면 종합적인 최종 결과를 얻을 수 있다(**그림 3.22**). 종합적인 최종 결과는 복수 분류의견의 다수결이 된다. 따라서 각각의 분류 시식의 장단점이 상호 보완되어 전체적으로는 더 좋은 판단 결과를 도출할 수 있다. 이와 같은 효과를 얻기 위해서는 개개의 분류 지식을 구성하는 데 있어 가능한 한 다른 데이터세트를 학습 데이터세트로 구성할 필요가 있다.

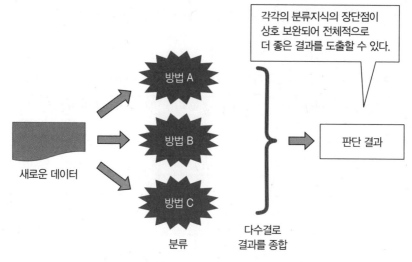

각각의 분류지식의 장단점이
상호 보완되어 전체적으로
더 좋은 결과를 도출할 수 있다.

방법 A

방법 B

방법 C

판단 결과

새로운 데이터

분류

다수결로
결과를 종합

●그림 3.22 앙상블 학습의 검증 과정

앙상블 학습의 대표적 구현 예로 뒷부분에서 설명할 랜덤 포레스트가 있다. 또한 신경망 학습의 드롭아웃은 앙상블 학습과 유사하다고 알려져 있다.

3.3 K-인접기법

K-인접기법(K nearest neighbor method)은 미리 주어진 예시와 새로운 데이터의 특징을 비교하고 비슷한 것을 찾아내어 새로운 데이터를 분류하는 방법이다.

K-인접기법의 간단한 예를 들어 설명하겠다. 지금 의자와 책상을 분류하려고 한다. 의자와 책상의 분류 정도는 눈으로 보면 바로 알 수 있지만, 세상에는 왠지 앉고 싶어지는 책상이나 메모 용지를 두면 편리할 것 같은 의자도 있기 마련이라 의자와 책상의 구별은 인간도 명확하게 구분할 수 있는 문제는 아니다.

K-인접기법에서는 미리 학습 데이터세트로 예시를 줘야 한다. 그리고 학습 데이터세트에는 학습 데이터의 특징을 나타내는 수치의 쌍과 그 데이터가 의자와 책상 중 어느 쪽으로 분류되는지를 보여주는 레이블인 클래스가 포함된다.

표 3.2에는 의자와 책상의 예시로 이루어진 학습 데이터세트를 나타내었다. 같은 표에서 특징값으로 중심 위치의 높이와 상부 표면 면적이 주어졌다. 동시에 그

데이터가 의자와 책상 중 어느 쪽인지를 분류한 결과인 클래스가 표시되어 있다. 표 3.2에는 의자 4개와 책상 3개로 합 7개의 학습 데이터가 포함되어 있다.

●표 3.2 K-인접기법을 이용한 의자와 책상의 구별(의자와 책상의 구별에 관한 학습 데이터세트)

중심 위치의 높이(cm)	상부의 표면 면적(㎡)	클래스(분류 결과)
30	0.3	의자
65	2	책상
40	0.1	의자
40	1	의자
70	0.2	의자
50	1	책상
80	2.5	책상

표 3.2를 중심 위치의 높이와 상부의 표면 면적을 가로와 세로로 해서 산포도로 표현하면 **그림 3.23**과 같은 그림이 완성된다. K-인접기법에서는 이와 같은 학습 데이터를 그대로 암기해서 학습한다.

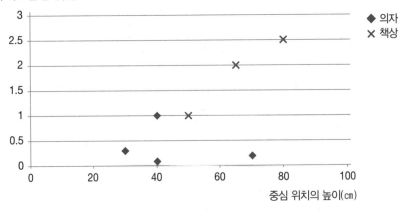

●그림 3.23 의자와 책상의 분류

이제 표 3.2의 학습 데이터세트를 사용해서 새로운 데이터를 분류해보자. 새로운 데이터로 다음과 같은 데이터가 주어질 경우 이 데이터에 속하는 클래스를 결정, 즉 의자인지 책상인지를 구별할 수 있다.

새로운 데이터 (표)

중심 위치의 높이(㎝)	상부의 표면 면적(㎡)	클래스(분류 결과)
50	0.7	?

K-인접기법은 어떤 특정한 공간 내에서 새로운 데이터에 가까운 곳에 있는 학습 데이터 K개에 관한 클래스를 조사한다. 그리고 결과의 다수결로 새로운 데이터의 클래스를 결정한다.

처음에 K-인접기법의 가장 간단한 경우인 K=1을 생각해보자. K=1일 경우에는 '가장 가까운 위치에 있는 학습 데이터의 클래스를 새로운 데이터의 클래스로 삼는다'가 된다. **그림 3.24**를 보면 가장 가까운 데이터는 중심 위치의 높이가 50㎝로 상부의 표면 면적이 1㎡이다. 이것은 표 3.2에서 책상으로 분류되었다. 따라서 주어진 새로운 데이터는 책상으로 분류된다.

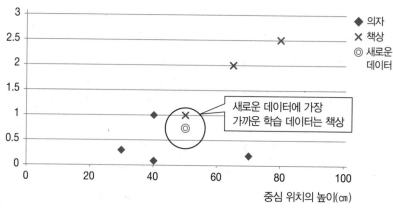

●그림 3.24 K=1의 경우 새로운 데이터는 책상으로 분류된다

K=1은 학습 데이터가 조금이라도 흔들리면 결과가 크게 달라질 수 있다. 안정

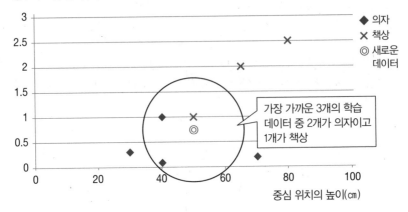

상부의 표면 면적 (㎡)

◆ 의자
✕ 책상
◎ 새로운 데이터

가장 가까운 3개의 학습 데이터 중 2개가 의자이고 1개가 책상

중심 위치의 높이(㎝)

●그림 3.25 K=3의 경우 새로운 데이터는 의자로 분류된다

적인 분류 결과를 얻고 싶다면 K의 값을 조금 더 크게 해서 비교 대상을 늘려야 한다. 그렇다면 K=3으로 해보자(그림 3.25). 그랬더니 이번에는 가장 가까운 3개의 학습 데이터 중 2개가 의자이고 1개가 책상이다. 이 경우 다수결로 새로운 데이터 는 의자로 분류된다.

앞의 예를 통해 알 수 있듯이 K-인접기법에서는 K값의 설정이 중요하다. 너무 작으면 노이즈에 약해지고, 너무 크면 클래스의 경계가 애매해진다. K값은 문제 나 학습 데이터의 성질에 따라 적절하게 결정해야 한다. 앞의 예에서는 특징을 표 현하는 수치가 중심 위치의 높이와 상부의 표면 면적으로 2개였다. 일반적으로 3개 이상의 수치로 특징값을 표현할 수 있다. 거리의 계산에는 직감적으로 알기 쉬운 유클리드 거리 외에도 다른 거리 척도를 사용해서 계산할 수 있다.

K-인접기법은 단순하고 이해하기 쉬운 방법이지만 몇 가지 문제점이 있다. 우 선 K-인접기법에서는 모든 학습 데이터세트를 그대로 암기하고 모든 학습 예시 를 기억해둬야 한다. 그러다 보니 학습 정밀도를 높이기 위해 학습의 예시를 늘리 면 그만큼 필요한 메모리의 양도 증가한다. 또한 K-인접기법에서는 새로운 데이 터와 학습 데이터세트 내에 있는 모든 데이터와의 거리를 계산해야 한다. 그래서 학습 데이터세트가 커지면 계산 비용의 문제가 발생한다.

3.4 결정트리와 랜덤 포레스트

3.4.1 결정트리

결정트리(decision tree) 또는 **판단트리**는 나뭇가지와 같은 구조로 특징 분류 방법을 기술한 지식표현이다. 결정트리를 사용하면 대상물이 가진 복수의 **속성**(attribute)을 이용해서 그 성질과 분류 범주를 결정할 수 있다. 여기에서 속성이란 분류 대상이 가진 특징을 기술한 정보이다. 결정트리에서는 속성에 관련된 질문의 답에 따라 나뭇가지가 만들어지고 마지막에는 대상물이 무엇인지 분류할 수 있다. 결정트리는 인간이 직감적으로 이해하기 쉬운 지식표현이다.

그림 3.26은 결정트리의 한 예로, 어떤 전자메일 중에서 스팸메일을 판단하는 결정트리의 예를 나타낸 것이다. 어떤 전자메일이 가진 속성에 따라 스팸메일의 분류 여부를 결정한다. 이 그림에서 속성은 다음의 4가지이다.

- 속성 1: 본문이 10글자 이상인가?
- 속성 2: 제목이 있나?
- 속성 3: 본문에 다른 웹페이지가 링크되어 있나?
- 속성 4: 제목에 '특가'가 포함되어 있나?

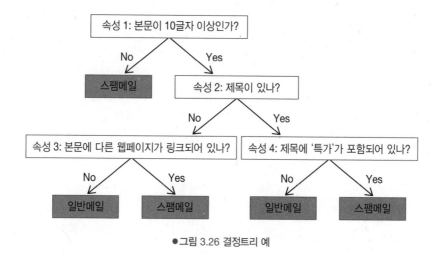

●그림 3.26 결정트리 예

그림 3.26을 이용해서 전자메일을 분류하려면 분류 대상인 전자메일의 속성이

필요하다. 예를 들어 다음과 같은 속성을 가진 전자메일을 분류한다고 하자.

- 속성 1: 본문이 10글자 이상인가?   → YES
- 속성 2: 제목이 있나?   → YES
- 속성 3: 본문에 다른 웹페이지가 링크되어 있나?   → YES
- 속성 4: 제목에 '특가'가 포함되어 있나?   → YES

그림 3.26의 결정트리를 사용하면 **그림 3.27**과 같은 판단을 진행해서 이 전자메일이 스팸메일이라는 것을 알 수 있다.

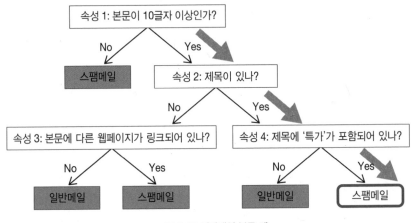

●그림 3.27 전자메일 분류 예

기타 경우의 분류 예는 **표 3.3**과 같다. 표 3.3은 논리학의 진릿값 형식과 매우 유사하다. 결정트리가 표현하는 분류 지식은 사실 논리식으로 표현할 수 있다. 그러나 결정트리는 논리식과 비교해 인간이 이해하기 쉬운 표현이다.

●표 3.3 스팸메일 분류 예

번호	속성 1	속성 2	속성 3	속성 4	분류 결과(카테고리)
1	Yes	Yes	Yes	No	일반메일
2	Yes	Yes	No	Yes	스팸메일
3	Yes	Yes	No	No	일반메일

번호	속성 1	속성 2	속성 3	속성 4	분류 결과(카테고리)
4	Yes	No	Yes	Yes	스팸메일
5	Yes	No	Yes	Yes	일반메일

이번에는 학습 데이터세트를 이용해 결정트리를 작성하는 머신러닝 알고리즘에 대해 생각해보려고 한다. 기본적으로 다음과 같은 순서를 반복하면서 결정트리를 획득할 수 있다.

결정트리 작성의 머신러닝 알고리즘

학습 데이터세트가 텅 비던지 혹은 모든 요소가 동일한 카테고리가 될 때까지 다음을 반복한다.
(1) 적당한 속성을 사용해 학습 데이터세트를 서브셋으로 분류한다.
(2) 분류에 이용할 속성이 없으면 분류 지식을 완성하지 못하고 알고리즘을 마친다.
(3) 각각의 부분집합에 위래의 알고리즘을 다시 적응한다.

위의 알고리즘에서 (1)의 속성 선택을 어떻게 실행할지에 따라 작성되는 결정트리의 형태에 영향을 미친다. 예를 들면 그림 3.26의 예에서 최초 분류에 사용된

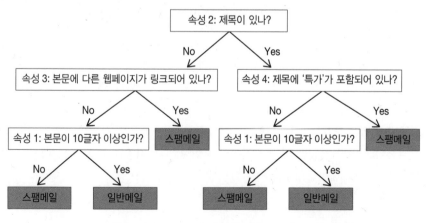

●그림 3.28 결정트리 예(2) 분류에 사용되는 속성의 순서를 교체한 경우의 예

것은 속성 1이다. 이에 대해 속성 2가 최초에 사용되는 결정트리를 작성할 수도 있다. 이 경우의 결정트리 예를 **그림 3.28**에 나타내었다.

그림 3.28의 결정트리는 그림 3.26과 비교해 복잡하고, 분류에 필요한 속성값의 결정수도 늘어났다. 오컴의 면도날 법칙에 의해 그림 3.26과 그림 3.28의 결정트리를 비교해보면 그림 3.26의 결정트리 쪽이 뛰어난 표현이라고 할 수 있다. 이처럼 결정트리의 학습에서는 생성되는 결정트리가 가능한 한 간결하게 표현되도록 구성해야 한다.

더욱 간결한 결정트리를 얻기 위해서는 한 번의 분류에서 되도록 많은 대상을 분류하는 편이 유리하다. 그림 3.26의 예를 보면 처음 속성 1에 의한 분류에서 1회 검사로 스팸메일을 추출할 수 있다. 그러나 그림 3.28의 예에서는 처음 속성 2로 분류해도 분류 후의 결과에는 각각 스팸메일과 일반메일이 섞여 있기 때문에 분류 결과를 바로 얻을 수가 없다. 결과적으로 후자는 결정트리의 구조가 복잡해진다. 이처럼 결정트리를 작성할 때는 될 수 있으면 신속하게 진행할 수 있는 간결한 구조를 선택할 필요가 있다.

3.4.2 랜덤 포레스트

결정트리를 구성할 때 하나의 결정트리를 작성하는 것이 아닌 복수의 결정트리를 작성해서 그 전체를 하나의 지식으로 이용하는 방법이 있다. 이것이 **랜덤 포레스트**(random forest)이다.

랜덤 포레스트에서는 미리 얻은 학습 데이터군에서 랜덤으로 데이터를 추출하여 복수의 학습 데이터세트를 작성한다. 그리고 이러한 학습 데이터세트를 이용해서 각각에 대응하는 결정트리를 작성한다. 학습 결과를 이용할 때는 이러한 복수의 결정트리에서 출력된 평균값을 전체 결과로 한다(**그림 3.29**).

랜덤 포레스트는 앙상블 학습의 대표적인 구현 예다. 랜덤 포레스트가 단독 결정트리에 의한 분류보다 뛰어난 능력을 발휘하려면 랜덤 포레스트를 구성하는 각각의 결정트리가 가능한 한 독립적이어야 한다. 그러려면 학습 데이터세트를 작성할 때 각각의 데이터세트를 서로 다르게 구성해야 한다.

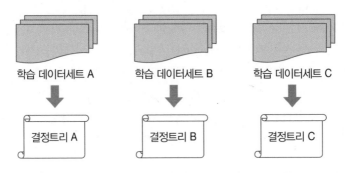

학습 데이터세트 A　　학습 데이터세트 B　　학습 데이터세트 C

결정트리 A　　　　　결정트리 B　　　　　결정트리 C

(1) 다른 학습 데이터세트를 이용해 각각의 결정트리를 학습

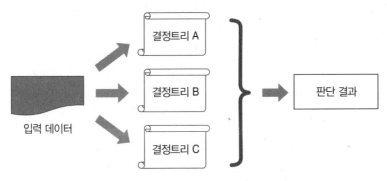

결정트리 A

결정트리 B

입력 데이터

결정트리 C

판단 결과

(2) 새로운 입력 데이터에 대해 학습 결과의 결정트리를 각각 적용, 출력된 평균값을 전체 결과로 한다.

●그림 3.29 랜덤 포레스트

3.5　서포트 벡터 머신(SVM)

서포트 벡터 머신(SVM; Support Vector Machine)은 특성 변수들로 대상물의 분류 지식을 찾기 위한 머신러닝 방법이다.

서포트 벡터 머신 학습에서는 우선 분류 대상을 특성 변수로 결정짓는 특정한 공간 안의 1점으로 표현한다. 그리고 분류 기준에 따라 공간을 분할하는 평면을 정해 분류 지식을 표현한다. 이때 공간을 분할하는 평면과 분류 대상을 표현하는 각 점의 거리가 최대가 되도록 평면을 결정하는데, 이 조작을 **마진의 최대화**라고 한다. 여기에서 마진이란 분류로 생긴 여백을 의미한다.

서포트 벡터 머신 동작을 초평면을 사용해 설명하면 **그림 3.30**과 같이 두 개의 분류 대상이 초평면 위에 점으로 표현된다. 이러한 두 개의 분류 대상을 직선으로 분류한다. 이때 두 개의 분류 대상을 되도록 마진(여백)이 커지게 분할하는 직선을 구하는 것이 서포트 벡터 머신의 학습이다.

또한 두 개를 분할하는 직선에 가장 가까운 점을 **서포트 벡터**라고 하는데, 이것은 이러한 점이 직선을 떠받치는(서포트하는) 것처럼 보이기 때문이다.

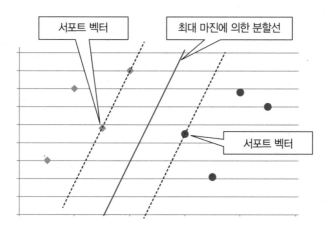

● 그림 3.30 마진 최대화와 서포트 벡터

마진을 최대화하여 분류 능력을 높이면 일반화 능력도 높아진다. 이런 점에서 새로운 데이터에 대한 분류 성능도 향상될 것이라고 기대할 수 있다.

그림 3.30의 예는 2차원의 평면을 직선으로 분할하는 문제였다. 그림의 예는 속성값이 두 개로, 차원 수가 가장 낮은 경우이다. 게다가 직선으로 분할한다는 의미는 속성값의 선형결합으로 표현되는 수식으로 분류 지식을 다룬다는 데 지나지 않다.

그러나 서포트 벡터 머신에서는 보다 고차원인 공간에 분포하는 데이터를 분류하는 분류기를 구축하는 것도 가능하다. 게다가 적당한 변환을 이용해서 분류 대상을 다른 특성 공간으로 옮겨 비선형 분류기를 구축할 수도 있다. 이때 커널 함수를 이용해서 변환하면 계산값을 줄일 수 있다. 이것을 **커널 트릭**(kernel trick)이라고 한다.

3.3항에서 다룬 K-인접기법에 의한 분류 문제를 푸는 프로그램을 파이썬으로 작성해보자. 학습 데이터세트는 **표 3.A**에 나타낸 데이터를 사용한다.

●표 3.A K-인접기법에 의한 분류 프로그램의 학습 데이터세트

속성 1	속성 2	클래스(분류 결과)
30	50	A
65	40	B
90	100	A
90	60	B
70	60	B
40	50	A
80	50	B

프로그램을 실행하면 키보드로 속성을 읽어와 미리 주어진 예제와의 거리를 계산하고 가까운 것부터 순서대로 표시한다. 실행 예를 다음과 같이 표시한다. 실행예로 K=3으로 하면 입력 데이터는 A로 분류된다. 그리고 K=5로 하면 이번에는 B로 분류된다.

```
1  C:ch3>python kneighbor.py
2  분류 대상의 높이를 입력해보자:50
3  분류 대상의 상부 표면 면적을 입력해보자:50
4  [[40, 50, 'A'], [65, 40, 'B'], [30, 50, 'A'], [70, 60, 'B'], [80, 50,
   'B'], [90, 60, 'B'], [90, 100, 'A']]
```

연습문제 해답

K-인접기법 계산 프로그램인 kneighbor.py 프로그램을 **그림 3.A**처럼 작성했다. kneighbor.py 프로그램에서는 학습 데이터세트 itemdata의 각 요소와 분류 대상 (높이 h, 상부 표면 면적 a)의 2차원 평면 내의 거리를 계산하고, 거리가 가까운 순서 대로 학습 데이터세트의 요소를 다시 배열해서 출력한다.

```python
1   # -*- coding: utf-8 -*-
2   """
3   kneighbor.py 프로그램
4   K-인접기법 계산 프로그램
5   사용 방법   c:₩>python kneighbor.py
6   """
7
8   # 메인 실행부
9   # 학습 데이터세트의 정의
10  itemdata = [[30 , 50 , "A"] , [65 , 40 , "B"] ,
11              [90 , 100 , "A"] , [90 , 60 , "B"] ,
12              [70 , 60 , "B"] , [40 , 50 , "A"] ,
13              [80 , 50 , "B"]]
14  # 분류 대상 입력
15  h = float(input("분류 대상의 높이를 입력하세요:"))
16  a = float(input("분류 대상의 상부 표면 면적을 입력하세요:"))
17
18  # 리스트 정렬
19  itemdata.sort(key = lambda x : (x[0] - h) ** 2 + (x[1] - a) ** 2)
20
21  # 결과 출력
22  print(itemdata)
23
24  # kneighbor.py 끝내기
```

●그림 3.A kneighbor.py 프로그램

제 **4** 장

지식표현과 추론

여기에서는 인공지능 시스템이 프로그램에서 지식을 표현하는 방법과 지식을 조합해서 전제조건으로부터 결론을 도출하는 추론 방법에 대해 살펴본다.

또한 지식표현과 추론의 응용 사례로 인간 전문가의 지적활동을 모방하는 전문가 시스템에 관해서도 설명한다.

4.1.1 지식표현이란

일반적으로 인공지능 시스템을 구성하기 위해서는 인공지능 프로그램이 다룰 수 있는 형식으로 지식을 표현해야 한다. 이 표현을 **지식표현**(knowledge representation) 이라고 한다.

지식표현은 단순히 사실의 기술뿐 아니라 컴퓨터 프로그램을 효율적으로 다룰 수 있어야 한다. 예를 들면 인터넷에서는 대량의 텍스트 정보가 공개되어 있지만 어디에 뭐가 있는지 조사하는 일부터가 쉽지 않다. 그러다 보니 이러한 텍스트 정보를 프로그램에서 효율적으로 다룰 수 없는 데다 그 상태로는 인공지능 시스템의 지식표현으로 이용하기도 어렵다. 그러나 적절히 구조화된 데이터만 있다면 프로그램에서 효율적으로 처리할 수 있다. 인공지능 분야에서는 후자와 같은 데이터 구조를 **지식표현**이라고 한다.

표 4.1은 인공지능 분야에서 연구되어 온 대표적인 지식표현의 방법이다.

●표 4.1 지식표현의 방법

명칭	설명
의미 네트워크	개념의 레이블을 노드로 하고, 노드 사이를 링크로 연결하여 작성한 네트워크를 이용해 의미를 표현한다
프레임	슬롯이라 부르는 내부 구조가 있는 데이터 구조인 프레임을 이용해 프레임 네트워크로 의미를 표현한다
명제논리, 술어논리	논리학의 논리식을 이용해 의미를 표현한다
생성 시스템	조건부와 결론부로 이루어진 if-then 형식의 표현 집합을 이용해 의미를 표현한다

4.1.2 의미 네트워크

의미 네트워크(semantic network)는 **그림 4.1**과 같은 네트워크 표현으로 의미를 나타내는 지식표현 방법이다. 그림에서 동그라미로 표시한 것은 네트워크의 **노드**(node, 교점)이고, 개념의 레이블이다. 노드는 **링크**(ling, 마디)로 연결된다. 링크에는 방향이 있고, 방향은 화살표로 나타낸다.

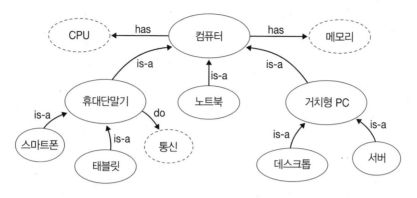

●그림 4.1 의미 네트워크 예

그림 4.1에서 컴퓨터나 휴대단말기, 노트북 등이 개념의 레이블을 나타내는 노드이다. 여기에서 컴퓨터의 노드와 휴대단말기나 노트북의 노드는 is-a라고 적힌 링크로 연결되어 있다. 이것을 **is-a 링크**라 하고, 휴대단말기나 노트북이 컴퓨터의 일종이라는 의미를 나타낸다.

마찬가지로 오른쪽 아래 서버는 거치형 PC와 is-a 링크로 연결되어 있으므로 서버는 거치형 PC의 일종으로 표시된다. 또한 거치형 PC는 컴퓨터와 is-a 링크로 이어져 있으므로 서버는 거치형 PC의 일종이면서 컴퓨터의 일종임을 알 수 있다.

링크에는 is-a 링크 외에도 몇 가지 종류가 있다. 예를 들면 컴퓨터의 노드에는 has라고 쓰인 링크로 CPU와 메모리가 연결된다. 이것은 컴퓨터가 CPU와 메모리를 갖추고 있다는 의미이다. 이와 같이 **has 링크**는 개념의 속성을 나타내는 데 사용된다. 또한 휴대단말기의 노드는 **do 링크**에 의해 통신과 연결된다. 이것은 휴대단말기에 통신 기능이 있다는 것을 의미한다.

has 링크와 do 링크가 주어진 속성은 is-a 링크에 의해 하위 개념으로 연결된다. 이것을 **계승**(inheritance)이라고 한다.

그림 4.1을 보면 컴퓨터가 CPU와 메모리를 갖추고 있으면 하위 개념인 휴대단말기나 노트북 또는 스마트폰, 서버 컴퓨터에도 CPU와 메모리가 내장되어 있음을 알 수 있다. 또한 휴대단말기는 do 링크로 통신이라고 적힌 노드에 연결되어 있어 휴대단말기의 하위 개념인 스마트폰이나 태블릿도 통신 기능이 있다는 것을 알 수 있다.

의미 네트워크를 이용한 추론 방법으로 다음과 같은 질문에 답할 경우에 대해서도 생각해보자.

"스마트폰은 컴퓨터입니까?"

그림 4.1의 의미 네트워크에는 앞의 질문에 대한 직접적인 설명이 없다. 그래서 추론방법으로 처리해야 한다.

추론으로 이 질문에 대답하려면 우선 스마트폰이라는 개념의 레이블에 주목해야 한다. 그림 4.1에서 스마트폰을 찾아내고, is-a 링크를 따라가면 상위 개념인 휴대단말기를 발견할 수 있다. 거기서 is-a 링크를 더 따라가면 휴대단말기의 상위 개념인 컴퓨터가 나온다.

이와 같은 과정을 통해 스마트폰은 휴대단말기이고, 휴대단말기는 컴퓨터임을 알 수 있다. 결론적으로 스마트폰은 컴퓨터라는 사실을 알았으므로 질문에 대한 답은 '네'가 된다.

마찬가지로 다음과 같은 질문에도 답할 수가 있다.

"서버에는 CPU가 있나요?"

앞의 예와 마찬가지로 서버라는 개념의 레이블에는 has 링크가 없기 때문에 직접 이 질문에 답할 수가 없다. 따라서 질문에 답하기 위해서는 추론이 필요하다.

우선 서버의 상위 개념을 찾는다. is-a 링크를 따라가면 거치형 PC를 발견할 수 있다. 컴퓨터에는 has 링크가 두 개 있고, 그중 하나는 CPU와 링크된다. 이것을 통해 서버에는 CPU가 있다는 것을 알 수 있고, 질문에 '네'라고 답할 수 있다.

반대로 다음과 같은 질문을 생각해볼 수도 있다.

"컴퓨터에는 어떤 종류가 있나요?"

이 질문에는 의미 네트워크에서 컴퓨터를 찾아내어 is-a 링크를 반대로 거슬러 올라가 답을 추론할 수 있다. 링크를 거꾸로 따라가다 막다른 노드를 발견하면 다음과 같은 답을 얻을 수 있다.

"스마트폰, 태블릿, 노트북, 데스크톱, 서버가 있습니다."

의미 네트워크는 유연해서 다양한 지식을 표현할 수 있다. 반면에 기술 방법이 지나치게 유연하고 다양해서 일반적인 지식처리의 틀을 작성하기는 어렵다. 그러다 보니 의미 네트워크를 이용한 인공지능 시스템은 대상이 되는 문제마다 처리 시스템을 하나씩 구축해야 하는 단점이 있다.

4.1.3 프레임

표 4.1의 두 번째 지식표현 형식인 **프레임**(frame)은 의미 네트워크의 노드에 구조를 도입한 형식의 지식표현이다. 프레임은 개념을 표현하는 노드 내부에 **슬롯**(slot)이라는 구조가 있다. 슬롯에는 값을 대입할 수 있다. 예를 들면 슬롯에 프레임의 상태나 성질에 관한 정보를 대입할 수 있다. **그림 4.2**는 프레임의 표현 예이다.

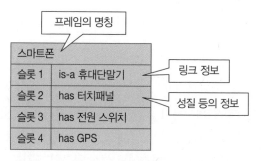

●그림 4.2 프레임의 표현 예(스마트폰이라는 명칭의 프레임)

그림 4.2에는 '스마트폰'이라는 명칭의 프레임을 나타내었다. 스마트폰 프레임에는 네 개의 슬롯이 있고, 각각에 값을 준다.

슬롯 중 슬롯 1에는 다른 프레임과의 관계를 기술한 값이 주어진다. 그림처럼 슬롯 1에 'is-a 휴대단말기'라는 값을 주면 스마트폰 프레임이 휴대단말기 프레임의 하위 개념이라는 것이 표시된다. 이처럼 슬롯에 적절한 값을 주는 것으로 의미 네트워크의 경우와 마찬가지로 프레임 네트워크를 작성할 수 있다.

그림 4.2의 슬롯 2에서 슬롯 4까지는 스마트폰 프레임이 갖고 있는 성질이 기재되어 있다. 즉, 스마트폰을 구성하는 요소에 터치패널이나 전원 스위치, GPS 등이 있다는 내용이 기술되어 있다.

슬롯 값으로 절차를 부여하기도 한다. 예를 들면 스마트폰 프레임이 새롭게 생성될 때 각 슬롯에 디폴트 값을 기입하는 식으로 슬롯에 조작 절차를 부여할 수도 있다.

프레임에는 의미 네트워크와 마찬가지로 상당히 유연한 표현 능력이 있다. 게다가 조작 절차를 계속 부여하면 동적인 지식의 기술도 가능하다. 이러한 특징은 장점이면서 동시에 의미 네트워크와 마찬가지로 일반적인 틀을 만들기 어렵다는 단점이기도 하다. 또한 동적인 기술을 허용하면 어쩔 수 없이 기술 결과의 검증이 매우 어려워지는 측면도 생긴다.

4.1.4 생성 규칙과 생성 시스템

생성 시스템(production system)에서는 if-then 형식으로 개념의 관계를 나타내는 **생성 규칙**(production rule)을 이용하여 지식을 표현한다. 생성 규칙은 다음과 같은 형식의 규칙표현이다.

if(조건부) then(결론부)

조건부에는 이 규칙을 적용하기 위한 조건을 기술한다. 그리고 결론부에는 조건부의 조건이 만족할 수 있는 규칙이 적용된 경우의 상태 변화나 규칙의 적용에 따라 나타나는 동작을 기술한다. 여기에서 생성 규칙의 조건부가 충족되어 규칙이 적용되는 것을 '규칙을 **수행**(fire)한다'고 한다.

그림 4.3은 생성 규칙에 따른 지식표현의 예이다.

```
if(반도체 메모리, 휘발성)  then(RAM) -------------------------- ①
if(반도체 메모리, 비휘발성)  then(ROM) ----------------------- ②
if(RAM, 리프레시)  then(DRAM) ------------------------------ ③
if(RAM, 고속) then(SRAM) ---------------------------------- ④
if(ROM, 재기록 불가) then(마스크 ROM) ---------------------- ⑤
if(ROM, 전기적으로 재기록 가능, 소용량) then(EEPROM) -------- ⑥
if(ROM, 전기적으로 재기록 가능, 대용량) then(플래시 메모리) -- ⑦
```

●그림 4.3 생성 규칙의 기술 예

그림 4.3에서는 반도체 메모리의 분류 지식을 생성 규칙에 따라 기술하고 있다. 예를 들면 규칙 ①에서는 다음과 같은 지식을 표현한다.

"반도체 메모리이고 휘발성인 것은 RAM입니다."

마찬가지로 규칙 ⑦에서는 다음과 같은 지식을 표현한다.

"ROM에서 전기적으로 재기록이 가능하고 대용량인 것은 플래시 메모리입니다."

여기에서 생성 규칙을 이용한 추론 방법을 살펴보자. 하나는 주어진 조건을 이용한 규칙을 반복적으로 수행하게 해서 결론을 도출하는 방법이다. 이와 같이 조건부에서 결론부로 추론을 진행하는 방법을 **전향 추론**(forward reasoning)이라고 한다.

그림 4.4에는 그림 4.3의 규칙을 적용한 전향 추론의 예를 제시했다. 그림 4.4의 질문 1에서는 "반도체 메모리 중에서 휘발성이 있고 고속인 것은 무엇입니까?"라는 질문의 답을 추론한다. 질문에 포함된 조건 중에서

반도체 메모리, 휘발성

위 두 개를 사용하면 규칙 ①의 조건부와 합치하고, 규칙 ①이 수행된다. 그 결과 '반도체 메모리 휘발성'인 것은 RAM임을 알 수 있다. 그리고 그 결과를 이용해

다음 조건을 규칙과 맞춰본다.

RAM, 고속

그 결과, 규칙 ④가 수행되고 'RAM이고 고속'인 것은 SRAM이라는 것을 알 수 있다. 모든 조건을 이용했기 때문에 "반도체 메모리 중에서 휘발성이 있고 고속인 것은 SRAM입니다."라는 답을 얻게 된다. 그림 4.4의 질문 2도 마찬가지로 규칙 ②와 규칙 ⑥을 순서대로 적용해서 "반도체 메모리 중에서 비휘발성이고 전기적으로 재기록이 가능하며 소용량인 것은 EEPROM입니다"라고 추론한다.

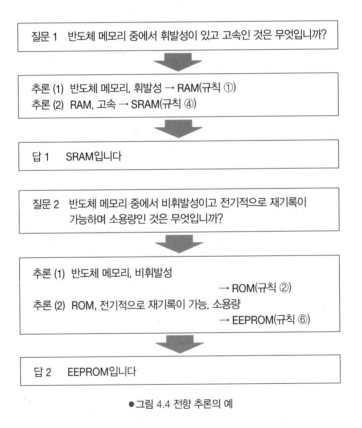

질문 1   반도체 메모리 중에서 휘발성이 있고 고속인 것은 무엇입니까?

추론 (1)   반도체 메모리, 휘발성 → RAM(규칙 ①)
추론 (2)   RAM, 고속 → SRAM(규칙 ④)

답 1   SRAM입니다

질문 2   반도체 메모리 중에서 비휘발성이고 전기적으로 재기록이
　　　　 가능하며 소용량인 것은 무엇입니까?

추론 (1)   반도체 메모리, 비휘발성
　　　　　　　　　　　　　　　　 → ROM(규칙 ②)
추론 (2)   ROM, 전기적으로 재기록이 가능, 소용량
　　　　　　　　　　　　　　　　 → EEPROM(규칙 ⑥)

답 2   EEPROM입니다

●그림 4.4 전향 추론의 예

전향 추론에서는 조건부에서 결론부로 진행하면서 추론을 진행한다. 생성 규칙

에서는 거꾸로 결론부에서 조건부로 추론을 진행할 수도 있다. 이 방법을 **후향 추론**(backward reasoning)이라고 한다. 후향 추론은 가정이 맞는지의 여부에 관한 증명을 도출하는 추론 형식이다.

그림 4.5에 후향 추론의 예를 제시했다. 질문의 취지는 DRAM이라는 것은 '휘발성, 반도체 메모리, 리프레시'라는 성질이 있는지의 여부에 관한 내용이며, 이에 대한 후향 추론을 시도한다.

우선 DRAM을 결론부에 포함된 규칙 ③을 적용한다. 그러면 규칙 ③의 조건부에서 'RAM', '리프레시'라는 성질을 확인할 수 있다. 이어서 RAM을 결론부에 포함된 규칙 ①을 적용하면 '반도체 메모리', '휘발성'이라는 성질을 알 수 있다. 이상을 종합하면 질문의 조건이 충족된다는 것을 알 수 있고, 질문에 대해 '네'라고 답할 수 있다.

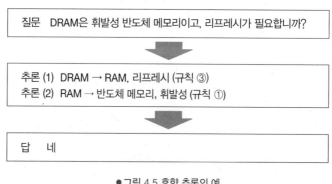

●그림 4.5 후향 추론의 예

4.1.5 술어를 이용한 지식표현

술어(predicate)는 논리학의 개념이고 어떤 구체적인 예시를 주면 진위를 결정할 수 있는 기술을 말한다. 인공지능의 세계에서는 술어를 이용해서 지식표현을 하기도 한다. 다음과 같은 술어를 예로 들어보겠다.

computer(X)

이 술어는 인수 X가 컴퓨터인지를 판단한다. computer(X)는 술어이기 때문에 인수 X에 구체적인 예시를 주면 진위를 결정할 수 있다. 예를 들어 다음의 식은 **진실(true, T)**이다.

computer(노트북)

이에 대해 다음의 식은 **거짓(false, F)**이다.

computer(인간)

술어를 사용하면 지식을 표현할 수 있다. **그림 4.6**은 술어를 사용한 지식표현의 예다.

extension(C++ 언어, C 언어)
extension(C 언어, B 언어)
extension(PASCAL 언어, ALGOL 언어)
extension(MODULA-2 언어, PASCAL 언어)
ancestor(Z, X):-extension(Y, Z), extension(X, Y)

● 그림 4.6 술어를 사용한 지식표현의 예

그림 4.6에서는 extension(X, Y)이라는 술어를 사용해 'X는 Y를 확장한 것입니다'라는 지식을 표현한다. 또한 ancestor(Z, X)라는 술어로 'extension(Y, Z)이고 또 extension(X, Y)라면 Z는 X의 선조입니다'라는 지식을 표현한다. 이것은 Z를 확장한 것이 Y이고 또 Z를 확장한 것이 X이기 때문에 거꾸로 보면 Z는 X의 근본인 선조에 해당한다는 의미이다.

여기에서 ':-'라는 기호를 사용해서 술어의 조합에 따른 규칙을 기술하고 있다는 점에 주목하자. ':-'라는 기호 오른쪽에 전제를 기술하고, 결론을 왼쪽에 기술하여 생성 규칙처럼 기술한다. 이 기술 방법은 2.9.2항에서 소개한 프로그래밍 언어 프롤로그의 문법에 기반한 방법이다.

다음은 그림 4.6의 지식을 이용한 추론의 예다. 다음과 같은 질문을 예로 들어 생각해보자.

extension(C 언어, X)

이것은 X 부분에 해당하는 게 무엇인지를 묻는 표현이다. 즉, 질문의 의미는 'C 언어는 무엇을 확장한 언어입니까?'라는 것이다. 이에 대한 답은 지식 속에 포함되어 있고, 추론까지 할 필요 없이 다음과 같이 답할 수 있다.

X = B 언어

이것은 'B 언어를 확장한 언어입니다'라는 의미의 답이다.
그리고 'B 언어는 C++ 언어의 선조입니까?'라는 질문을 다음과 같은 형식으로 기술한다고 하자.

ancestor(B 언어, C++ 언어)

이에 대해서는 **그림 4.7**과 같은 패턴 매칭으로 '네'라고 답할 수 있다.

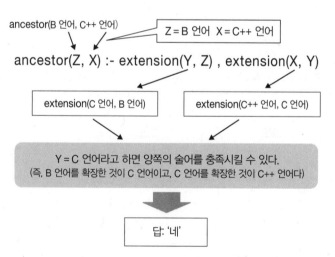

●그림 4.7 'B 언어는 C++ 언어의 선조입니까?'라는 질문에 대한 추론 과정

게다가 '"선조"와 관련 있는 쌍을 전부 제시하세요'라는 질문에는 다음과 같이

기술할 수 있다.

ancestor(X, Y)

여기에서 X와 Y에는 선조와 관련 있는 쌍이 적합하다. 패턴 매칭을 이용한 추론에 의하면 이 질문에 대한 답은 다음과 같이 두 쌍의 조합이 된다.

X = B 언어, Y = C++ 언어
X = ALGOL 언어, Y = MODULA - 2 언어

이와 같이 술어를 활용한 지식표현을 이용하면 패턴 매칭으로 추론을 반복하면서 다양한 지식을 얻을 수 있다.

4.1.6 개방 세계 가정과 폐쇄 세계 가정

의미표현과 추론이 실패했을 때의 대응에 대해서도 살펴볼 필요가 있다. 예를 들어 그림 4.1의 의미 네트워크에서 '데스크톱에는 디스크 장치가 있습니까?'라는 질문에 대한 추론을 실행할 경우를 생각해보자. 그러면 데스크톱이나 그 상위 개념인 거치형 PC 그리고 그 상위 위치인 컴퓨터 중 하나를 조사해 봐도 '디스크 장치'에 관한 기술은 없다(**그림 4.8**). 결과적으로 추론은 실패로 끝난다.

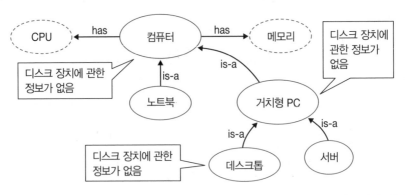

●그림 4.8 '데스크톱에는 디스크 장치가 있습니까?'라는 질문에 대해 추론을 실행하면 추론에 실패한다

이 결과의 해석은 다음 두 가지 방법으로 생각할 수 있다. 하나는 '추론에 사용된 의미 네트워크에서 기술된 지식은 완벽하지 않고, 기술된 지식 외에 다른 지식이 존재한다'는 것이다. 이것을 **개방 세계 가정**(open world assumption)이라고 한다. 개방 세계 가정에 기반을 두면 추론의 실패 원인이 지식 부족이기 때문에 질문에 대한 답은 '모르겠습니다'가 된다.

또 하나는 추론에 사용한 지식은 완전한 것으로 다른 지식은 존재하지 않는다는 것이다. 이것을 **폐쇄 세계 가정**(closed world assumption)이라고 한다.

폐쇄 세계 가정에 따르면 그런 사실 자체가 존재하지 않는 것이 추론 실패의 원인이기 때문에 대답은 '데스크톱에는 디스크 장치가 없습니다'가 된다.

어떤 입장을 취할지는 추론 시스템이 사용하는 지식표현의 양이나 질 또는 추론대상이 되는 적용 영역의 성질에 따라 달라진다. 인간의 경우에도 모르는 질문에 모른다고 대답하기도 하고 상식적으로 대답 불가능한 질문에는 단정적으로 부정하기도 한다. 인간의 경우와 마찬가지로 인공지능의 추론 시스템에서도 개방 세계 가정과 폐쇄 세계 가정의 적절한 선택이 필요하다.

4.2 　전문가 시스템

지식표현과 추론기술을 사용하면 인간의 전문가 활동을 모방한 지식처리 시스템을 구성할 수 있다. 이와 같은 시스템을 **전문가 시스템**(expert system)이라고 한다. 여기에서는 전문가 시스템의 구성과 구현에 관해 설명한다.

4.2.1　전문가 시스템의 구성

전문가 시스템은 지식표현의 집합인 **지식 베이스**(knowledge base)와 지식 베이스를 이용해서 추론을 실행하는 **추론 엔진**(inference engine) 및 추론 과정을 일시적으로 보유하는 **작업 기억**(working memory)으로 구성된다(그림 4.9).

지식 베이스에는 생성 규칙 등에서 기술된 지식표현이 수납되어 있다. 지식 베이스를 구성하려면 인간 전문가가 가진 지식을 추출해서 생성 규칙 등으로 이용해야 한다. 이와 같은 작업을 구현하는 기술을 **지식공학**(knowledge engineering)이라고 한다.

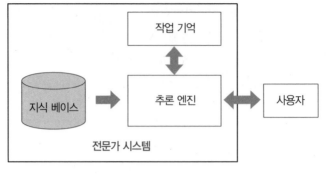

●그림 4.9 전문가 시스템의 구성

지식 베이스가 완성되면 추론 엔진과 작업 기억을 이용한 추론이 가능해진다. 추론 엔진은 지식 베이스를 참조하면서, 또 적당히 작업 기억을 재기록하면서 추론을 진행한다. 추론에서는 사실에서 결론을 도출하는 전향 추론 외에 전향 추론과 후향 추론이 조합된 하이브리드 추론이 이용된다.

4.2.2 전문가 시스템의 구현

전문가 시스템을 구축할 때는 전용 구축 툴을 이용하는 것이 효과적이다. 유명한 구축 툴에 **OPS5**가 있다. OPS5는 생성 규칙을 이용한 지식표현을 다루는 범용 전문가 시스템 구축 툴이다. 즉, 생성 규칙으로 지식표현을 교환하면서 다양한 분야에 대한 전문가 시스템을 구축할 수 있다.

실용적인 전문가 시스템에는 다수의 지식을 이용한 추론을 반복하기 위해 규칙의 조건을 패턴 매칭으로 대조하는 작업이 무수히 반복된다. 이 작업을 단순화하면 패턴 매칭 처리가 방대해져 계산 시간을 소비하게 된다. 그래서 실용적인 전문가 시스템을 구축하기 위해서는 추론의 고속화가 필요하다.

고속화 알고리즘으로는 생성 시스템의 **RETE 알고리즘**이 유명하다. RETE 알고리즘은 OPS5에서도 이용되는 패턴 매칭 알고리즘이다.

RETE 알고리즘에서는 생성 규칙을 트리 구조로 이루어진 내부표현으로 변환해서 과거에 실행한 패턴 매칭의 결과를 보관한다. 그리고 과거 패턴 매칭의 상태를 보관해서 불필요한 대조를 피하고 추론을 고속화한다. 고속화의 대가로 RETE 알고리즘에서 이용하는 내부표현의 용량이 원래 규칙표현보다 훨씬 많아지기 때문에 RETE 알고리즘 구현에는 대량의 메모리가 소비된다. 이러한 단점을 해소하기 위한 알고리즘 연구도 제안되고 있다.

연습문제

4.1항의 그림 4.1에서 보여준 의미 네트워크와 관련해 is-a 링크를 이용해서 추론하는 isa.py 프로그램을 파이썬으로 작성해보자. 본문에서 예로 든 '스마트폰은 컴퓨터입니까?'나 '서버는 컴퓨터입니까?'와 같은 질문에 **그림 4.A**와 같은 답을 이끌어낼 수 있는 프로그램을 작성하자.

1	'A는 B입니까?'라는 질문을 다룹니다. A와 B를 입력하세요
2	A를 입력: 스마트폰
3	B를 입력: 컴퓨터
4	질문: '스마트폰은 컴퓨터입니까?'
5	추론을 시작합니다
6	스마트폰은 휴대단말기입니다
7	휴대단말기는 컴퓨터입니다
8	결론: 스마트폰은 컴퓨터입니다
9	추론 종료
10	
11	'A는 B입니까?'라는 질문을 다룹니다. A와 B를 입력하세요
12	A를 입력: 서버
13	B를 입력: 컴퓨터
14	질문: '서버는 컴퓨터입니까?'
15	추론을 시작합니다
16	서버는 거치형 PC입니다
17	거치형 PC는 컴퓨터입니다
18	결론: 서버는 컴퓨터입니다
19	추론 종료

●그림 4.A is-a 링크를 이용한 추론 과정

그리고 구체적인 기계 이름에 관해서는 개방 세계 가정을 도입하고, 모르는 것은 모른다고 답한다. 예를 들어 'ENIAC는 컴퓨터입니까?'라는 질문에는 **그림 4.B**

와 같이 모른다고 답한다.

1	'A는 B입니까?'라는 질문을 다룹니다. A와 B를 입력하세요
2	A를 입력: ENIAC
3	B를 입력: 컴퓨터
4	질문: 'ENIAC는 컴퓨터입니까?'
5	추론을 시작합니다
6	'ENIAC'를 모릅니다

●그림 4.B 모르는 기계 이름에 대한 답

또한 모르는 범주에 대해서는 폐쇄 세계 가정을 적용해 부정적인 답을 낸다. 예를 들어 스마트폰이 전자기기인지를 물을 때 전자기기라는 범주는 지식에 포함되지 않지만 **그림 4.C**와 같이 부정적으로 답한다.

1	'A는 B입니까?'라는 질문을 다룹니다. A와 B를 입력하세요
2	A를 입력: 스마트폰
3	B를 입력: 전자기기
4	질문: '스마트폰은 전자기기입니까?'
5	추론을 시작합니다
6	스마트폰은 휴대단말기입니다
7	휴대단말기는 컴퓨터입니다
8	결론: 스마트폰은 전자기기가 아닙니다
9	추론 종료

●그림 4.C 모르는 범주에 대한 답

연습문제 해답

isa.py 프로그램의 소스 리스트는 **그림 4.D**와 같다.

isa.py 프로그램에서는 의미 네트워크를 표현하는 변수인 semnet은 파이썬 사전으로 표현한다. semnet의 각 요소는 의미 네트워크 링크에 관한 정보를 보유하고 있다.

메인 실행부는 전체가 while문에 의한 무한루프 상태여서 반복적으로 질문을 처리한다. while 루프 내부에는 질문을 입력하고 질문대상이 되는 단어 A가 의미 네트워크에 포함되는지 아닌지를 확인한 후 while문에 따라 is-a 링크를 계속 따라가면서 추론을 진행한다.

```python
1   # -*- coding: utf-8 -*-
2   """
3   isa.py 프로그램
4   is-a 링크에 의한 의미 네트워크를 이용한 추론
5   사용 방법  c:₩>python isa.py
6   """
7
8   # 의미 네트워크의 정의
9   semnet = {
10      "휴대단말기"   : "컴퓨터",
11      "노트북"      : "컴퓨터",
12      "거치형 PC"   : "컴퓨터",
13      "스마트폰"     : "휴대단말기",
14      "태블릿"      : "휴대단말기",
15      "데스크톱"     : "거치형 PC",
16      "서버"       : "거치형 PC",
17      }
18
19  # 메인 실행부
20  while True :
21      # 분류 대상 입력
22      print("'A는 B입니까?'라는 질문을 다룹니다. A와 B를 입력하세요")
23      A=input ("A를 입력: ")
24      B==input ("B를 입력: ")
25      print ("질문: ",A, "는" ,B, "입니까?")
26      print ("추론을 시작합니다")
27      # A가 의미 네트워크를 포함하지 않는다면 종료
28      if (A in semnet) == False :
29          print (" '",A, "'를 모릅니다")
30          continue
```

```
31      # is-a 링크를 따라가면서 B를 찾는다
32      obj = A
33      while obj != B:
34          print ("  ", obj,  "는", semnet[obj], "입니다")
35          if semnet[obj] == B :
36              print ("결론: ", A, "는" ,B, "입니다")
37              break
38          if (semnet[obj] in semnet) == False :
39              print ("결론: ",A, "는" ,B,"가 아닙니다")
40              break
41          obj = semnet[obj]
42      print ("추론 종료₩n")
43  #isa.py 끝내기
```

●그림 4.D isa.py 프로그램

제 **5** 장

신경망

이 장에서는 생물의 신경계를 수학적으로 모방하면서 학습이나 분류 같은 기능을 구현하는 신경망에 관해 살펴본다.

처음에 인공 신경망의 구성 요소인 인공 뉴런에 대해 이야기하고, 이어서 인공 뉴런을 계층적으로 접속한 계층형 신경망에 관해 설명한다. 또한 다른 형식을 가진 인공 신경망도 몇 가지 소개한다.

5.1 계층형 신경망

5.1.1 인공 신경망이란

인공 신경망(artificial neural network)은 생물의 신경세포 및 신경세포 네트워크 기능을 시뮬레이션해서 다양한 입출력 관계를 구현하는 계산기구이다(이후 신경망 으로 표기).

신경망의 계산기구는 생물 신경계의 기능을 모델로 구성되어 있으며, 생물의 신경계는 **그림 5.1**과 같이 **신경세포**(neuron)의 상호 결합으로 이루어져 있다.

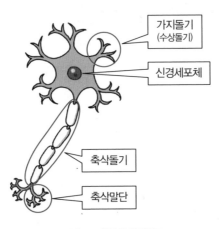

가지돌기
(수상돌기)

신경세포체

축삭돌기

축삭말단

●그림 5.1 생물의 신경세포

그림 5.1을 보면 신경세포는 **신경세포체**(cell body), **가지돌기**(dendrite) 그리고 **축삭돌기**(axon) 등으로 이루어져 있다. 신경세포는 이러한 구성 요소의 기능을 이용해서 다른 신경세포로부터 정보를 얻어 처리 결과를 다른 신경세포로 전달한다.

신경세포의 정보 전달에 관해 좀 더 자세하게 설명하면 다음과 같다. 그림 5.1 에서 수상돌기는 다른 신경세포의 축삭말단과 접촉해서 정보를 전달받을 수 있다. 이 접촉부를 **시냅스**(synapse)라고 한다.

가지돌기에서 받은 정보는 신경세포체에서 처리된다. 그 결과는 축삭돌기로 전달되고 축삭말단을 통해 시냅스를 경유하면서 다른 신경세포로 전달된다. 정보가 전달되면 신경세포에서도 가지돌기에서 얻은 정보가 처리되어 시냅스를 경유해서 또 다른 신경세포로 전해진다. 이처럼 다수의 신경세포가 집합해서 네트워크를 구성한 것이 생물의 신경회로망이다.

신경망은 생물의 신경회로망을 시뮬레이션해서 계산을 구현한다. 즉, 인공 뉴런은 다른 인공 뉴런에서 정보를 받아 적당히 처리한 후에 다음 단계의 인공 뉴런으로 정보를 전달한다. 이것을 반복하면서 모든 기능이 협동하여 처리하는 신경망을 구성한다.

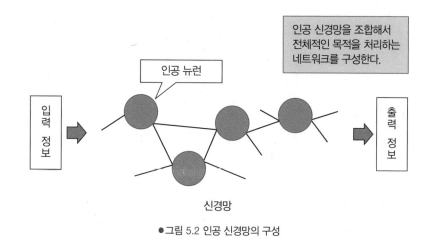

●그림 5.2 인공 신경망의 구성

신경망은 입력된 정보를 전달받으면 네트워크를 구성하는 각각의 신경망이 각자 계산하여 다음 단계의 인공 뉴런으로 계산 결과를 전달한다. 그리고 마지막에 네트워크의 출력부에 배치된 인공 뉴런이 최종 결과를 출력한다. 이때 어떤 입력에 대해 기대했던 출력이 나타나게 하려면 인공 뉴런의 내부 매개변수를 적절하게 설정할 필요가 있다. 이와 같이 내부 매개변수를 적절하게 설정해서 신경망의 동작을 원하는 대로 조정하는 조작을 **신경망 학습**이라고 한다.

일반적으로 신경망에서는 입력부터 출력까지 계산 과정이 간단해서 수고가 필요 없는 경우가 많아 계산 시간이 짧다. 그에 반해 내부 매개변수를 적절히 설정하는 학습 과정에서는 꽤 많은 양의 계산이 필요하다 보니 일반적으로 방대한 계산 시간이 필요하다.

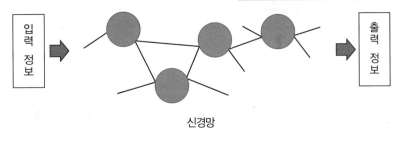

어느 입력에 대해 기대한 출력을 얻으려면 인공 신경망의 내부 파라미터를 적절하게 설정할 필요가 있다.
이 조작을 학습이라고 한다.

입력 정보 ➡ 신경망 ➡ 출력 정보

신경망

●그림 5.3 신경망 학습

5.1.2 인공 뉴런

다음은 신경망의 구성 요소인 인공 뉴런의 모델에 대한 설명이다. **그림 5.4**는 인공 뉴런의 구조와 계산 방법이다.

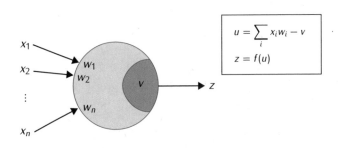

$$u = \sum_i x_i w_i - v$$
$$z = f(u)$$

$x_1 \sim x_n$: 입력
$w_1 \sim w_n$: 가중치(결합하중이라고도 함)
v : 임계값
z : 출력
f : 전달함수(출력함수 또는 활성화함수라고도 함)

●그림 5.4 인공 뉴런

인공 뉴런은 생물의 신경세포와 마찬가지로 복수의 입력과 하나의 입력을 가진 계산 소자이다. 각각의 입력에는 수치가 주어진다. 주어진 수치는 각각의 입력마다 사전에 정해진 매개변수인 가중치 또는 **결합하중**(weight)이라는 정수와 곱해지고 그 결과가 합산된다. 그리고 이 합계에서 **임계값**(threshold)이라는 정수를 뺀다. 이러한 계산 결과를 그림 5.4에서는 u라는 기호로 표시한다.

인공 뉴런의 출력은 u의 값을 적당한 함수로 변환한 결괏값이다. 이 함수를 **전이함수**(transfer function), **출력함수**(output function) 또는 **활성화함수**(activation function) 등으로 부른다.

전이함수에는 용도에 따라 다양한 함수가 활용된다. 예를 들면 인공 뉴런의 출력으로 0 또는 1, 이 두 개의 값을 다루고 싶을 때는 **단계함수**(step function)를 이용할 수 있다(**그림 5.5**).

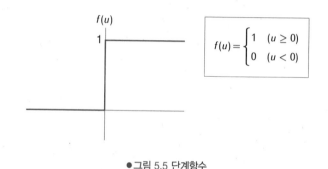

$$f(u) = \begin{cases} 1 & (u \geq 0) \\ 0 & (u < 0) \end{cases}$$

●그림 5.5 단계함수

또는 출력으로 0에서 1의 연속값이 필요하다면 **그림 5.6**의 **시그모이드 함수**(sigmoid function)를 사용할 수 있다.

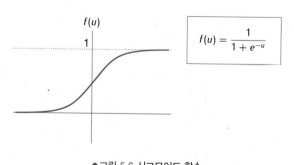

$$f(u) = \frac{1}{1 + e^{-u}}$$

●그림 5.6 시그모이드 함수

최근 딥러닝에서는 **그림 5.7**에 나타낸 **램프 함수**(ramp function)가 자주 사용된다. 램프 함수는 ReLU(rectified linear unit) 또는 **정류 선형 유닛**이라고 부르기도 한다.

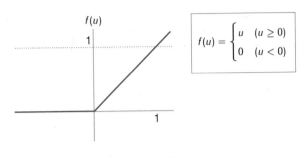

●그림 5.7 램프 함수(ReLU)

복수의 출력을 동시에 다루는 신경망에서는 출력층의 인공 뉴런에서 **소프트맥스 함수**(softmax function)라는 전이함수가 사용되기도 한다(**그림 5.8**).

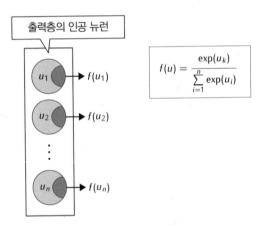

●그림 5.8 소프트맥스 함수

소프트맥스 함수는 신경망을 식별기로 이용할 경우 출력층에 사용된다. 소프트맥스 함수에서는 복수의 출력을 가진 신경망의 모든 출력값을 합한 다음에 각각의 출력값을 계산한다. 그 출력값은 0에서 1 사이이고, 모든 출력값의 합계는 정확하게 1이 되도록 설정되어 있다. 소프트맥스 함수의 출력은 확률값으로 파악할 수 있기 때문에 각각의 복수의 출력값을 분류의 확률값으로 해석하는 데 편리하다.

인공 뉴런 개체에서 가중치나 임계값 등의 매개변수를 적절하게 설정하면 적당한 조건 아래서 특정 입력에 대해 기대했던 출력을 얻을 수 있다. 가중치나 임계값을 적절하게 조정하는 조작을 **인공 뉴런의 학습**이라고 한다. 인공 뉴런의 학습을 포함한 신경망 학습에 대해서는 뒷부분에서 다시 설명한다.

5.1.3 퍼셉트론

퍼셉트론(perception)은 신경망 연구 초기에 활발하게 연구된 계층형 신경망이다. **그림 5.9**는 퍼셉트론의 구성 예로, 1958년에 프랑크 로젠블라트(Frank Rosenblatt)가 제안한 것과 같은 형식의 퍼셉트론이다. 특히 2입력 1출력을 나타낸다.

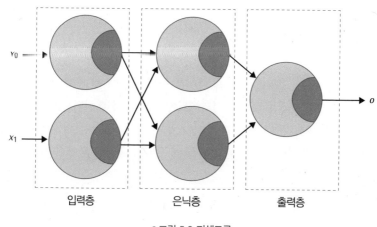

●그림 5.9 퍼셉트론

그림 5.9의 퍼셉트론에서는 인공 뉴런이 세 개의 계층으로 층별화되어 있다. 외부에서 데이터를 받은 **입력층(감각층 또는 자극층, S층)**에서는 특별한 처리 없이 입력된 데이터를 그대로 **은닉층(연합층 또는 연상층, A층)**으로 보낸다. 은닉층에서는 그림 5.4와 같이 인공 뉴런의 계산 순서에 따라 처리가 진행된다. 그림 5.9의 퍼셉트론에서는 전이함수로 단계함수를 사용한다. 은닉층의 출력은 **출력층(응답층, R층)**으로 보내지는데, 여기에서도 인공 뉴런의 계산 순서가 적용된다.

퍼셉트론에서는 네트워크를 구성하는 인공 뉴런의 가중치와 임계값의 조절은 다음과 같은 순서로 이루어진다.

출력의 오차가 충분히 작아질 때까지 다음 과정을 반복한다.

1. 학습 데이터세트에서 학습 데이터 하나를 선택한다.

2. 학습 데이터를 퍼셉트론에 입력하고 퍼셉트론의 출력 o를 계산한다.

3. 출력 o를 학습 데이터 o_t와 비교해서 출력 오차 E를 계산한다.

4. 오차 E가 작아지도록 출력층의 가중치 w_i를 은닉층의 신호강도 h_i에 따라 조절한다.

마지막 4번 과정은 다음과 같은 식을 이용해서 조절한다.

$$E = o_t - o$$
$$w_i \leftarrow w_i + E \times h_i$$

그림 5.10에서는 퍼셉트론의 학습 방법을 설명했다. 우선 전제조건으로 1번부터 4번 과정까지의 순서는 학습 데이터세트에 포함된 각 데이터를 반복해서 실시한다. 1번부터 4번까지의 순서를 반복하다 보면 점점 퍼셉트론의 출력이 정확한 학습 데이터에 가까워진다. 퍼셉트론의 출력 오차가 충분히 작아질 때까지 1번부터 4번까지의 순서를 반복한다.

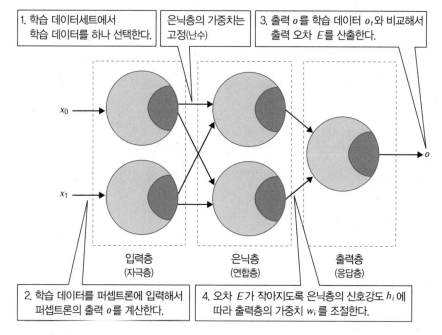

<figcaption>

1. 학습 데이터세트에서 학습 데이터를 하나 선택한다.

은닉층의 가중치는 고정(난수)

3. 출력 o를 학습 데이터 o_t와 비교해서 출력 오차 E를 산출한다.

x_0

x_1

o

입력층
(자극층)

은닉층
(연합층)

출력층
(응답층)

2. 학습 데이터를 퍼셉트론에 입력해서 퍼셉트론의 출력 o를 계산한다.

4. 오차 E가 작아지도록 은닉층의 신호강도 h_i에 따라 출력층의 가중치 w_i를 조절한다.
</figcaption>

●그림 5.10 퍼셉트론의 학습 방법

순서 1번에서는 학습 데이터 하나를 선택한다. 그리고 순서 2번에서는 퍼셉트론에 학습 데이터를 입력하고 출력을 계산한다. 이때 출력을 o로 한다. 출력 o는 아직 학습이 완료되지 않은 학습 도중의 퍼셉트론을 이용한 계산값이기 때문에 정확한 값과는 다르다. 이 차이를 오차 E라고 한다. 순서 3번에서는 오차 E를 계산한다.

이어서 4번에서는 오차 E를 사용해 출력층의 i번째 입력 가중치 w_i를 조절하는데, 이때 오차 E에 은닉층의 신호강도 h_i를 곱한 값에 가중치 w_i를 더해서 조절한다. 이러한 계산법은 퍼셉트론의 출력에서 생기는 오차의 원인이 출력층에 주어지는 은닉층의 신호강도 h_i의 결합 크기에 영향을 받는다는 데서 근거한 것이다.

이와 같이 퍼셉트론에서는 출력층의 인공 뉴런만 대상으로 학습을 진행한다. 그리고 은닉층의 인공 뉴런은 난수에서 초기화된 매개변수를 이용해서 학습 대상 없이 초깃값을 그대로 사용한다. 이러한 제약 때문에 일반적으로 퍼셉트론을 이용해서 임의의 입출력함수를 다루는 일은 불가능하고 한정된 함수만 다루게 된다.

5.1.4 계층형 신경망과 오차역전파법

퍼셉트론의 한계를 넘어 임의의 입출력 관계를 표현하는 계층형 신경망을 구성하려면 은닉층에도 학습 순서를 적용할 필요가 있다. 그래서 2장에서 설명했듯이 **오차역전파법**(backpropagation)이라는 학습 방법이 제안되었다. 오차역전파법은 **역전파**라고도 한다.

그림 5.11에서 간단한 계층형 네트워크를 예로 들어 오차역전파법의 개념을 설명했다. 그림은 3계층 2입력 1출력의 계층형 네트워크 학습이다. 퍼셉트론의 경우와 달리 인공 뉴런의 출력함수로 0에서 1의 연속 값을 출력할 수 있는 시그모이드 함수를 사용한다.

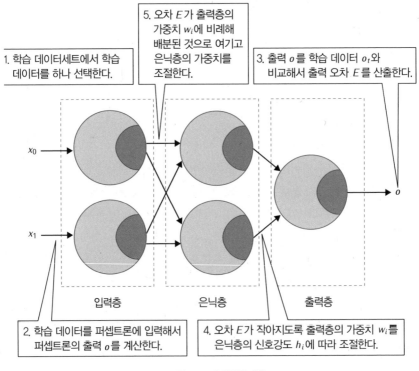

●그림 5.11 오차역전파법

오차역전파법에 의한 학습에서도 처음에 학습 데이터세트에서 학습 데이터 하나를 선택하여 입력층에 넣는다. 이것은 퍼셉트론의 경우와 같다. 그리고 퍼셉트론과 마찬가지로 순방향 계산으로 네트워크의 출력 o를 얻는다. 이러한 네트워크 출력에는 오차가 포함되어 있으므로 학습 데이터 o_t와의 차를 구하면 오차값 E를 구할 수 있다. 그리고 퍼셉트론처럼 출력 오차 E를 이용해서 출력층의 가중치 w_i를 조정한다. 그러나 출력함수의 영향을 감안하려면 시그모이드 함수의 미분 계수를 고려해야 한다. 그 결과 출력층의 가중치 w_i의 업데이트 식은 다음과 같다.

$$E = o_t - o$$
$$wi \leftarrow w_i + \alpha \times E \times f'(u) \times h_i$$

단, α는 학습계수
여기에서 전달함수로 시그모이드 함수를 사용하는 경우에는

$$f'(u) = f(u) \times (1 - f(u))$$
$$= o \times (1 - o)$$

따라서

$$w_i \leftarrow w_i + \alpha \times E \times o \times (1 - o) \times h_i$$

가 된다. 그런 다음에는 은닉층 학습을 실시한다. 은닉층 학습에서도 네트워크 출력의 오차를 줄이기 위해 가중치와 임계값을 조절한다. **그림 5.12**는 은닉층에서 다루는 오차의 예다.

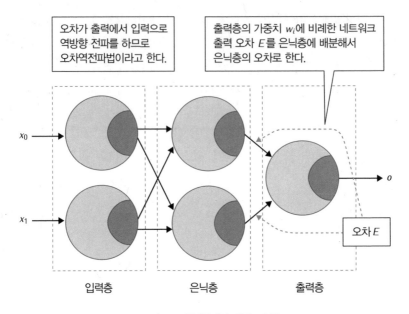

오차가 출력에서 입력으로 역방향 전파를 하므로 오차역전파법이라고 한다.

출력층의 가중치 w_i에 비례한 네트워크 출력 오차 E를 은닉층에 배분해서 은닉층의 오차로 한다.

x_0

x_1

o

오차 E

입력층   은닉층   출력층

●그림 5.12 은닉층에서 다루는 오차

은닉층에서 오차의 수정 정도는 출력층 인공 뉴런의 가중치에 비례한 값을 사용한다. 즉, 네트워크 출력에 포함된 오차를 출력층의 가중치에 비례하게 배분해서 은닉층의 오차를 계산한다. 이 처리는 출력 오차 E가 출력층과 은닉층의 결합을 매개로 입력층으로 거꾸로 올라가는 것처럼 보인다. 오차가 네트워크의 일반 계산 방향과는 반대로 전달되는 것처럼 보이기 때문에 이 방법을 오차역전파법이라고 하는 것이다.

은닉층의 가중치 업데이트 식은 다음과 같이 표현한다.

- 은닉층의 j번째 노드를 다음과 같이 계산한다.
  $\Delta j \leftarrow h_j \times (1 - h_j) \times w_j \times E \times o \times (1 - o)$

- 은닉층의 j번째 노드의 i번째 입력을 다음과 같이 계산한다.
  $w_{ji} \leftarrow w_{ji} + \alpha \times x_i \times \Delta j$

오차역전파법을 이용하면 출력층만이 아닌 은닉층의 인공 뉴런에 대한 학습도 가능하다. 게다가 은닉층을 더 늘린 계층형 네트워크에서도 오차역전파법을 이용해서 학습할 수 있다.

그림 5.13에서는 은닉층을 2단으로 늘린 네트워크를 예로 들었는데, 이 경우에도 오차를 역전파시키면 학습이 가능해진다. 원리적으로는 단을 더 늘려도 같은 방법으로 학습이 가능하다. 이와 같이 오차역전파법으로 다층에 대규모적인 네트워크의 이용이 가능해졌고, 나중에 딥러닝으로 이어지는 길이 확립되었다고 할 수 있다.

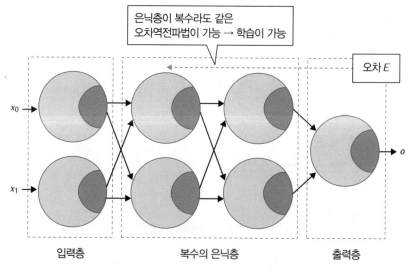

●그림 5.13 다층의 계층형 네트워크의 오차역전파법

5.1.5 순환 신경망

계층형 신경망은 입력에서 출력으로 한 방향으로만 계산하는 신경망이다. 이에 반해 **순환 신경망**(recurrent neural network)은 출력으로 향하는 신호가 입력 쪽에 피드백되는 구조를 가진 신경망이다. **그림** 5.14는 순환 신경망 구조의 예다.

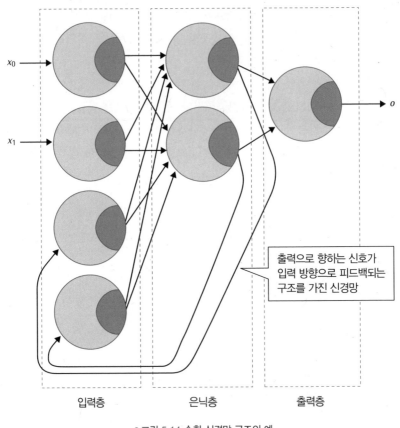

입력층　　　　　　은닉층　　　　　출력층

출력으로 향하는 신호가
입력 방향으로 피드백되는
구조를 가진 신경망

● 그림 5.14 순환 신경망 구조의 예

　그림 5.14를 보면 3계층의 신경망에서 은닉층의 출력이 입력층으로 피드백된
다. 이처럼 지금까지 설명한 단순한 계층형 신경망에서는 존재하지 않던 데이터
의 전달 경로가 출력에서 입력 방향으로 향하는 구조의 신경망을 일반적으로 **순
환 신경망**이라고 부른다.

　순환 신경망에서는 피드백이 없는 일반적인 계층형 신경망에서 다루지 못하는
학습 데이터의 전후 관계에 관한 정보의 학습이 가능하다. **그림 5.15**에서 (1)은 피
드백이 없는 일반적인 계층형 신경망에 의한 학습 개념도이다. 이 경우 학습 데이
터는 상호 독립적으로 다루어져 학습 데이터 간의 전후 관계 등은 고려되지 않는
다. 이에 반해 그림 (2)의 순환 신경망에서는 학습 데이터의 순서도 고려하여 학습

데이터의 전후 관계나 순서와 같은 정보도 학습대상으로 삼아 학습이 이루어진다.

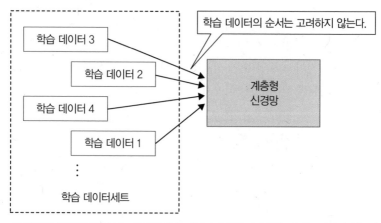

(1) 계층형 인공신경망에서는 각각의 학습 데이터가 독립되어 전후 관계는 다루지 않는다.

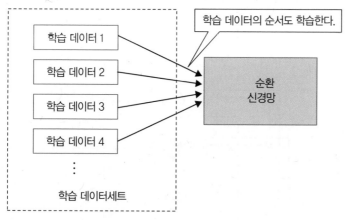

(2) 순환 신경망에서는 학습 데이터의 전후 관계도 학습한다.

●그림 5.15 계층형 신경망과 순환형 신경망의 차이

순환 신경망은 학습 데이터의 전후관계를 다룰 수 있기 때문에 데이터의 출현 순서에 의미가 있는 데이터 학습에 이용한다. 예를 들어 자연어처리에서 단어를 계속 연상시킴으로써 문장을 생성할 수 있다. 이 경우 단어의 출현 순서를 순환 신경망을 이용해서 학습해두면 주어진 단어와 연결되는 다음 단어를 순서대로 찾아 문장을 만들 수 있다. 또는 시계열 데이터의 예상 문제도 과거의 기온 데이터를 순환 신경망으로 학습하면 특정 시간 이후 기온의 변화를 예측하는 예측기를 구성할 수 있다.

순환 신경망에는 다양한 형식이 있다. 예를 들면 학습 데이터의 장기적인 상호관계를 학습하는 것이 목표인 순환 신경망 **LSTM**(Long Short-Term Memory)도 그 중 하나이다. LSTM에 관해서는 6장에서 다룬다.

5.2 다양한 신경망

여기에서는 지금까지 설명한 계층형 신경망이나 순환 신경망과는 다른 형식의 네트워크 몇 가지를 소개하려고 한다.

5.2.1 홉필드 네트워크와 볼츠만 머신

홉필드 네트워크(Hopfield Network)는 **그림 5.16**에서 볼 수 있듯이 모든 인공 뉴

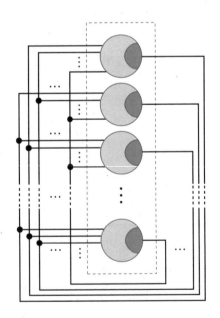

●그림 5.16 홉필드 네트워크

런이 상호 결합한 순환 신경망이다. 홉필드 네트워크는 물리현상의 시뮬레이션을 목적으로 물리학자인 존 홉필드(John Joseph Hopfield)가 제창한 것으로, 최적화 문제나 연상기억의 모델 등에 응용된다.

홉필드 네트워크에서는 네트워크에 삽입하고 싶은 정보에 따라 각 인공 뉴런 사이의 결합하중을 결정한다. 그리고 적당한 출력 패턴을 설정해서 연속 근사를 반복하면 처음에 삽입한 정보 중 하나를 끄집어낼 수 있다. 이 정보를 이용해 연상기억을 실현하거나 물리현상의 안정 상태를 구하는 시뮬레이션을 실행한다.

홉필드 네트워크에서 구하는 안정 상태란 안정점을 말하며, 이것을 전반적으로 실행 가능한 검색으로 발전시킨 것이 **볼츠만 머신(Boltzmann machine)**이다. 볼츠만 머신에서는 홉필드 네트워크의 인공 뉴런에 확률적인 변동을 더해 국소해에 얽매이지 않고, 최댓값이나 최솟값 같은 전반적으로 실행 가능한 해를 구하도록 설계되어 있다. 따라서 볼츠만 머신은 홉필드 네트워크를 개량한 네트워크라고 볼 수 있다.

5.2.2 자기조직화지도

자기조직화지도(SOM; Self-Organizing Map)는 3장에서 설명한 비지도학습의 대표적인 예가 되는 신경망이다. 자기조직화지도는 고차원의 입력 특징 벡터로 표현되는 대상물을 1차원이나 2차원 또는 3차원이라는 저차원의 표현에 대응시키는 움직임이 있는 신경망이다. **그림 5.17**은 2차원의 자기조직화지도의 구조다.

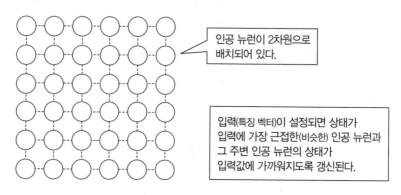

인공 뉴런이 2차원으로 배치되어 있다.

입력(특징 벡터)이 설정되면 상태가 입력에 가장 근접한(비슷한) 인공 뉴런과 그 주변 인공 뉴런의 상태가 입력값에 가까워지도록 갱신된다.

●그림 5.17 자기조직화지도(2차원의 예)

그림 5.17에서 입력 데이터는 복수의 요소로 구성된 특징 벡터로 표현된다. 자기조직화지도 학습에서는 학습 데이터세트에 포함된 학습 데이터를 하나 꺼내서 그 입력 특징 벡터와 가장 비슷한 상태의 인공 뉴런을 찾아내고, 그 인공 뉴런과 주변 인공 뉴런의 상태를 미세하게 학습 데이터와 가까워지게 한다. 이것을 반복하면서 학습 데이터세트가 가진 입력 특징 벡터를 신경망에 배치한다.

결과적으로 학습 데이터세트가 신경망에 대응되어 고차원의 입력 특징 벡터가 1차원, 2차원과 같은 저차원의 데이터 표현에 대응하게 된다. 이 학습 알고리즘에서는 학습 데이터세트에 학습 데이터가 필요 없기 때문에 비지도학습이 가능하다.

연습문제

계층형 신경망의 순방향 계산을 하는 프로그램 neuralnet.py를 작성해보자. 신경망으로 2입력 1출력의 계층형 신경망을 생각할 수 있다(**그림 5.A**).

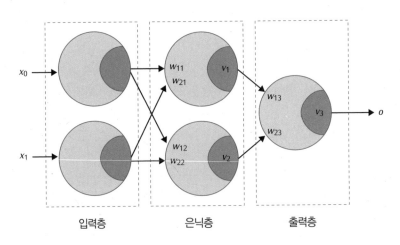

●그림 5.A 2입력 1출력의 계층형 신경망

그림에서 입력층의 신경망은 아무 처리 없이 은닉층에 입력을 전달한다. 은닉층과 출력층의 가중치와 임계값은 표 5.A에 표시한 값으로 한다. 또한 전이함수

(출력함수)에는 단계함수를 사용한다.

●표 5.A 은닉층과 출력층의 결합하중과 임계값

결합하중 또는 임계값	값
w_{11}	−2
w_{21}	3
v_1	−1
w_{12}	−2
w_{22}	1
v_2	0.5
w_{13}	−60
w_{23}	94
v_3	−1

이와 같은 설정으로 입력(x_0, x_1)에 다음의 값을 부여할 경우의 출력 o를 계산한다.

$(x_0, x_1) = (0, 0), (0, 1), (1, 0), (1, 1)$

연습문제 해답

계층형 신경망의 순방향으로 계산하는 프로그램 neuralnet.py를 **그림 5.B**에 나타내었다. neuralnet.py 프로그램은 메인 실행부 및 forward( ) 함수와 f( ) 함수라는 두 개의 형식 인수로 구성된다.

메인 실행부에서는 가중치나 입력값을 초기화한 후에 forward( ) 함수를 불러내어 각 입력에 대응한 네트워크의 출력값을 계산한다. 여기에서 forward( ) 함수는 은닉층과 출력층의 뉴런에 순서대로 값을 넣어 네트워크를 순방향으로 계산하는 함수이다.

forward( ) 함수는 전이함수로 f( ) 함수를 불러낸다. f( ) 함수는 그림 5.B의 코드에서는 단계함수를 계산한다. f( ) 함수를 변경하여 시그모이드 함수나 램프 함수등 다양한 전이함수를 사용해서 신경망의 계산을 구현할 수 있다.

```
1    # -*- coding: utf-8 -*-
2    """
3    neuralnet.py 프로그램
4    단순한 계층형 신경망의 계산(학습 없음)
5    사용 방법   c:\>python neuralnet.py
6    """
7    # 모듈 가져오기
8
9    # 글로벌 변수
10   INPUTNO = 2      # 입력 수
11   HIDDENNO = 2     # 은닉층의 셀 수
12
13   # 형식 인수의 정의
14   # forward() 함수
15   def forward(wh,wo,hi,e):
16       """순방향의 계산"""
17       # hi의 계산
18       for i in range(HIDDENNO):
19           u = 0.0
20           for j in range(INPUTNO):
21               u += e[j] * wh[i][j]
22               u -= wh[i][INPUTNO] # 임계값 처리
23               hi[i] = f(u)
24       # 출력 o의 계산
25       o=0.0
26   for i in range(HIDDENNO):
27           o += hi[i] * wo[i]
28       0 -= wo[HIDDENNO] # 임계값 처리
29       return f(o)
30   # forward() 함수 끝내기
31
32   # f() 함수
33   def f(u):
34       """전이함수(단계함수)"""
35       # 단계함수의 계산
```

```
36      if u >= 0:
37          return 1.0
38      else:
39          return 0.0
40
41  # f() 함수 끝내기
42
43  # 메인 실행부
44  wh = [[-2,3,-1], [-2,1,0.5]]              # 은닉층의 가중치
45  wo = [-60,94,-1]                          # 출력층의 가중치
46  e = [[0,0] [0,1], [1,0], [1,1]]          # 데이터세트
47  hi = [0 for i in range(HIDDENNO + 1)]    # 은닉층의 출력
48
49  # 계산의 본체
50  for i in e:
51      print(i,"->",forward(wh,wo,hi,i))
52
53  # neuralnet.py 끝내기
```

●그림 5.B neuralnet.py 프로그램

제 6 장

딥러닝

이 장에서는 심층학습 또는 딥러닝이라 불리는 머신러닝 기술에 대해 살펴본다.

딥러닝은 심층 신경망이라 불리는 복잡한 신경망을 이용한 학습 방법이다. 딥러닝으로 신경망을 이용해서 대규모 데이터를 활용한 학습이 가능하다.

심층학습 또는 딥러닝(deep learning)은 신경망을 이용한 머신러닝의 일종이다. 딥러닝의 학습 대상인 신경망은 일반 신경망과 비교해 대규모이며 복잡하다는 특징이 있다. 그래서 딥러닝 기술을 활용하면 신경망을 이용한 대규모 학습이 가능하다.

2장에서 언급했듯이 딥러닝은 21세기에 들어 눈에 띄게 발전했는데, 그 이유를 표 6.1과 같이 정리해봤다.

●표 6.1 딥러닝의 성립 요건

항 목	설 명
하드웨어 기술의 발전	CPU의 고속화와 멀티코어화, GPU를 일반 계산 처리에 이용하는 GPGPU 기술의 발전, 메모리 대용량화 등
대규모 데이터(빅데이터)의 이용 가능성	인터넷의 발전, IoT 기술의 발전
신경망의 학습기술 향상	출력함수의 연구와 오차평가법의 개선 등으로 학습기술 향상
신경망의 구상 연구	합성곱 신경망이나 자기부호화기 또는 LSTM이나 GAN이라는 신경망의 구조를 연구, 발전시킨 네트워크의 제안

표 6.1에서 처음에 언급한 하드웨어 기술의 발전은 딥러닝 성립에 중요한 전제 조건이었다. 딥러닝에서는 대규모 데이터를 메모리에 배치해서 처리해야 하므로 신경망 학습에 필요한 계산 비용이 방대해진다. 따라서 CPU의 발전에 따른 고속화나 멀티코어*1를 도입하여 CPU의 고성능 병렬화로 가능해진 처리 능력의 향상은 딥러닝 성립에 가장 큰 요인이다. 물론 CPU의 성능 향상에 주기억장치인 메모리의 대용량화도 머신러닝 성립에는 중요한 요소이다. 또한 영상정보 처리장치인 GPU(Graphics Processing Unit)를 병렬계산에 응용한 GPGPU(General Purpose computing on GPU) 기술 덕분에 신경망 학습에서 자주 등장하는 단순 계산을 병렬 처리를 이용해 고속으로 실시할 수 있게 되면서 딥러닝이 실용 수준에 이르렀다.

표 6.1의 두 번째 **대규모 데이터**(빅데이터)의 이용 가능성이란 딥러닝이 대상으로 하는 대규모의 복잡한 데이터가 이용 가능해졌음을 의미한다. 폭발적으로 발전한 인터넷이나 IoT 기술과 같은 데이터원으로는 다양한 분야에서 구축되고 있

---

*1 멀티코어: 하나의 CPU 칩 내부에 여러 개의 CPU 코어를 탑재한 것

는 센서 네트워크 등이 있다.

이와 같이 딥러닝 성립에 전제가 되는 두 가지 요소에 신경망 기술 자체의 발전도 딥러닝 성립에 중요한 요건이 되었다.

세 번째는 신경망의 여러 가지 학습의 개선, 예를 들면 출력함수 선택 방법 및 오차 평가법의 개선 등에 따른 학습기술의 향상이다. 그리고 네 번째는 신경망 구조에 관한 연구이다. 즉, 합성곱 신경망이나 자기부호화기와 같은 전결합 계층형 신경망과는 다른 구조를 가진 네트워크를 이용해 학습에서 발생하는 문제를 해결하려는 노력이다.

6장에서는 딥러닝에서 자주 사용되는 합성곱 신경망, 자기부호화기, LSTM, GAN을 예로 들어 각각의 특징을 설명한다.

6.2 합성곱 신경망

합성곱 신경망(CNN; Convolutional Neural Network)은 인간의 시각 신경계의 구조에서 힌트를 얻은 신경망이다. 합성곱 신경망은 이미지 인식 분야에서 유용성이 인정된 후에 다른 분야에도 응용되고 있다. 합성곱 신경망은 다층적이고 대규모의 신경망에서도 학습이 가능하기 때문에 딥러닝의 구현 방법으로 도입되고 있다.

그림 6.1은 합성곱 신경망의 구조를 표현한 예로, 이미지로 대표되는 2차원 데

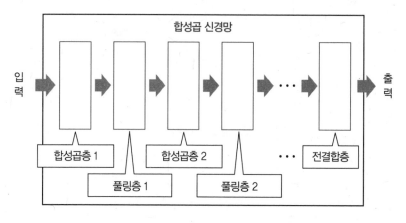

●그림 6.1 합성곱 신경망의 구조

이터를 입력으로 받아 그 식별 결과를 출력하는 신경망을 나타낸 것이다.

그림 6.1처럼 합성곱 신경망은 **합성곱층**(convolution layer)과 **풀링층**(pooling layer)이 교차로 처리하는 구조를 가진 다계층의 계층형 신경망이다. 합성곱층에서는 입력 이미지의 특징을 추출하고, 풀링층에서는 입력 이미지의 위치 변경에 대응하는 처리를 한다. 합성곱 신경망은 합성곱층과 풀링층을 여러 층 쌓고 마지막에 전결합 계층형 신경망을 이용해서 이미지 인식 결과 등을 출력한다. 다음은 각각의 작동에 대한 설명이다.

우선 합성곱층에 대해 살펴보자. 합성곱층은 이미지 처리에서 이미지 필터의 움직임을 신경망으로 구현한 정보처리기구이다. 합성곱층에서는 앞 층에서 주어

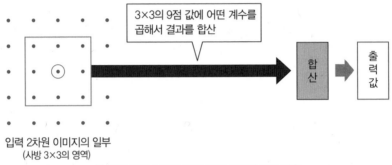

(1) 입력 이미지 특정 1점에 대한 이미지 필터 적용

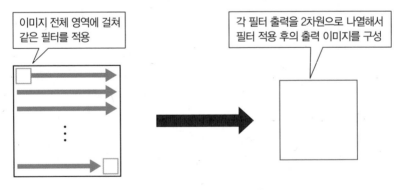

(2) 이미지 전체에 이미지 필터 적용(합성곱)

● 그림 6.2 합성곱층 연산의 기능

진 2차원의 데이터에 대해 **합성곱(convolution)**을 실시한다. **그림 6.2**는 합성곱을 그림으로 표현한 것이다.

그림 6.2 (1)에서 합성곱층에 입력으로 주어진 2차원 이미지의 특정 1점에 대해 주변의 정해진 영역의 값을 꺼내어 미리 정해진 계수와 곱한 합을 구하고, 영역의 픽셀 수로 나눈다. 이 조작은 이미지 처리의 이미지 필터 적용과 같은 방법이다.

이때 어떤 점 주변의 영역 크기는 입력 2차원 이미지와 비교해 아주 좁다. 그림에서는 영역의 크기를 3×3인 9점으로 가정했다. 이렇게 구해진 값을 처음에 선택한 원래 이미지의 어떤 1점에 대응하는 필터의 출력값으로 한다.

그런 다음 그림 (2)와 같이 그림 (1)의 계산을 입력 이미지 전체 영역에 걸쳐 반복한다. 그러면 2차원 이미지와 거의 같은 픽셀 수를 가진 출력 이미지를 얻을 수 있다. 이 출력 이미지는 입력 이미지의 특징을 추출한 이미지이다. 이와 같은 조작을 합성곱이라고 한다.

합성곱층의 기능은 입력 2차원 이미지의 특징을 추출하는 것이다. 필터의 계수를 적당히 설정하면 이미지의 가로 방향과 세로 방향의 성분을 추출하거나 이미지 속에서 도형의 가장자리에 해당하는 부분을 추출할 수 있다. 합성곱층 신경망의 합성곱층에서는 학습을 통해 필터의 계수를 구하여 특징 추출에 필요한 필터를 자동으로 획득할 수 있다.

합성곱층 신경망을 구성하는 또 하나의 요소로 풀링층이 있다. **그림 6.3**은 풀링층의 기능을 표현한 것이다.

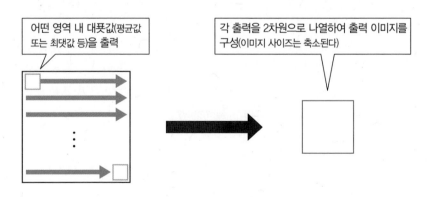

어떤 영역 내 대푯값(평균값 또는 최댓값 등)을 출력

각 출력을 2차원으로 나열하여 출력 이미지를 구성(이미지 사이즈는 축소된다)

●그림 6.3 풀링층의 기능

풀링층에서는 이미지가 있는 소영역에 대한 대푯값을 구한다. 그리고 소영역을 움직이면서 이미지 전체의 값을 구해 이것을 출력 이미지로 한다. 소영역의 대푯값을 추출해서 출력 이미지를 작성하려면 출력 이미지는 입력 이미지를 솎아낸 것 같은 이미지가 된다. 그래서 풀링층의 출력은 입력에 비해 사이즈가 작아진다.

풀링층의 기능은 입력 이미지의 작은 위치 변화나 회전 같은 영향을 배제하기 위해 이미지를 흐릿하게 한다. 풀링층을 도입하면 이미지 인식의 일반화 능력을 향상시켜 성능이 더 뛰어난 인식 능력을 획득할 수 있다.

합성곱 신경망의 마지막 단에는 전결합 계층형 신경망이 배치된다. 네트워크의 출력에는 이미지 인식의 경우에는 입력 이미지가 어떤 이미지인지가 출력된다. 이 경우에 이미지 인식의 대상 범주가 1000종류라면 각 범주에 대응한 1000개의 출력을 가진 신경망이 배치된다. 출력층의 신경망에 전달함수로 **소프트맥스 함수** 를 사용하면 1000개의 범주 어디에 속하는지 각각의 확률값이 출력된다.

합성곱 신경망은 전결합 계층형 신경망과 비교해 학습이 쉽다는 특징이 있다. 합성곱 신경망은 전결합 계층형 신경망에 비해 층간의 결합이 적고, 합성곱층의 이미지 필터는 하나의 계층에서 같은 것을 반복해서 이용한다. 그러다 보니 학습 대상인 네트워크 매개변수가 전결합 계층형 신경망과 비교해 아주 적다. 그래서 입력 데이터의 사이즈를 크게 하거나 복수의 합성곱층과 풀링층을 겹쳐서 계층을 늘려도 학습을 처리할 수 있다.

이처럼 합성곱 신경망은 이미지 인식의 응용을 염두에 둔 구조를 가지고 있다. 또한 입력 데이터에 포함된 특징을 추출한다는 의미에서는 이미지가 아닌 데이터 에도 적용할 수 있다.

예를 들어 2장에서 소개한 바둑 프로그램인 알파고에서는 바둑판의 해석에 합성곱 신경망을 이용하고 있다. 다른 예로 자연어처리에서는 단순 연쇄의 특징을 추출할 목적으로 합성곱 신경망을 사용하는 경우도 있다. 그리고 시계열 데이터 처리에서도 시계열 데이터를 2차원 그래프로 표현해서 합성곱 신경망으로 특징 을 추출하기도 한다.

자기부호화기

자기부호화기(auto encoder)는 **그림 6.4**에서 볼 수 있듯이 3층 구조의 계층형 신경망이다. 자기부호화기는 입력층과 출력층에 같은 수의 인공 뉴런이 있고, 은닉층에는 입출력의 인공 뉴런보다 적은 수의 인공 뉴런을 배치한다.

자기부호화기는 원래 비지도학습으로 **차원 축소**(dimensionality reduction)가 목적인 계층형 신경망이다. 우선 그 의미부터 살펴본다.

자기부호화기에 넣은 학습 데이터는 입력층의 신경망 개수와 같은 차수의 벡터이다. 자기부호화기에서는 특정 학습 데이터에 대응하는 데이터와 일치하는 데이터를 사용한다. 이 설정으로 복수의 학습 데이터세트를 이용해 학습을 진행한다. 학습이 끝나고 입력층에 있는 데이터를 입력하면 출력층에 같은 데이터가 출력될 수 있는 신경망이 구성된다. 이처럼 학습 데이터세트에는 학습 데이터가 포함되지 않기 때문에 자기부호화기의 학습은 비지도학습의 일종이라고 할 수 있다.

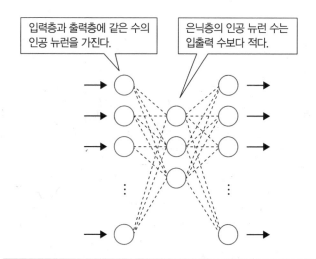

입력층과 출력층에 같은 수의
인공 뉴런을 가진다.

은닉층의 인공 뉴런 수는
입출력 수보다 적다.

입출력과 같아지도록 학습을 진행한다(비지도학습).
→ 은닉층에서는 입출력의 데이터 표현을 압축한 표현을 얻을 수 있다(**차원 축소**).

●그림 6.4 자기부호화기 학습

입력과 동일한 출력값을 얻을 수 있는 신경망은 그것만으로는 아무 기능도 할 수 없다. 그러나 자기부호화기에서는 은닉층의 인공 뉴런이 입출력층보다도 적다는 점에 주목해야 한다. 은닉층에 인공 뉴런의 수가 줄었는데도 불구하고 출력층에서 입력층과 같은 데이터가 출력된다는 의미는 은닉층에서는 입출력의 데이터 표현을 압축한 표현을 얻을 수 있다는 의미다. 다시 말해 자기부호화기는 입력 데이터의 차원을 축소해서 저차원의, 보다 간단한 형태로 재기록하는 기능이 있다. 이처럼 자기부호화기라는 명칭에는 데이터를 부호화로 압축하는 기능을 비지도 학습으로 구현한다는 의미가 내재되어 있다.

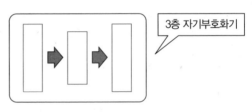

(1) 자기부호화기를 구성해서 학습한다.

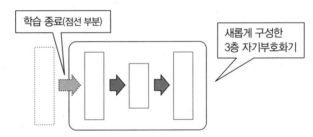

(2) 학습이 끝난 은닉층을 남기고 그 뒤에 다시 자기부호화기를 작성해서 같은 학습을 진행한다.

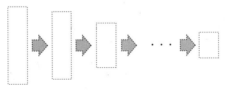

(3) 다시 자기부호화기를 설정해서 다층의 계층형 신경망을 구성한다.

●그림 6.5 자기부호화기를 사용한 다층의 계층형 신경망 학습 방법

자기부호화기를 사용하면 다층의 계층형 신경망을 효율적으로 학습시킬 수 있다. **그림 6.5**에는 자기부호화기를 사용한 다층의 계층형 신경망의 학습 방법을 나타내었다.

그림 6.5 (1)과 같이 우선 자기부호화기를 구성하여 앞에서 설명한 것처럼 학습시킨다. 학습이 끝나면 그림 (2)와 같이 학습이 종료된 은닉층을 남기고 바로 뒤에서 다시 자기부호화기를 작성하여 똑같은 학습을 진행한다. 그리고 한 번 더 이 작업을 반복해서 (3)과 같은 다층의 계층형 신경망을 구성한다. 이처럼 단계적으로 학습을 진행하면 직접 학습시키기 어려운 다층형으로 구성된 계층형 신경망의 학습이 가능해진다.

6.4 LSTM

LSTM(Long Short-Term Memory)은 순환 신경망의 일종으로, 순환 신경망의 단점을 보완할 목적으로 네트워크 구조가 기대한 대로 학습이 진행되도록 고안한 것이다.

계층형 신경망에 피드백을 더해 순환 신경망을 작성하면 입력 데이터의 과거 기억을 가진 신경망을 구성할 수 있다. 그러나 단순히 피드백을 더 하는 것이라도 네트워크 설정에 따라서는 과거 기억이 크게 감소되어 과거 몇 스텝 이상의 기억을 유지하지 못하는 경우가 있다. 또는 반대로 과거 데이터의 영향이 너무 크다 보니 학습이 잘 이루어지지 않아 흩어질 가능성도 있다.

그래서 LSTM에 의한 네트워크에서는 학습에 대한 과거의 영향을 제어하기 위해 **그림 6.6**과 같은 네트워크 구조를 사용한다. 그림에서 입력층과 출력층 사이에 배치된 것이 LSTM에 의한 은닉층이다. LSTM에서는 일반 신경망에서 은닉층의 인공 뉴런을 LSTM 블록으로 바꾼다. LSTM 블록은 소위 순환 신경망 전용의 고급판 인공 뉴런이다.

LSTM 블록의 구조를 **그림 6.7**과 같이 나타내었다. 그런데 한마디로 LSTM이라고 해도 과거의 연구 과정에서는 다양한 형식이 발표되었다. 그중에서도 그림은 가장 초기 문헌에서 인용한 구조이다.

LSTM 블록의 가장 큰 특징은 LSTM 블록 자체의 내부에 과거 데이터에 관한

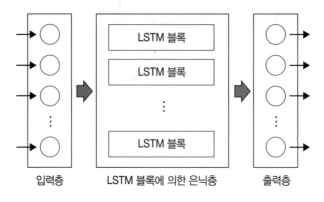

●그림 6.6 LSTM에 의한 순환 신경망의 구성

기억을 가지고 있다는 점이다. 그래서 학습에 따라 과거의 기억이 감소되지 않은 상태로 유지된다. LSTM 블록 내부의 기억을 유지하는 인공 뉴런을 **CEC**(constant error carrousel)라고 한다. 그리고 CEC의 이용을 제어하는 기구로 입력 게이트와 출력 게이트가 도입되었다. 이것은 필요에 따라 데이터의 흐름을 조정해서 과거 기억의 이용 방법을 제어한다.

LSTM에는 몇 가지 발전형이 있다. 즉, CEC의 기억이 영원히 사라지지 않는 것이 오히려 학습을 방해할 가능성이 있다. 이런 경우에는 CEC의 내용을 잊

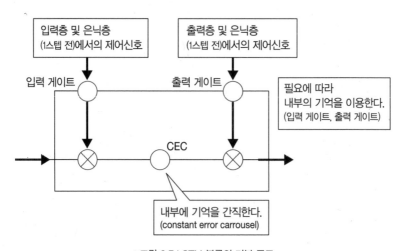

●그림 6.7 LSTM 블록의 기본 구조

게 할 만큼 제어가 가능한 **망각 게이트**(forget gate)를 도입한다. 게다가 CEC의 상태를 각 게이트가 참조할 수 있도록 CEC와 각 게이트를 **핍홀 연결**(peephole connections)로 연결짓는다. 이와 같이 LSTM에서는 필요에 따라 내부 구조를 확장한 발전형이 제안된다(**그림 6.8**).

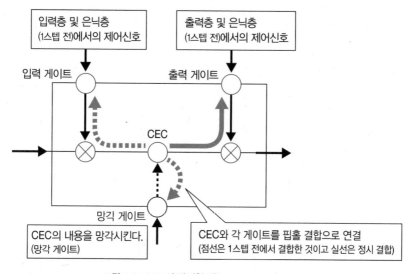

● 그림 6.8 LSTM의 발전형 예(망각 게이트와 핍홀의 추가)

6.5 생성적 대립 신경망(GAN)

생성적 대립 신경망(GAN; Generative Adversarial Networks)은 두 개의 신경망을 조합하여 비지도학습을 진행하면서 입력된 데이터와 유사한 데이터를 생성할 수 있는 생성계를 구성하는 시스템이다. GAN을 이용하면 주어진 이미지 데이터를 사용해 학습을 진행하여 주어진 이미지 데이터와 유사한 새로운 이미지 데이터를 생성하는 이미지 생성계를 획득할 수 있다.

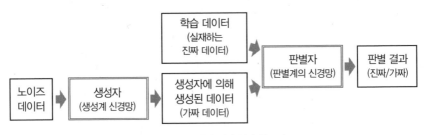

●그림 6.9 생성적 대립 신경망(GAN)

그림 6.9에서 이중선으로 둘러싼 박스는 신경망을 나타내고, 단선 박스는 데이터를 나타낸다. 그림에서 **생성자**(Generator)는 노이즈 신호를 입력으로 의미 있는 정보의 출력이 가능한 데이터 생성을 위한 신경망이다. 또한 **판별자**(Discriminator)는 입력된 데이터가 진짜인지, 생성자를 생성한 가공의 데이터인지를 판별하는 신경망이다. 그러면 GAN을 사용해 이미지 생성 시스템을 구축하는 경우를 생각해보자. GAN은 생성자와 판별자를 각각 독립적으로 학습시킨다. 각각의 학습 방법에 대해 설명하면 다음과 같다.

우선 판별을 위한 신경망인 판별자의 학습을 살펴보자(**그림 6.10**). 판별자의 학습 목표는 학습 데이터로 주어진 진짜 이미지 데이터와 생성계인 생성자가 생성한 가짜 이미지 데이터를 정확하게 구별하는 것이다. 그러기 위해 판별자의 신경망을 지도학습으로 학습시킨다. 이때 학습 데이터로 주어진 진짜 이미지 데이터에는 데이터 1을 주고, 생성자에서 생성된 가짜 이미지 데이터에는 데이터 0을 주고 학습한다. 단, 학습에는 판별자의 네트워크만 사용하고 생성자는 사용하지 않는다.

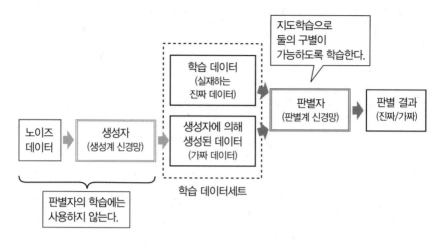

●그림 6.10 판별을 위한 신경망 판별자의 학습

이번에는 생성자의 학습 방법을 살펴보자(**그림 6.11**). 생성자는 학습 데이터로 주어진 이미지와 비슷한 이미지 생성을 목표로 학습한다. 그러기 위해 그림 6.11과 같이 생성자와 판별자의 두 가지 네트워크를 사용해서 학습을 진행한다.

구체적인 학습 목표는 판별자의 출력이 1이 되는 이미지, 즉 판별자가 속아서 진짜 이미지로 판단하는 이미지를 생성자가 생성할 수 있도록 하는 것이다. 그래서 생성자가 학습할 때는 판별자의 내부 매개변수를 전혀 바꾸지 않은 상태에서 학습을 마친 판별기로 취급하여 그 출력이 1이 되도록 학습을 진행한다. 이런 방식으로 생성자와 판별자를 각각 학습시키면 학습 데이터로 주어진 이미지와 비슷한 이미지가 생성된다. 이때 학습 데이터로 주어진 이미지에는 다른 데이터가 필요 없게 된다. 즉, GAN은 비지도학습에 따라 학습 데이터로 주어진 이미지와 비슷한 이미지를 생성할 수 있게 되는 것이다.

이와 같이 GAN에서 생성자의 학습은 판별자를 속이는 것이 목표이다. 생성자와 판별자의 학습 목표가 정반대이므로 이것을 '대립'이라고 한다.

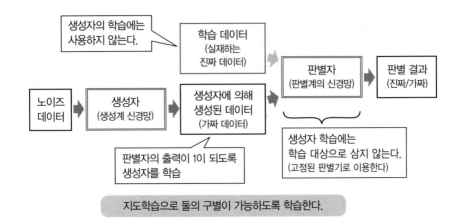

●그림 6.11 생성을 위한 신경망 생성자의 학습

연습문제

그림 6.A와 같은 계층형 신경망과 관련된 오차역전파법으로 학습하는 프로그램 bp.py를 구성해보자. 그림은 자기부호화기와 같은 형식의 계층형 신경망이다. 입력층의 인공 뉴런과 출력층의 인공 뉴런을 각각 5개로 하고 은닉층은 3개의 인공 뉴런으로 구성한다.

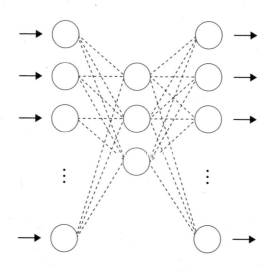

●그림 6.A 계층형 신경망의 예(자기부호화기)

학습 데이터세트로 다음과 같은 데이터를 입력한다. e는 5개의 입력 데이터와 대응하는 5개의 출력 데이터를 나란히 표현했다. 모두 입출력이 동일한 데이터로 그림 6.A의 신경망을 자기부호화기로 학습시킨다.

```
1   e = [[1, 0, 0, 0, 0, 1, 0, 0, 0, 0] ,
2        [0, 1, 0, 0, 0, 0, 1, 0, 0, 0] ,
3        [0, 0, 1, 0, 0, 0, 0, 1, 0, 0] ,
4        [0, 0, 0, 1, 0, 0, 0, 0, 1, 0] ,
5        [0, 0, 0, 0, 1, 0, 0, 0, 0, 1]]
```

그림 6.B는 오차역전파법으로 학습하는 프로그램이다.

bp.py 프로그램은 메인 실행부 외에 네트워크의 순방향 계산을 담당하는 forward( ) 함수와 전이함수를 계산하는 f( ) 함수, 학습을 담당하는 olearn( ) 함수와 hlearn( ) 함수로 구성된다.

메인 실행부에서는 난수와 각종 변수를 초기화한 후에 오차가 정수 LIMIT를 밑돌 때까지 처리를 반복한다. 반복되는 처리 내부에는 forward( ) 함수로 순방향으로 계산하여 오차를 구하고, 오차를 근거로 olearn( ) 함수와 hlearn( ) 함수를 사용하여 가중치를 조정한다.

순방향 계산을 담당하는 forward( ) 함수는 기본적으로 5장 연습문제에서 다룬 forward( ) 함수와 동일한 처리를 한다. 학습을 담당한 함수 중에서 olearn( ) 함수는 출력층의 가중치 조정을 담당하고, hlearn( ) 함수는 은닉층의 가중치를 조정한다.

```python
1   # -*- coding: utf-8 -*-"""
2   bp.py 프로그램
3   오차역전파법에 의한 계층형 신경망의 학습
4   오차의 추이나 학습 결과가 되는 결합계수 등을 입력합니다
5   사용 방법  c:\>python bp.py
6   """
7   # 모듈 가져오기
8   import math
9   import sys
10  import random
11
12  # 글로벌 변수
13  INPUTNO = 5        # 입력층의 뉴런 수
14  HIDDENNO = 3       # 은닉층의 뉴런 수
15  OUTPUTNO = 5       # 출력층의 뉴런 수
16  ALPHA = 10         # 학습계수
17  SEED = 65535       # 난수 시드
18  MAXINPUTNO = 100   # 데이터의 최대 수
```

```
19  BIGNUM = 100.0      # 오차의 초깃값
20  LIMIT = 0.001       # 오차의 상한값
21
22  # 형식 인수의 정의
23  # forward() 함수
24  def forward(wh,wo,hi,e):
25      """순방향 계산"""
26      # hi의 계산
27      for i in range(HIDDENNO):
28          u = 0.0
29          for j in range(INPUTNO):
30              u += e[j] * wh[i][j]
31          u -= wh[i][INPUTNO] # 임계값 처리
32          hi[i] = f(u)
33      # 출력 o의 계산
34      o=0.0
35      for i in range(HIDDENNO):
36          o += hi[i] * wo[i]
37      o -= wo[HIDDENNO] # 임계값 처리
38      return f(o)
39  # forward() 함수 끝내기
40
41  # f() 함수
42  def f(u):
43      """전이함수"""
44      # 시그모이드 함수의 계산
45      return 1.0/(1.0 + math.exp(-u))
46
47  # f() 함수 끝내기
48
49  # olearn() 함수
50  def olearn(wo,hi,e,o,k):
51      """출력층의 가중치 학습"""
52      # 오차 계산
53      d = (e[INPUTNO + k] - o) * o * (1 - o)
54      # 가중치 학습
```

```
55      for i in range(HIDDENNO):
56          wo[i] += ALPHA * hi[i] * d
57      # 임계값 학습
58      wo[HIDDENNO] += ALPHA * (-1.0) * d
59      return
60  # olearn() 함수 끝내기
61
62  # hlearn() 함수
63  def hlearn(wh,wo,hi,e,o,k):
64      """은닉층 가중치 학습"""
65      # 은닉층의 각 셀 j를 대상
66      for j in range(HIDDENNO):
67          dj = hi[j] * (1 - hi[j]) * wo[j] * (e[INPUTNO + k] - o) * o * (1 - o)
68          # i번째의 가중치를 처리
69          for i in range(INPUTNO):
70              wh[j][i] += ALPHA * e[i] * dj
71          # 임계값 학습
72          wh[j][INPUTNO] += ALPHA * (-1.0) * dj
73      return
74  # hlearn() 함수 끝내기
75
76  # 메인 실행부
77  # 난수의 초기화
78  random.seed(SEED)
79
80  # 변수의 준비
81  wh = [[random.uniform(-1,1) for i in range(INPUTNO + 1)]
82          for j in range(HIDDENNO)]           # 은닉층의 가중치
83  wo = [[random.uniform(-1,1) for i in range(HIDDENNO + 1)]
84          for j in range(OUTPUTNO)]           # 출력층의 가중치
85  hi = [0.0 for i in range(HIDDENNO + 1)]  # 은닉층의 출력
86  o = [0.0 for i in range(OUTPUTNO)]       # 출력
87  err = BIGNUM                             # 오차의 평가
88  # 학습 데이터세트
89  e = [[1, 0, 0, 0, 0, 1, 0, 0, 0, 0] ,
90      [0, 1, 0, 0, 0, 0, 1, 0, 0, 0] ,
```

```
91         [0, 0, 1, 0, 0, 0, 0, 1, 0, 0] ,
92         [0, 0, 0, 1, 0, 0, 0, 0, 1, 0] ,
93         [0, 0, 0, 0, 1, 0, 0, 0, 0, 1]]
94  n_of_e = len(e)
95
96  # 결합하중의 초깃값 출력
97  print(wh, wo)
98
99  # 학습
100 count = 0
101 while err > LIMIT :
102     # 복수의 출력층에 대응
103     for k in range(OUTPUTNO):
104         err = 0.0
105         for j in range(n_of_e):
106             # 순방향 계산
107             o[k] = forward(wh, wo[k], hi, e[j])
108             # 출력층의 가중치 조정
109             olearn(wo[k], hi, e[j], o[k], k)
110             # 은닉층의 가중치 조정
111             hlearn(wh, wo[k], hi, e[j], o[k], k)
112             # 오차의 합산
113             teacherno = INPUTNO + k
114             err += (o[k] - e[j][teacherno]) * (o[k] - e[j][teacherno])
115         count += 1
116         # 오차의 출력
117         print(count," ",err)
118 # 결합하중 출력
119 print(wh,wo)
120
121 # 학습 데이터에 대한 출력
122 for i in range(n_of_e):
123     print(i)
124     print(e[i])
125     outputlist = []
126     for j in range(OUTPUTNO):
```

```
127        outputlist.append(forward(wh, wo[j], hi, e[i]))
128    print(['{:.3f}'.format(num) for num in outputlist])
129  # bp.py 끝내기
```

●그림 6.B bp.py 프로그램

제 **7** 장

진화연산과 떼지능

이 장에서는 진화연산과 떼지능에 대해 살펴본다.

진화연산은 생물 진화를 시뮬레이션하여 최적화와 지식을 획득하는 방법이다. 여기에서는 특히 진화연산의 대표적인 예로 유전자 알고리즘과 유전 프로그래밍을 소개한다.

떼지능은 생물 군집이 나타내는 지적인 활동에서 힌트를 얻은 계산 알고리즘이다. 떼지능은 입자군집 최적화와 개미집단 최적화 그리고 물고기 떼의 행동형태 알고리즘을 예로 들어 설명한다.

7.1.1 생물진화와 진화연산

진화연산(evolutionary computation)은 생물진화 과정을 시뮬레이션하여 최적화나 지식획득을 하는 계산 알고리즘이다. 생물진화란 생물집단이 세대교체를 거치면서 환경에 더욱 잘 적응한 형질을 획득하는 과정을 말한다. 진화연산에서는 환경과의 상호작용이나 세대교체를 통해 유전적인 조작을 시뮬레이션해서 조합 최적화 문제를 풀고 최적화에 관한 지식획득을 구현한다.

생물의 진화는 다음과 같은 원리로 발생한다. 전제적 요건으로 생물은 부모로부터 자식에게 유전자를 전달하는데, 이때 유전정보를 구성하는 것이 **유전자**(gene)이다. 또한 유전정보는 **염색체**(chromosome)라는 물질에 기록된다. 염색체에는 다양한 유전정보가 기록되어 있고 결과적으로 염색체에는 다수의 유전자가 포함된다.

유전정보를 기록한 염색체는 부모에서 자식으로 전달된다. 기본적으로 자식이 물려받은 유전정보는 부모 유전정보의 복제이다. 그러나 복제를 작성할 때는, 예를 들어 부모의 유전자가 섞이거나 유전정보의 일부가 방사선이나 화학물질의 영향으로 변형되어 작성된다. 전자를 **교차**(crossing)라 하고, 후자를 **돌연변이**(mutation)라고 한다.

교차와 돌연변이의 결과로 자식이 가진 염색체의 유전정보는 부모의 유전정보와 미묘한 차이가 생긴다. 염색체의 유전자가 변하면 생물의 성질도 변한다. 이때 생물이 사는 환경에 더욱 잘 적응하는 생물을 획득한 개체는 다른 개체보다 생존에 유리하여 자손을 만들 가능성도 커진다. 환경과의 상호작용에서 생존에 유리한 개체가 뽑히는 것을 **선택**(selection)이라고 한다. 선택에 의해 뽑힌 자손에게는 생존에 유리한 유전정보가 전달되기 때문에 얼마 지나지 않아 생물집단 내에 이 유전정보가 늘어나면서 생물의 새로운 성질로 정착한다. 이런 현상을 **진화**(evolution)라고 한다.

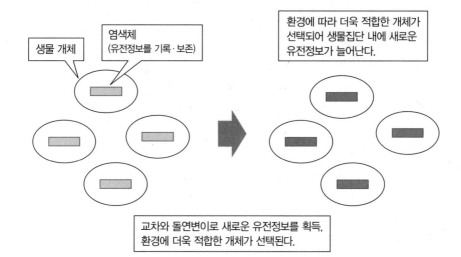

환경에 따라 더욱 적합한 개체가
선택되어 생물집단 내에 새로운
유전정보가 늘어난다.

생물 개체

염색체
(유전정보를 기록·보존)

교차와 돌연변이로 새로운 유전정보를 획득,
환경에 더욱 적합한 개체가 선택된다.

●그림 7.1 생물의 진화

  진화연산에는 생물의 진화 원리를 이용하여 최적화를 수행한다. 이때 염색체에
는 최적화할 대상인 문제의 해를 표현한 정보를 입력한다. 염색체에 입력된 문제
의 해를 표현하는 유전정보를 **유전자형**(genotype)이라고 한다. 또한 유전정보를
해독해서 본래의 해 형식으로 작성한 정보를 **표현형**(phenotype)이라고 한다.

  표현형의 해 정보는 수치이거나 방정식의 계수 또는 어떤 장치를 조립할 때 사
용되는 부품의 종류나 위치와 같은 설계상의 지정 방법 등 상당히 다양하다. 이러
한 것들을 유전자형으로 어떻게 표현할지는 진화연산에서 중요한 문제 중 하나이
다(**그림 7.2**).

유전자형
염색체에 입력된 문제의 해를 표현하는 유전정보

| 1010011000110101 | 1111111000110101 | 1000000100110101 |

문제마다 어떤 대응 관계를 선택할지
결정할 필요가 있다.

표현형
유전정보를 해독해서 본래 해의 방정식으로 작성한 정보

$x = 5.34521$
$y = 0.22456$
$z = -1.3244$

$f(x) = 0.5x^3 + 3x^2 - 0.2x - 4$

구성 요소 A, C, D, X, Y
및 Z를 이용

●그림 7.2 유전자형과 표현형

　유전자형으로 표현된 해 정보는 표현형으로 변환해서 원래 풀어야 할 문제의
해 정보로 평가할 수 있다. 그래서 부모의 염색체에 유전자형으로 표현된 해 정보
에 유전적인 조작을 가하여 새로운 염색체를 만들어낸다. 자손 염색체의 정보를
표현형으로 해석해서 평가하면 더욱 좋은 해 정보를 가진 자손 염색체를 선택할
수 있다. 이때 환경에 적응한 정도를 수치로 나타내는데, 이것을 **적응도** 또는 **평
갓값**이라고 한다. 그리고 선택에서는 적응도를 단서로 염색체를 선택한다.

　이처럼 조작을 반복하면서 염색체 집단 전체에서 환경에 더욱 잘 적응하는, 적
응도가 높은 유전정보가 늘어난다(**그림 7.3**). 이것은 집단 내에 더욱 좋은 환경과
상호작용할 수 있는 생물 개체를 가진 유전정보가 늘어나는 현상과 대응한다. 즉,
진화를 시뮬레이션하는 것이다.

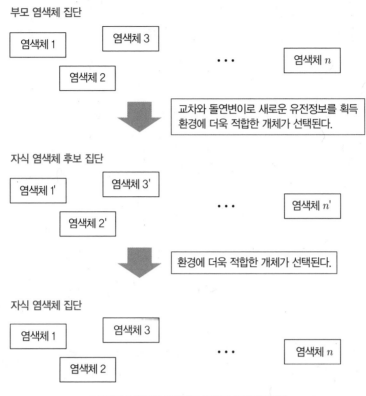

● 그림 7.3 유전적 조작으로 유전정보 다듬기(진화)

7.1.2 유전자 알고리즘과 유전 프로그래밍

진화연산의 구체적인 예로 **유전자 알고리즘**(GA; Genetic Algorithm)이나 **유전 프로그래밍**(GP; Genetic Programming) 등이 있다. 여기서는 유전자 알고리즘의 기본과 유전 프로그래밍의 특징에 관해 설명한다.

유전자 알고리즘은 0과 1 배열인 비트의 예로 표현된 염색체에 교차·돌연변이·선택 등의 유전적인 조작을 가해 더욱 좋은 염색체를 만들어내기 위한 구조를 제공한다.

먼저 염색체 표현 방법을 알아보자. 유전자 알고리즘에서는 염색체로 0과 1의 숫자를 나열한 표현을 이용한다. 구체적인 표현 방법은 풀어야 할 문제에 따라 다르다.

예를 들어 어떤 제약조건 아래에서 최적 조합을 탐색하는 조합 최적화 문제를 유전자 알고리즘을 이용해서 풀 수 있다(**그림 7.4**). 선택할 항목을 열거하고 각각을 선택할 때는 1을, 하지 않을 때는 0을 준다. 이렇게 작성한 0과 1의 나열을 염색체로 사용한다. 또한 0 또는 1의 값을 유지하는 각각의 부분을 **유전자자리**(locus)라고 한다.

선택할 항목을 열거(조합 최적화 문제의 표현형)

항목	항목 A	항목 B	항목 C	항목 D	· · ·	항목 Z
선택 유무	○	×	○	○	· · ·	×

염색체 표현(유전자형)

1	0	1	1	· · ·	0

0 또는 1의 값을 유지하는 각각의 부분을 유전자자리라고 한다.

●그림 7.4 조합 최적화 문제의 염색체 표현 예

이번에는 유전자 알고리즘의 처리 흐름에 대해 알아보자. **그림 7.5**는 유전자 알고리즘 처리의 흐름을 나타낸 것이다. 그림에서는 처음에 염색체 집단을 초기화한다. 염색체는 0과 1의 배열로 표현되기 때문에 난수를 사용해서 초기화할 수 있다.

염색체 집단에 포함된 염색체의 개수가 너무 적으면 유전정보가 유지되지 못해서 진화를 진행할 수 없다. 반대로 너무 많으면 유전적인 조작에 필요한 계산량이 방대해져서 계산시간이나 필요한 기억용량이 지나치게 많아진다. 최적 집단의 크기는 문제의 성질에 따라서도 다르다 보니 이론적으로 결정하기는 어렵고 문제마다 실험적으로 결정할 필요가 있다.

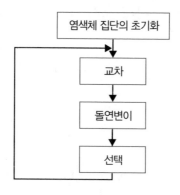

●그림 7.5 유전자 알고리즘의 처리 흐름

초기집단의 생성을 마치면 유전적인 조작을 가해 염색체 집단의 진화를 촉진한다. 유전적인 조작으로는 교차나 돌연변이 혹은 선택을 도입한다.

교차는 부모 세대의 염색체에서 부모의 염색체를 골라내고 유전정보를 섞어 자식의 염색체를 생성한다. **그림 7.6**은 교차의 예다.

부모 세대 염색체   일점 교차   자식 염색체

●그림 7.6 교차 예(일점 교차)

그림 7.6에서는 부모인 두 개의 염색체에 대해 난수로 결정하는 장소부터 앞뒤를 교환해서 자식 염색체 두 개를 생성한다. 이와 같이 1점에서 앞뒤를 교환하는 방법을 **일점 교차**(single point crossover)라고 한다. 교차 방법에는 단일 교차 외에 2점으로 교차하는 **이점 교차** 또는 다수의 점으로 교차하는 **다점 교차** 그리고 모든 유전자자리에서 확률적으로 교환하는 **균등 교차** 등이 있다(**그림 7.7**).

이들 중에 어떤 방법을 택할지는 문제의 성질이나 유전자 알고리즘 전체의 설계와도 관련이 있기 때문에 실험적으로 결정해야 한다. 또한 교차를 위해서는 부모가 되는 두 개의 염색체를 선택해야 한다. 부모 염색체의 선택 방법은 나중에 설명할 세대교체 시의 선택 절차와 동일한 관점이 필요하기 때문에 같이 설명한다.

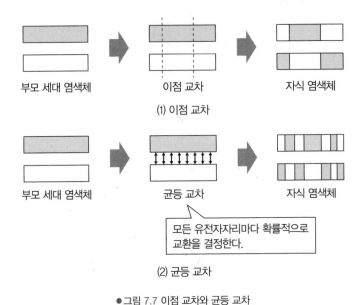

(1) 이점 교차

(2) 균등 교차

●그림 7.7 이점 교차와 균등 교차

돌연변이는 랜덤으로 유전정보를 바꾸는 조작이다. 예를 들면 **그림 7.8** (1)처럼 유전정보의 최소 단위인 유전자자리에 주목해서 낮은 확률로 유전자자리의 0과 1을 전향시키는 방법이 있다. 이것을 점 돌연변이라고 한다. 또한 (2)와 같이 두 개

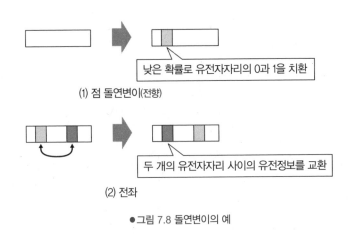

(1) 점 돌연변이(전향)

(2) 전좌

●그림 7.8 돌연변이의 예

의 유전자자리 사이의 유전정보를 바꾸는 전좌라는 방법도 있다. 돌연변이 방법도 교차 방법과 마찬가지로 문제마다 실험적으로 결정해야 한다.

일반적으로 돌연변이를 발생하게 하는 확률값은 몇 % 정도의 낮은 수치를 지정한다. 이 값이 너무 크면 유전적인 조작으로 획득한 형질이 금방 망가져버려 진화가 멈춘다. 반대로 너무 작으면 유전정보의 탐색 범위가 확장되지 못해서 진화가 정체된다. 설정값의 크기는 대상이 되는 문제의 성질이나 염색체의 표현 방법 또는 유전적인 조작 방법과 균형에 맞추어 결정되기 때문에 실험적으로 정할 수밖에 없다.

교차나 돌연변이로 후대의 염색체 후보가 될 염색체 집단이 생성되면 그 집단 중에서 실제로 후대에 남길 염색체를 **선택**(selection)해야 한다. 이때 기본적으로 적응도가 높고 환경에 잘 적응하는 염색체를 선택해야 한다. 그러나 단순히 적응도가 높은 염색체만 선택하면 유전정보의 다양성을 잃게 되므로 진화가 정체된다.

극단적인 예로 적응도가 가장 높은 염색체만 선택한다고 하자. 그러면 자식 세대의 염색체 집단은 전부 동일한 염색체가 되고 이후의 진화는 돌연변이에 의한 랜덤 진화밖에 기대할 수 없게 된다. 게다가 복수의 염색체를 선택했다고 해도 적응도가 높은 염색체만 고르면 전부 비슷한 염색체일 가능성이 커져 마찬가지로 진화가 진행되지 못한다.

이러한 이유로 후대의 염색체 선택에는 다양성을 고려하여 적응도가 높은 것은 물론 낮은 것도 골라야 한다.

이처럼 선택에는 다양성을 고려하면서 적응도가 높은 염색체를 고를 필요가 있다. 한 가지 방법으로 **룰렛 선택**(roulette wheel selection)이 있다. 룰렛 선택은 염색체의 적응도에 따라 구획이 할당된 룰렛을 이용하여 확률적으로 염색체를 선택하는 방법이다. **그림 7.9**는 룰렛 선택의 원리를 나타낸 것이다.

그림 7.9는 4개의 염색체를 대상으로 룰렛 선택을 하는 경우이다. 그림처럼 각각 염색체의 적응도에 따른 면적을 룰렛에 할당하고 그 룰렛을 이용하여 선택 대상인 염색체를 고른다. 그러면 대부분은 면적이 큰 구획에 대응한 염색체, 즉 적응도가 높은 염색체가 선택된다. 그러나 경우에 따라서는 그렇지 않은 염색체가 선택될 가능성도 있고, 비교적 적응도가 높지 않은 염색체가 선택되기도 한다. 이런 방법으로 적응도가 높은 염색체를 중심으로 골라내어 다양성을 유지할 수 있다.

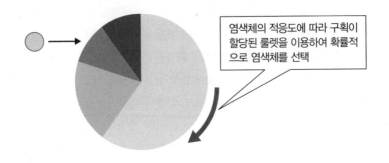

●그림 7.9 룰렛 선택의 원리

선택 방법에는 룰렛 선택 외에 **토너먼트 선택**(tournament selection)이나 **랭크 선택**(rank selection) 등이 있다. 토너먼트 선택은 랜덤으로 고른 소수의 염색체 중에서 적응도가 높은 것을 고르는 방법이다. 이것을 반복하면서 랜덤성에 적응도까지 높은 염색체를 선택한다. 랭크 선택은 염색체를 적응도 순으로 나열하여 상위부터 정해진 염색체를 고르는 방법이다. 랭크 선택은 염색체 집단의 적응도 값에 별로 차이가 없을 경우에 효과적이다.

그럼 지금부터는 앞에서 보류해두었던 교차 시의 선택을 살펴보자. 교차에서 부모가 되는 염색체를 선택하는 방법은 지금까지 설명한 세대교체 시의 선택과 같은 관점이 필요하다. 즉, 적응도가 높은 염색체를 선택하면서 동시에 다양성을 유지할 수 있는 방법을 이용해야 한다. 따라서 이 경우에도 룰렛 선택이나 토너먼트 선택과 같은 방법이 효과적이다.

이처럼 교차와 돌연변이 그리고 선택을 거치면서 염색체 집단은 부모 세대에서 자식 세대로 세대교체를 한다. 이렇게 얻어진 자식 세대의 염색체 집단에 다시 같은 조작을 계속하면서 세대교체를 한다. 그리고 계속 세대가 바뀌면서 염색체 집단의 평균 적응도가 서서히 상승한다는 기대를 할 수 있다.

지금까지 살펴봤듯이 유전자 알고리즘은 집단 전체의 평균값을 향상시키는 데 목적이 있다. 유전자 알고리즘은 확률적인 탐색 방법이기 때문에 최적해를 구할 수 있다는 보장이 없다. 어디까지나 더 좋은 유전정보가 염색체 집단 내에 퍼져 더 좋은 해를 얻는 것이 목적이다.

유전자 알고리즘은 정해를 구하는 알고리즘이 아니기 때문에 세대교체에 대한 명확한 종료 조건이 없다. 그래서 일정한 시점에서 조작을 끝내야 한다. 끝내는 기준은 미리 정해진 세대 수의 상한이나 적응도의 하한을 넘은 시점이라든지 세대교체를 진행해도 적응도가 변하지 않는 시점 등으로 종료 기준을 정한다.

여기까지가 유전자 알고리즘에 대한 대략적인 설명이다. 지금까지 설명한 기본적인 조작으로 이루어진 유전자 알고리즘을 **단순 GA(simple GA)**라고 한다. 실제로 유전자 알고리즘을 이용할 경우에는 단순 GA 방법에 기반을 둔 유전적인 조작에 관한 다양한 연구가 이루어지고 있다. 그중에 하나가 **엘리트 보존 방법**이다 (그림 7.10).

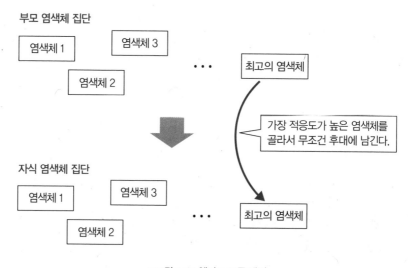

●그림 7.10 엘리트 보존 방법

그림에서 부모 세대의 염색체 중에서 다른 것과 비교하여 적응도가 높은 염색체를 엘리트라고 한다. 엘리트 중에서 가장 적응도가 높은 염색체를 골라 무조건 후대에 남긴다. 이렇게 하면 반드시 최고의 염색체를 자손 세대에 전달할 수 있다. 이것이 엘리트 보존 방법이다.

단순 GA는 염색체를 표현할 때 0과 1의 이진법을 이용하는데, 각 유전자자리에 여러 정수를 사용하거나 실수를 사용할 수도 있다. 또한 염색체 표현에 트리구조를 도입하여 다양한 데이터 구조를 표현하게 확장할 수도 있다. 염색체 표현에 트

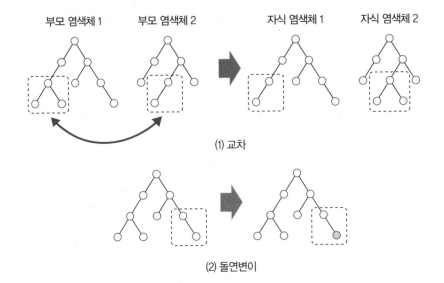

부모 염색체 1　　부모 염색체 2　　　자식 염색체 1　　자식 염색체 2

(1) 교차

(2) 돌연변이

●그림 7.11 유전 프로그래밍의 유전적 조작 예

리구조를 이용하도록 확장한 유전자 알고리즘을 **유전 프로그래밍**이라고 한다.

유전 프로그래밍에서는 트리구조로 표현된 염색체에 대해 부분 트리를 단위로 유전적인 조작을 시행한다(**그림 7.11**).

유전 프로그래밍은 유전자 알고리즘과 비교하여 더욱 다양한 데이터 구조를 다룰 수 있다. 그래서 대상으로 삼은 문제에 따라 염색체 표현이 쉬워지고 각 문제에 대응하는 유전적인 조작이 가능하다.

7.2　떼지능

여기에서는 생물의 군집이 나타내는 지적 활동에서 힌트를 얻은 알고리즘인 **떼지능**(swarm intelligence)에 대해 살펴본다. 구체적인 구현으로 입자군집 최적화, 개미집단 최적화, 물고기 떼의 행동형태 알고리즘을 예로 들어 설명한다.

7.2.1　입자군집 최적화

입자군집 최적화(PSO; Particle Swarm Optimization)는 물고기 떼로 대표되는 생

물의 군집 활동을 시뮬레이션하여 최적값을 탐색하는 최적화 방법이다.

입자군집 최적화에서는 해를 탐색할 탐색공간 속에 복수의 입자를 날아다니게 하여 최적해를 탐색한다. 여기에서 입자란 생물 개체를 추상화한 존재이다. 최적화의 대상은 N차원의 함수이고 탐색공간은 N차원 공간이다. 탐색공간에 입자를 적당히 배치하고, 시간의 전개에 따라 입자를 이동시켜 탐색공간의 최적해를 찾는다. 이때 입자의 기억과 군집 전체의 기억을 공유하면서 단순한 랜덤 탐색이 아닌 방향성이 있는 탐색이 가능해진다.

그림 7.12에 $N=2$, 즉 탐색공간이 2차원인 경우를 예로 들어 입자 군집 최적화를 설명했다. 그림 7.12 (1)에서는 초기시간에 입자를 배치하도록 제시했다. 초기 상태에서는 탐색공간 어느 곳에 최적해가 존재하는지 모르기 때문에 일정 범위 내에 랜덤으로 입자를 배치한다. 각 입자는 자신의 현재 위치에 관한 정보를 비롯해 탐색공간에서 이동할 방향에 관한 속도정보도 가지고 있다.

그림 (2)에는 시간의 전개에 따라 입자가 탐색공간을 날아다니는 모습을 나타내었다. 입자는 특정 시간에 있는 자신의 위치에서 자신이 가진 속도정보에 따라 이동한다. 이때 과거의 기억을 사용하여 속도성분을 순차적으로 조절한다. 이때 이용하는 과거의 기억은 다음의 두 가지이다.

(1) 자신의 기억(자신이 과거에 얻은 최고 해의 값과 그때의 위치)
(2) 군집 전체의 기억(군집 전체가 과거에 얻은 최고 해의 값과 그때의 위치)

위의 (1)은 자신이 초기위치에서 이동해온 길에서 가장 좋은 평갓값을 얻은 위치 좌표에 관한 기억이다. 이 정보에 근거하여 과거 최고의 위치로 향해 속도를 조정한다. (2)는 자신이 아닌 군집 전체가 과거에 얻은 가장 좋은 평갓값에 대응한 좌표의 정보이다. 이 정보를 사용하여 군집 전체가 가진 기억을 공유하면서 과거 최고 해를 얻은 장소를 향해서 속도를 수정한다. 입자군집 최적화에서는 이와 같은 방법으로 과거에 경험했던 최곳값을 얻을 수 있는 장소를 중심으로 탐색한다.

그림 (3)은 탐색이 종료될 때의 모습이다. 탐색의 종료 조건은 일정 시간이 경과한 후라든지 군집이 가진 최적해가 시간에 따라 변하지 않게 된 경우 등으로 지정한다.

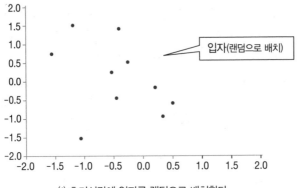

(1) 초기시간에 입자를 랜덤으로 배치한다.

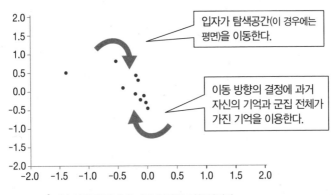

(2) 시간의 전개에 따라 입자를 이동시킨다.

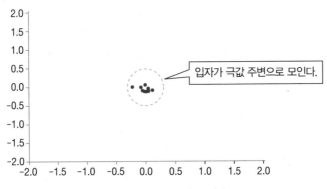

(3) 적당한 종료 조건으로 탐색을 끝낸다.

●그림 7.12 입자군집 최적화의 절차

입자군집 최적화의 계산 절차는 다음과 같다. 계산은 비교적 간단해서 모든 입자에 대해 같은 계산식을 세대마다 반복한다.

$$v_{t+1} = w \cdot v_t + c_1 \cdot r_1 \cdot (bpos - pos_t) + c_2 \cdot r_2 \cdot (gbpos - pos_t) \qquad ①$$

$$pos_{t+1} = pos_t + v_{t+1} \qquad ②$$

단,

v_t : 시간 t의 속도

pos_t : 시간 t의 위치

w : 관성상수

c_1 : 로컬 질량

c_2 : 글로벌 질량

r_1, r_2 : 난수 ($0 \leq r_1 < 1, 0 \leq r_2 < 1$)

$bpos$: 과거 자신이 도달한 최고 평갓값을 얻은 위치

pos : 현재 위치

$gbpos$: 군집 전체가 지금까지 최고 평갓값을 얻은 위치

위 식에서 식 ①은 속도를 갱신한 식이고, 식 ②는 속도의 식 ①을 이용한 위치를 갱신한 식이다. 식 ②를 이용해 실제 시간의 입자 위치를 계산하려면 식 ①을 이용해 순차적으로 입자의 속도를 갱신해야 한다.

식 ①에서 제2항은 자신의 기억에 근거해서 조정하기 위한 항이고, 제3항은 군집 전체로의 기억에 근거하여 조정한 항이다. 모든 항에서도 난수가 계수로 곱해져 있고, 속도 조정에 대한 영향 정도는 랜덤으로 정해져 있다.

그림 7.13은 입자군집 최적화를 이용한 함수의 극값 탐색 예다. 그림에서 함수 $f(x, y) = x^2 + y^2$의 극값을 구한다. 이 함수는 원점(0, 0)에서 극소가 된다. 입자군집 최적화를 이용하여 탐색을 계속하면 그림처럼 시간의 전개에 따라 입자가 원점 주변으로 모여든다.

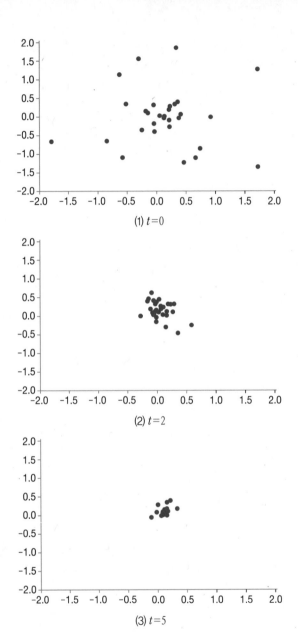

(1) $t=0$

(2) $t=2$

(3) $t=5$

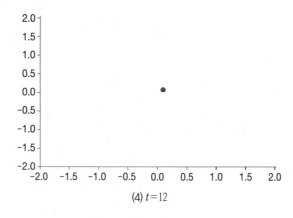

(4) $t=12$

● 그림 7.13 입자군집 최적화법을 이용한 함수 극값 탐색의 예
시간이 지나면서 입자가 원점으로 모여든다.

7.2.2 개미집단 최적화

개미집단 최적화(ACO; Ant Colony Optimization)는 최단 경로를 탐색하는 데 특화된 최적화 알고리즘이다. 즉, 개미집단이 먹이 장소와 개미집 사이의 최단 경로를 찾아내는 원리를 시뮬레이션한 떼지능 알고리즘이다.

그림 7.14에 개미집단 최적화에 의한 최단 경로 탐색 원리를 나타내었다. 그림에서 개미의 개미집과 먹이 장소의 최단 경로를 탐색한다. 기본적으로 개미는 랜덤으로 경로를 선택해서 개미집과 먹이 장소 사이를 왕복한다. 개미는 이동할 때 다리에서 페로몬을 방출하는데, 페로몬은 화학물질로 개미를 끌어당기는 성질이 있다. 경로 선택에서는 경로에 페로몬의 농도가 높은 쪽이 선택되기 쉽다. 또한 페로몬은 휘발성이라 시간이 지나면서 농도가 줄어드는 성질이 있다.

이와 같은 설정으로 개미 집단의 보행 시뮬레이션을 실행한다. 시뮬레이션 개시 직후에는 페로몬이 없으므로 개미는 랜덤으로 경로를 선택한다. 경로에 페로몬이 칠해지더라도 우회 경로의 페로몬은 점차 증발해버린다. 반대로 지름길 경로는 방금 칠한 페로몬이 증발하기도 전에 개미가 다시 그 경로를 보행하면서 계속 페로몬이 덧칠해진다. 그러면 페로몬에 이끌린 다른 개미도 모여든다. 개미가 모여들면 더 많은 페로몬이 덧칠해지기 때문에 결국 지름길 경로만 개미들에게 선택되어 최단 경로에 개미의 행렬이 생긴다.

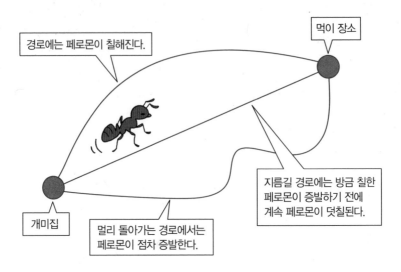

●그림 7.14 개미집단 최적화에 의한 최단 경로 탐색 원리

개미집단 최적화는 최적 경로 탐색에 특화된 알고리즘으로 통신망 트래픽의 최적화 문제나 공작기계의 최적 배치 문제 등에 적용되고 있다.

7.2.3 물고기 떼의 행동형태 알고리즘

물고기 떼의 행동형태 알고리즘(AFSA; Artificial Fish Swarm Algorithm)은 입자군집 최적화가 발전된 최적화 방법이다. 인공 물고기 떼 알고리즘에서는 물고기 떼에서 나타나는 다음과 같은 행동을 시뮬레이션하여 최적화를 실행한다.

(1) **회피:** 물고기가 밀집된 곳을 회피한다.
(2) **포식:** 다른 물고기의 현재 위치에 대한 평갓값을 조사하여 더 좋은 장소로 이동한다.
(3) **추미:** 더 좋은 평갓값을 주는 위치에 있는 물고기에 접근한다.
(4) **랜덤 이동:** 랜덤으로 이동한다.

물고기 떼의 행동형태 알고리즘은 입자군집 최적화와 비교해 더 좋은 탐색 성능을 보이기도 하지만 탐색 알고리즘이 복잡해 구현하기 어렵다는 결점도 있다.

입자군집 최적화에 의한 함수의 극값 탐색 프로그램, pso.py 프로그램을 작성해 보자. 구체적으로는 7.2.1의 그림 7.13과 같은 실행 예를 보여주는 프로그램을 작성한다. 계산 방법은 같은 쪽에 제시한 ①식과 ②식을 이용해 난수로 초기화한 입자군을 시간 $t=0$에서 시작하여 차례대로 이동시킨다.

시뮬레이션 조건은 다음과 같다.

극값 탐색 대상 함수
$f(x, y) = x^2 + y^2$

시뮬레이션의 각 상수값

```
N = 30                  # 입자의 개수
TIMELIMIT = 50          # 시뮬레이션 중단 시간
W = 0.3                 # 관성상수
C1 = 1.2                # 로컬 질량
C2 = 1.2                # 글로벌 질량
```

입자 초기 위치(x, y)의 범위
$-2 \leq x \leq 2 \quad -2 \leq y \leq 2$

pso.py 프로그램에서는 입자의 표현에 파이썬 클래스를 사용하는 것이 편리하다. 그래서 입자를 표현하는 클래스인 Particle을 정의하고, Particle 내부에 다음 시간 상태를 계산하는 optimize( ) 메소드를 작성한다. 또한 Particle 클래스의 생성자에는 입자의 초기 위치와 초기 속도를 난수로 초기화하는 기능을 준비한다. Particle 클래스의 구성은 대략 다음과 같다.

```
1   # 클래스 정의
2   # Particle 클래스
3   class Particle:
4       """입자를 표현하는 클래스의 정의"""
5       def __init__(self):   # 생성자
6           self.x = random.uniform(-2.0, 2.0)   # x좌표의 초깃값
7           self.y = random.uniform(-2.0, 2.0)   # y좌표의 초깃값
8           (이하 필요한 변수를 초기화한다)
9
10      def optimize(self):   # 다음 시간 상태 계산
11          r1 = random.random()   # 난수 r1의 설정
12          r2 = random.random()   # 난수 r2의 설정
13          # 속도의 갱신
14          self.vx = W * self.vx ₩
15              + C1 * r1 * (self.bestpos_x - self.x) ₩
16              + C2 * r2 * (gbestpos_x - self.x)
17          (이하 상태 갱신의 계산을 기술한다)
```

연습문제 해답

그림 7.A에 입자군집 최적화에 의한 함수의 극값 탐색 프로그램인 pso.py 프로그램의 구현 예를 나타내었다.

pso.py 프로그램에서는 입자를 표현하는 Particle 클래스를 정의하고, Particle 클래스의 기능을 사용하여 입자의 운동을 계산한다. 메인 실행부에서는 입자를 N개 작성하고, TIMELIMIT까지 시간을 전개하면서 시뮬레이션을 실행한다. 이 때 입자의 운동을 표현하기 위해 matplotlib를 임포트하여 그래프를 표시한다. 그래프의 표시 예를 **그림 7.B**와 같이 나타낼 수 있다.

```
1   # -*- coding: utf-8 -*-
2   """
```

```
3    pso.py 프로그램
4    입자군집 최적화에 의한 함수의 극값 탐색 프로그램
5    결과를 그래프로 그립니다
6    사용 방법 c:₩>python pso.py
7    """
8    # 모듈 가져오기
9    import random
10   import numpy as np
11   import matplotlib.pyplot as plt
12
13   # 상수
14   N = 30              # 입자 개수
15   TIMELIMIT = 50      # 시뮬레이션 중단 시간
16   W = 0.3             # 관성상수
17   C1 = 1.2            # 로컬 질량
18   C2 = 1.2            # 글로벌 질량
19   SEED = 65535        # 난수 시드
20
21   # 클래스의 정의
22   # Particle 클래스
23   class Particle:
24       """입자를 표현하는 클래스의 정의"""
25       def __init__(self): # 생성자
26           self.x = random.uniform(-2.0, 2.0)       # x좌표의 초깃값
27           self.y = random.uniform(-2.0, 2.0)       # y좌표의 초깃값
28           self.value = calcval(self.x, self.y)     # 평갓값
29           self.bestval = self.value                # 최적값
30           self.vx = random.uniform(-1.0, 1.0)      # 속도 x성분의 초깃값
31           self.vy = random.uniform(-1.0, 1.0)      # 속도 y성분의 초깃값
32           self.bestpos_x = self.x                  # 최적 위치 (x좌표)
33           self.bestpos_y = self.y                  # 최적 위치 (y좌표)
34
35       def optimize(self):  # 다음 시간의 상태 계산
36           r1 = random.random()    # 난수 r1의 설정
37           r2 = random.random()    # 난수 r2의 설정
38           # 속도의 갱신
```

```
39          self.vx = W * self.vx W
40                  + C1 * r1 * (self.bestpos_x - self.x) W
41                  + C2 * r2 * (gbestpos_x - self.x)
42          self.vy = W * self.vy W
43                  + C1 * r1 * (self.bestpos_y - self.y) W
44                  + C2 * r2 * (gbestpos_y - self.y)
45          # 위치의 갱신
46          self.x += self.vx
47          self.y += self.vy
48          # 최적값의 갱신
49          self.value = calcval(self.x, self.y)
50          if self.value < self.bestval:
51              self.bestval = self.value
52              self.bestpos_x = self.x
53              self.bestpos_y = self.y
54
55  # Particle 클래스의 정의 끝내기
56
57  # 형식 인수의 정의
58  # calcval() 함수
59  def calcval(x, y):
60      """평갓값 계산"""
61      return x * x + y * y
62
63  # calcval()함수 끝내기
64
65  # setgbest()함수
66  def setgbest():
67      """군중의 최적 위치와 최적값 설정"""
68      global gbestval
69      global gbestpos_x
70      global gbestpos_y
71      for i in range(N):
72          if ps[i].value < gbestval :
73              gbestval = ps[i].bestval
74              gbestpos_x = ps[i].bestpos_x
```

```
75          gbestpos_y = ps[i].bestpos_y
76   # setgbest() 함수 끝내기
77
78   # 메인 실행부
79   # 초기화
80   random.seed(SEED)  # 난수의 초기화
81   # 입자군집 생성
82   ps = [Particle() for i in range(N)]
83   # 군중의 최적 위치와 최적값 설정
84   gbestpos_x = ps[0].bestpos_x
85   gbestpos_y = ps[0].bestpos_y
86   gbestval = ps[0].bestval
87   setgbest()
88
89   # 그래프 데이터의 초기화
90   xlist = []
91   ylist = []
92
93   # 탐색
94   for t in range(TIMELIMIT):
95       print("t = ",t)
96       for i in range(N):
97           ps[i].optimize()  # 다음 시간의 상태를 계산
98           setgbest()
99           # 그래프 데이터 추가
100          xlist.append(ps[i].x)
101          ylist.append(ps[i].y)
102      # 그래프의 표시
103      plt.clf()  # 그래프 영역의 클리어
104      plt.axis([-2, 2, -2, 2])  # 그림 영역의 설정
105      plt.plot(xlist, ylist, ".")  # 플롯
106      plt.pause(0.01)
107      # 그림 데이터 클리어
108      xlist.clear()
```

● 그림 7.A pso.py 프로그램

```
109    ylist.clear()
110  plt.show()
111  # pso.py 끝내기
```

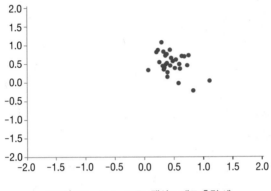

●그림 7.B pso.py 프로그램의 그래프 출력 예

제 8 장

자연어처리

이 장에서는 한국어나 영어와 같은 자연어에 의한 표현을 컴퓨터로 처리하는 기술인 자연어처리에 대해 설명한다.

자연어처리 기술은 인공지능 연구 초기부터 순조롭게 연구가 진행되어 20세기 말에는 일정한 성과를 얻을 정도로 발전했다. 이후 딥러닝의 출현으로 통계적 처리나 머신러닝의 기초 기술에 바탕을 둔 자연어처리 기술로 발전했다. 이번 장에서는 우선 전자를 종래형 자연어처리로 소개하고, 그 다음에 후자의 기술에 관해 설명한다. 또한 음성인식에 관한 내용도 다룬다.

먼저 인공지능 연구 초기부터 진행된 종래형 자연어처리 기술을 소개한다. 여기에서 소개할 기술은 나중에 이야기할 머신러닝에 의한 자연어처리에서도 기초 기술로 이용된다.

8.1.1   자연어처리의 계층

종래형 자연어처리 기술에서는 자연어로 기술된 정보를 **그림 8.1**에 나타낸 것처럼 계층적 절차로 처리한다.

그림 8.1에서 **형태소 분석**(morphological analysis)은 주어진 자연어 문자열에서 **형태소**를 추출하여 문법적인 역할을 판별하는 처리이다. 여기에서 형태소란 자연어 문장을 구성하는 최소의 문법적 요소로, 일반적으로는 단어라고 부른다. 형태소 분석에 의해 문장을 구성하는 각각의 형태소가 분해되어 개별 품사 정보를 알

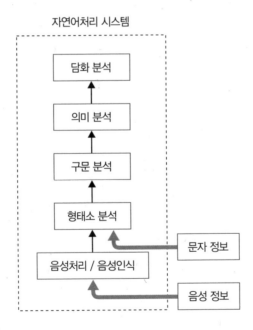

● 그림 8.1 자연어처리 시스템 계층

수 있다.

구문 분석(syntax analysis)에서는 형태소 분석으로 얻어진 형태소에 관한 정보를 이용하여 형태소가 어떻게 문장을 구성하는지를 분석한다. 구문 분석으로 '어떤 형태소가 주어나 술어 등의 역할을 하는지', '형태소끼리의 수식 관계는 어떻게 이루어져 있는지'를 알 수 있다.

의미 분석(semantic analysis)에서는 형태소 분석이나 구문 분석으로 얻은 정보를 통해 주어진 문장의 의미를 분석하고, 자연어를 이용한 표현과는 독립된 의미 표현을 작성한다. 또한 **담화 분석**(discourse analysis)에서는 복수의 문장으로 이루어진 문서의 의미를 읽어낸다.

지금까지는 기호열에 의해 표현된 자연어 데이터의 처리 절차에 대해 설명했다. 또한 그림 8.1의 하단에 표시한 음성처리 및 음성인식 기술을 이용하여 음성으로 표현된 자연어 데이터를 기호열로 변환하고 이후 같은 절차로 처리를 진행할 수 있다.

다음에는 각 처리 과정의 구체적인 내용에 관해 설명한다.

8.1.2 형태소 분석

형태소 분석에서는 주어진 문자열에서 형태소(단어)를 분리하고 사전과 대조하여 그 형태소의 역할을 결정한다. **그림 8.2**는 한국어 문장의 형태소 분석의 결과예다.

그림 8.2는 형태소 분석 툴 **메캡**(MeCab)을 이용하여 '형태소 분석에서는 형태소를 분리해서 그 역할을 결정합니다.'라는 문장을 분석한 결과를 나타낸 것이다. 메캡은 무료 형태소 분석 소프트웨어이다(자세한 내용은 참고문헌을 참조).

영어나 독일어 등에서 문장을 구성하는 단어는 처음부터 공백으로 구획이 생기기 때문에 형태소 분석에서 구획을 분석할 필요가 없다. 한편 한국어나 중국어 문장에는 공백의 형태소 구획이 포함되지 않기 때문에 형태소 분석에서 구획을 찾아내어 **띄어쓰기** 표현을 획득해야 한다.

형태소 분석에는 사전을 이용하여 형태소의 역할을 결정한다. 그림에서는 각 행의 두 번째 항목 이후부터는 각 형태소의 역할이나 원형, 받침의 유무 등이 표시된다. 예를 들면 첫 단어 '형태소'는 명사이고 받침이 있다고 표시된다. 그리고

입력문

'형태소 분석에서는 형태소를 분리해서 그 역할을 결정합니다.'

분석 결과

형태소	'NNG', T, *, 형태소, *,*,*,*
분석	'NNG', T, *, 분석, *,*,*,
에서	'JKS', F, *, 에서, *,*,*,*
는	'JX', T, *, 는, *,*,*,
형태소	'NNG', T, *, 형태소, *,*,*,*
를	'JKO', T, *, 를, *,*,*,*
분리	'NNG', T, *, 분리, *,*,*,*
해서	'JKB', F, *, 해서, *,*,*,*
그	'MM', F, *, 그, *,*,*,
역할	'NNG', T, *, 역할, *,*,*,
을	'JKO', T, *, 을, *,*,*,*
결정	'NNG', T, *, 결정, *,*,*,*
합니다	'XSV+EF', T, 합니다, Inflect, XSV, EF, 하/XSV/*+ ㅂ니다/EF*
.	'SF', *,*,*,*

●그림 8.2 형태소 분석 결과(한국어의 예, 형태소 분석 툴 메캡 이용)

13번째 '합니다'는 동사이고, 원형은 하다라는 것을 알 수 있다.

형태소 분석은 종래형 자연어처리에서 구문 분석이나 의미 분석의 전 처리 과정으로 중요할 뿐 아니라 나중에 이야기할 머신러닝이나 딥러닝을 이용한 자연어 처리에서도 같은 과정이 적용된다.

8.1.3 구문 분석

구문 분석은 형태소 분석의 결과를 이용해서 주어진 문장이 어떤 구조로 이루어졌는지를 조사한다. 구문 분석을 위해서는 문장 구조에 관한 지식인 **문법**(grammar) 지식이 필요하다.

문법표현에는 다양한 방법이 있지만 여기에서는 **구(句) 구조문법**(phrase structure grammar)의 표현 방법을 소개한다. 구 구조문법은 언어학자 **촘스키**(Noam Chomsky)가 제창한 문법 이론이다.

구 구조문법에서 문법은 다음의 4가지 요소로 구성된다.

(1) 바꿔 쓰기 규칙

(2) 단말 기호

(3) 비단말 기호

(4) 시작 기호

위의 요소 중에서 (1)의 **바꿔 쓰기 규칙**(rewrite rule)이 구 구조문법의 중심 구성 요소이다. (2)~(4)의 **단말 기호**(terminal symbol), **비단말 기호**(non-terminal symbol) 및 **시작 기호**(start symbol)는 바꿔 쓰기 규칙 내에서 나타나는 기호이다.

바꿔 쓰기 규칙의 간단한 예는 **그림 8.3**과 같다.

① \<S\> → \<NP\> \<VP\>
② \<NP\> → \<ADJ\> \<NP\>
③ \<NP\> → \<N\> \<PAR\>
④ \<VP\> → \<ADV\> \<VP\>
⑤ \<VP\> → \<V\>
⑥ \<N\> ‚ 꽃
⑦ \<ADJ\> → 예쁜
⑧ \<PAR\> → 이
⑨ \<V\> → 피다
⑩ \<ADV\> → 화려하게

●그림 8.3 바꿔 쓰기 규칙의 예

그림 8.3을 보면 10개의 바꿔 쓰기 규칙의 집합으로 하나의 문법 규칙을 나타내고 있다. 각 규칙에서 화살표 왼쪽에 있는 기호가 규칙의 적용에 따라 오른쪽에 있는 기호로 바뀌어 써진 것이다.

예를 들면 규칙①은 \<S\>라는 기호가 \<NP\> \<VP\>라는 기호로 바뀌어 작성된 것이다. 여기에서 괄호 \< \> 안에 들어 있는 기호가 비단말 기호이다. 비단말 기호는 바꾸어 쓰기 규칙을 구성하기 위한 기호이고 다시 쓰기 도중에 나타나는 기호이다.

바꿔 쓰기 규칙⑥에서는 \<N\>이라는 비단말 기호가 화살표 왼쪽에 있고, 화살표 오른쪽에는 문장을 구성하는 구체적 단어인 '꽃'이 있다. '꽃'처럼 실제 문장 구성 요소인 기호를 단말 기호라고 한다.

바꿔 쓰기 규칙을 적용해서 문장을 생성하는 방법을 알아보자. 바꿔 쓰기 규칙을 적용하기 위해서는 바꿔 쓰기를 시작하기 위한 기호를 정해야 한다. 이것이 시작 기호이고 그림 8.3의 예에서는 <S>이다.

시작 기호 <S>부터 바꿔 쓰기를 하려면 화살표 왼쪽에 <S>가 나타나는 규칙을 찾아야 한다. 그러면 규칙①이 나타난다. 따라서 <S>를 두 개의 비단말 기호의 배열인 <NP> <VP>로 바꾸어 쓴다.

<S> → <NP> <VP>　　(규칙①)

그런 다음 <NP>를 바꾸어 쓴다. 비단말 기호 <NP>의 바꿔 쓰기 규칙은 여러 가지가 있는데, 예를 들면 규칙③을 적용해서 <NP>를 <N> <PAR>로 바꾸어 쓴다.

<NP> <VP> → <N> <PAR> <VP>　　(규칙③)

계속에서 규칙⑤를 적용하여 <VP>를 <V>로 바꾸어 쓴다.

<N> <PAR> <VP> → <N> <PAR> <V>　　(규칙⑤)

마지막으로 규칙⑥, ⑧, ⑨를 적용하여 모든 비단말 기호를 단말 기호로 바꾸어 쓴다. 그러면 '꽃이 피다'라는 문장을 생성할 수 있다.

→ 꽃 이 피다(규칙⑥, ⑧, ⑨)

이렇게 바꾸어 쓰는 과정을 트리 구조로 표현한 것이 **그림 8.4**이다. 그림은 바꿔 쓰기 과정을 위에서 아래로 트리 구조의 가지로 나타내고 마지막 단에는 단말 기호 배열로 문장이 기재되어 있다. 그림과 같은 데이터 구조를 **구문 트리**(syntax tree)라고 한다. 구문 트리는 문장의 구조, 즉 구문을 표현한 데이터 구조이다.

또한 이런 바꿔 쓰기 과정에서 적용하는 규칙의 선택을 변경하여 다른 문장을 생성할 수도 있다. 예를 들어 규칙①을 사용해서 <S>를 바꾸어 쓴 후 규칙③ 대신 규칙②를 사용해서 <NP>를 <ADJ> <NP>로 바꾸어 쓴다. 그리고 규칙③을 적용해

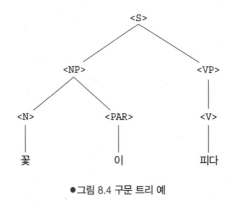

●그림 8.4 구문 트리 예

서 다음과 같은 순서로 바꾸어 쓴다.

<S>
→ <NP><VP>　　(규칙①)
→ <ADJ><NP><VP>　　(규칙②)
→ <ADJ><N><PAR><VP>　　(규칙③)

그리고 <VP>를 바꿔 쓰려면 규칙④를 사용하고 나중에 규칙⑤를 적용한다.

→ <ADJ><N><PAR><ADV><VP>　　(규칙④)
→ <ADJ><N><PAR><ADV><V>　　(규칙⑤)

마지막으로 규칙⑥에서 ⑩을 적용하여 모든 비단말 기호를 단말 기호로 바꿔 쓴다.

→ 예쁜 꽃 이 화려하게 피다　　(규칙⑥~⑩)
다음 예에서는 조금 다른 느낌의 문장을 생성한다.

```
<S>
→  <NP><VP>     (규칙①)

→  <ADJ><NP><VP>     (규칙②)

→  <ADJ><ADJ><NP><VP>     (규칙②)

→  <ADJ><ADJ><ADJ><NP><VP>     (규칙②)

→  <ADJ><ADJ><ADJ><N><PAR><VP>     (규칙③)

→  <ADJ><ADJ><ADJ><N><PAR><V>     (규칙⑤)

→  예쁜 예쁜 예쁜 꽃 이 피다     (규칙⑥~⑨)
```

지금까지는 구 구조문법을 이용한 문법 생성에 대해 알아봤다. 자연어처리에서는 생성만이 아닌 구문 분석도 해야 한다. 그래서 이번에는 구 구조문법을 이용한 구문 분석 방법에 관해 살펴보려고 한다.

구문 분석에서는 형태소 배열의 정보를 받아서 구문 트리를 구축하는데, 크게 나누어 **톱다운**(top down)과 **보텀업**(bottom up)에 의한 방법이 있다.

톱다운 방식은 시작 기호부터 바꾸어 쓰기를 시작하여 입력문과 일치하는 과정을 탐색한다. 보텀업 방식은 입력된 형태소를 정리해서 전체적으로 모순이 없도록 통합해간다. 또한 실제 시스템 구축에 있어서 구문 분석을 효율적으로 진행하는 방식으로 **CYK 알고리즘**(Cocke-Younger-Kasami alogorithm)이나 **LR법** 등을 도입한다.

예를 들어 '꽃 이 화려하게 피다'라는 형태소의 배열을 입력하면 이 문장을 그림 8.3의 바꿔 쓰기 규칙에 따라 톱다운 방식으로 분석한다. 분석을 하려면 그림의 바꿔 쓰기 규칙에 따라 순서대로 문장을 생성하고, 생성한 문장의 일부가 입력과 일치하지 않으면 다른 규칙을 사용하여 문장을 다시 생성하는 작업을 반복한다.

우선 시작 기호 <S>부터 규칙①에 따라 바꿔 쓰기를 한다. 시작 기호의 바꿔 쓰기 규칙은 규칙①뿐이라 이것은 선택의 여지가 없다.

```
<S>
→  <NP><VP>     (규칙①)
```

이어서 비단말 기호 <NP>를 바꿔 쓴다. <NP>의 바꿔 쓰기는 규칙② 또는 규칙
③을 적용할 수 있다. 처음에 규칙②에 따라 바꿔 쓰기를 실시해본다.

```
<S>
→  <NP><VP>    (규칙①)
→  <ADJ><NP><VP>    (규칙②)
```

여기에서는 앞의 <ADJ>를 바꿔 쓰기 위해 규칙⑦을 적용한다.

```
<S>
→  <NP><VP>    (규칙①)
→  <ADJ><NP><VP>    (규칙②)
→  예쁜 <NP><VP>    (규칙⑦)
   (구문 해석 실패)
```

이 시점에서 생성된 '예쁜 <NP><VP>'이 입력문인 '꽃 이 화려하게 피다'와 일
치하지 않는다는 것을 알 수 있다. 그 원인은 <NP>의 바꿔 쓰기에 규칙②를 도입
했기 때문이다. 따라서 규칙② 대신 규칙③을 도입해서 바꿔 쓰기를 시도한다. 그
러면 다음과 같은 입력문의 선두 부분과 일치하는 단말 기호열을 얻을 수 있다.

```
<S>
→  <NP><VP>    (규칙①)
→  <N><PAR><VP>    (규칙③)
→  꽃 이 <VP>    (규칙⑥, ⑧)
```

다음에는 <VP>를 바꿔 쓴다. <VP>는 규칙④ 또는 ⑤에 따라 바꿔 쓸 수 있다.
우선 규칙④를 적용해서 바꿔 써보자.

```
<S>
→  <NP><VP>    (규칙①)
→  <N><PAR><VP>    (규칙③)
→  꽃 이 <VP>    (규칙⑥, ⑧)
→  꽃 이 <ADV><VP>    (규칙④)
```

또한 <ADV>에 규칙⑩을 적용해서 바꿔 쓴다. 그러면 바꿔 쓰기에 따라 얻어진
단말 기호의 배열이 입력문과 일치한다.

```
<S>
→  <NP><VP>    (규칙①)
→  <N><PAR><VP>    (규칙③)
→  꽃 이 <VP>    (규칙⑥, ⑧)
→  꽃 이 <ADV><VP>    (규칙④)
→  꽃 이 화려하게 <VP>    (규칙⑩)
```

바꿔 쓰기를 반복하면 마지막으로 다음과 같은 바꿔 쓰기 계열을 얻게 된다.

```
<S>
→  <NP><VP>    (규칙①)
→  <N><PAR><VP>    (규칙③)
→  꽃 이 <VP>    (규칙⑥, ⑧)
→  꽃 이 <ADV><VP>    (규칙④)
→  꽃 이 화려하게 <VP>    (규칙⑩)
→  꽃 이 화려하게 <V>    (규칙⑤)
→  꽃 이 화려하게 피다    (규칙⑨)
```

이와 같은 바꿔 쓰기 과정을 구문 트리로 표현하면 **그림 8.5**와 같은 구조가 된
다. 구문 트리를 얻었으므로 구문 분석을 마친다.

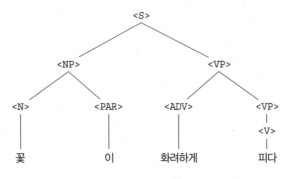

●그림 8.5 구문 분석 결과로 얻어진 구문 트리

촘스키에 따르면 구 구조문법은 네 가지 타입으로 분류할 수 있다. 네 가지 타입은 제약이 엄격한 순서대로 **정규문법**(regular grammar), **문맥자유문법**(context-free grammar), **문맥의존문법**(context-sensitive grammar), 일반적인 구 구조문법이다.

정규문법에서는 바꿔 쓰기 규칙에 따라 화살표 왼쪽에는 비단말 기호 하나만 놓고, 오른쪽에는 비단말 기호만 또는 단말 기호 하나와 비단말 기호 하나를 둔다. 정규문법은 문자열처리에 이용되는 **정규표현**(regular expression)과 동등한 표현 능력을 가진다.

문맥자유문법에서는 바꿔 쓰기 규칙에 따라 화살표 왼쪽에는 비단말 기호 하나만 놓이지만, 화살표 오른쪽에 놓이는 기호에는 제약이 없다. 화살표 왼쪽에 비단말 기호가 하나만 있는 것은 문장 속에서 단어의 전후 관계에 구속되지 않으면서 단말 기호가 출현하는 것을 의미한다. 이것을 문맥에 의존하지 않는다는 의미에서 **문맥자유문법**이라고 한다. 문맥자유문법은 자연어의 문법 정의만이 아닌 프로그래밍 언어의 문법을 정의하는 툴로 이용되기도 한다.

문맥의존문법은 다음과 같은 형식의 바꿔 쓰기 규칙을 허용한다.

aAb → awb

앞의 식에서 A는 비단말 기호이고 a·b·w는 비단말 기호 또는 단말 기호이다. 문맥의존문법에서는 단어의 전후 관계에 의존하는 문법을 기술할 수 있다.

이와 같은 세 가지 문법에 제약이 없는 일반 구 구조문법까지 더해 촘스키는 구

구조문법을 네 가지 타입으로 분류했다.

8.1.4 의미 분석

의미 분석(semantic analysis)은 형태소 분석이나 구문 분석의 결과를 이용해서 자연어의 독립된 의미표현을 작성한다. 의미표현 방법으로는 **필모어**(Charles J. Fillmore)가 제창한 **격문법**(case grammar)이 유명하다.

격문법에서는 주격이나 목적격 등 언어로 표현된 **표층격**(surface case)에서 언어에 의존하지 않는 **심층격**(deep case)을 추출해서 의미를 표현한다. **표 8.1**은 표층격의 예다.

●표 8.1 격문법의 심층격 예(제8장 문헌 (4)에서 인용)

격의 명칭	설명
행위주격(A)	행위의 주체
경험주격(E)	행위의 영향을 받거나 경험하는 실체
도구격(I)	사건의 원인이나 자극을 주는 대상
대상격(O)	이동이나 변화의 대상
원천격(S)	이동의 기점이나 변화의 초기 상태
목표격(G)	이동의 종점이나 변화의 마지막 상태
장소격(L)	사건이 발생하는 장소
시간격(T)	사건이 발생하는 시간

표 8.1에서 보는 바와 같이 격문법에서는 동사 등으로 이루어진 술어를 중심으로 격을 구성한다. 예를 들어 표 8.1 첫 행에 있는 행위의 주격은 동작의 주체를 나타낸다. 이것은 영어에서는 주어에 해당하는 말이다. 또한 한국어에서는 격조사 '이(가)'를 동반하는 동작의 주체를 나타내는 말에 대응한다. 영어와 한국어에서는 행위의 주격에 대응하는 단어(영어 'I', 한국어 '내가' 등)는 당연히 다르고 문장속에서 나타나는 순서도 다를 수 있다. 즉, 표층격의 표현은 언어마다 다르다. 그러나 심층격에서 같은 의미표현은 언어와 상관없이 통일되게 표현할 수 있다.

이처럼 격문법의 의미표현을 적용하면 주어진 언어의 종류에 상관없이 또 주어진 구체적인 자연어 문장표현에 영향을 받지 않으면서 문장의 의미를 표현할 수 있다.

8.1.5 통계적 자연어처리

지금까지 설명한 자연어처리 방법을 이용하여 구체적인 언어처리 시스템을 작성해보자. 원리적으로는 문법이나 의미표현의 짜임새를 인간이 수작업으로 작성해서 거기에 맞게 처리 프로그램을 만들어 구현할 수 있다. 이 방법도 한정된 범위의 자연어 문장이라면 처리가 가능하다.

그러나 더욱 일반적이고 현실적인 자연어처리 시스템을 구성하기 위해서는 시스템 구현에 요구되는 문법기술이나 의미처리가 굉장히 복잡해지기 때문에 수작업으로 구성하기는 매우 어렵다. 그래서 20세기에 연구된 대부분의 자연어처리 시스템에서는 언어표현 범위를 한정하는 등 문제를 단순화해서 시스템을 구축했다.

더욱 일반적인 자연어처리 시스템을 구축하기 위해서는 수작업으로 처리 지식을 구축하지 않고 자동으로 구성할 필요가 있다. 그래서 대규모 말뭉치에서 통계적 처리로 자연어의 특징을 추출하는 방법이 연구되었다. 이것을 **통계적 자연어처리**(statistical natural language processing)라고 한다. **말뭉치**(corpus)란 자연어로 기술된 문장의 데이터베이스를 말한다. 최근에는 도저히 수작업으로는 다룰 수 없는 대규모 말뭉치에 자연어처리가 도입되고 있다.

통계적 언어처리 방법 중 하나로 $n-$gram에 의한 언어 모델 생성 방법이 있다. 엔그램이란 문자나 형태소의 n개 배열을 의미한다. 예를 들어 **그림 8.6**은 그림 8.2의 예문을 형태소 2-gram으로 구성해본 것이다.

$n-$gram은 형태소나 문자의 연쇄에 관한 정보를 다룰 수 있다. 예를 들어 대규모 말뭉치에서 형태소 2-gram을 작성하여 형태소 연쇄에 관한 통계적 성질을 얻어낼 수 있다. 형태소 연쇄에 관한 성질이란 어떤 특정 형태소 다음에 오기 쉬운 형태소나 절대로 나타나지 않는 형태소와 같은 특성을 말한다. 이 성질은 일종의 문법이고 자연어 분석이나 문장 생성에 이용할 수 있다.

예를 들어 그림 8.6에서 '형태소'라는 말에 이어지는 것은 '분석'과 '를'이고 다른 말은 연결되지 않는다. 이와 같은 분석을 대규모 말뭉치를 대상으로 한다면 두 개의 형태소 연쇄와 관련된 일반적인 성질을 확률값으로 구할 수 있다. 이 값을 이용해 문장을 분석하거나 생성할 수 있는 것이다. 이 방법은 다음 절에서 설명할 통계적 기계번역에 응용할 수 있다.

통계적 자연어처리에 도입되는 다른 방법으로 **tf-idf**가 있다. tf-idf는 문서에 포

입력문

| 형태소 분석 에서 는 형태소 를 분리 해서 그 역할 을 결정합니다. |

2-gram

형태소	→	분석
분석	→	에서
에서	→	는
는	→	형태소
형태소	→	를
를	→	분리
분리	→	해서
해서	→	그
그	→	역할
역할	→	을
을	→	결정
결정	→	합니다
합니다	→	.

●그림 8.6 n-gram의 구성 예(형태소 2-gram의 경우)

함된 단어가 어느 정도 중요한지를 나타내는 지표이다. tf-idf에 의해 중요한 단어를 알게 되면 문서의 요약이나 검색에 그 단어를 이용할 수 있다.

tf-idf에서는 **tf(term frequency)** 한 문서에 등장하는 특정 단어의 출현 빈도와 **idf(inverse document frequency)** 모든 문서에 등장하는 특정 단어의 출현 빈도의 역수를 이용하여 중요도를 계산한다. 계산식은 다음과 같다.

$$tf\text{-}idf = tf \times idf$$

tf 값은 특정 단어가 포함된 문서 전체의 총 단어 수와 문서 내 특정 단어의 출현 빈도의 비율을 계산한다.

tf = (특정 단어의 출현 빈도) / (문서 전체의 총 단어 수)

idf 값은 대상이 되는 문서의 총 수와 특정 단어가 포함된 문서 수의 역수의 로그를 계산한다.

idf = log((문서의 총 수) / (그 단어가 포함된 문서의 수))

tf-idf 값의 계산 예를 보자. '인공지능'이라는 단어의 TF-IDF 값을 계산하기 위해 100개의 문서를 조사해보니 그중 한 개의 문서에만 '인공지능'이라는 단어가 10번 등장했다고 가정한다. 그리고 '인공지능'이라는 단어가 등장한 문서는 1000개의 단어로 구성되었다고 하자.

그러면 tf 값은 다음의 계산을 통해 0.01이 된다.

tf = (그 단어의 출현 빈도) / (문서 전체의 총 단어 수)
  = 10 / 1000
  = 0.01

idf 값은 다음의 계산으로 구할 수 있다.

idf = log((문서의 총 수) / (그 단어가 포함된 문서의 수))
  = log(100 / 1)
  = 2
여기에서,

tf - idf = tf × idf
      = 0.01 × 2
      = 0.02

가 되고, 이 경우의 '인공지능'이라는 단어의 tf-idf 값은 0.02가 된다.

tf-idf 값은 한 문서 내에서 특정 단어가 반복되면 그 단어는 문서 내용과 밀접한 관련이 있는 중요 단어로 보는 tf 값과 많은 문서 중에서 특정 문서에만 출현하는 단어는 특징적인 단어라고 여기는 idf 값을 조합한 지표이다. 이런 점에서 tfidf를 이용하면 문서에서 키워드를 추출하거나 키워드를 실마리로 문서의 요약이나 검색을 할 수 있다.

8.1.6 기계번역

기계번역(machine translation)은 자연어처리 기술의 대표적인 응용기술 중 하나로, 서로 다른 자연어로 기술된 문장을 자동 변환해준다. 매우 도움이 되는 기술로 인공지능 연구 초기 단계부터 활발한 연구가 이루어졌다.

기계번역의 구현 방법으로 처음 검토된 것은 두 언어의 대응 관계를 단어 수준에서 조사하고 교환된 단어의 어순을 재배열하는 방법이다. 그러나 이 방법으로는 자연어 문장이 표현하는 다양성을 다루기 어렵다 보니 적용 범위가 매우 한정된 언어표현에 그쳤다(**그림 8.7**).

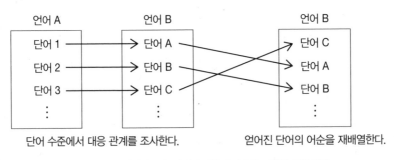

언어 A   언어 B   언어 B

단어 1 → 단어 A → 단어 C
단어 2 → 단어 B → 단어 A
단어 3 → 단어 C → 단어 B

단어 수준에서 대응 관계를 조사한다.   얻어진 단어의 어순을 재배열한다.

●그림 8.7 기계번역(1) 단어의 대응과 어순의 지식에 의한 방법

다음으로 자연어를 분석해서 중간적인 의미표현을 추출하고, 그 의미표현으로 다른 언어의 표현을 생성하는 방법이 검토되었다(**그림 8.8**). 이 방법은 원리적으로는 다양한 자연어 표현을 다룰 수 있다. 그러나 실제로 자연어의 다양성을 충분히 표현할 수 있는 문법적 지식이나 사전을 수작업으로 작성하는 것은 지극히 어려운 일이다. 그래서 이 방법으로도 다룰 수 있는 문장의 종류나 표현 범위는 충분하지 못했다.

최근 기계번역에도 통계적 방법이 적용되고 있다. 통계적 방법에서는 미리 두 언어의 번역어와 번역문의 짝을 만들고 그것이 출현할 확률을 통계적으로 정해둔다. 번역할 때는 확률이 높은 조합을 먼저 이용하면서 통계적으로 가장 적절한 번

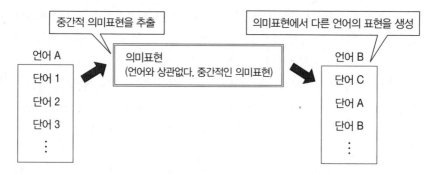

●그림 8.8 기계번역(2) 중간적인 의미표현을 이용한 방법

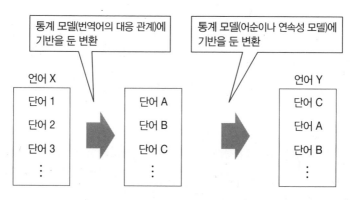

●그림 8.9 기계번역(3) 통계적 방법에 의한 기계번역

역문을 만들어낸다(그림 8.9).

  통계적 방법에 의한 기계번역에서는 통계 모델 표현에 신경망을 사용할 수도 있다. 딥러닝의 발전으로 신경망 기술이 향상되면서 신경망을 이용한 기계번역의 번역 정확도도 비약적으로 향상했다. 신경망과 같은 머신러닝과 자연어처리의 관계에 대해서는 다음 절에서 다시 설명한다.

8.2   머신러닝을 이용한 자연어처리

8.2.1   머신러닝과 자연어처리

  지금까지 설명한 바와 같이 자연어처리 기술은 수작업으로 문법이나 사전을 구성하는 종래형 방법에서 대규모 말뭉치를 전제로 한 통계적 방법으로 발전했다. 일반적으로 대규모 데이터 처리에는 통계적 방법만이 아닌 머신러닝, 특히 **딥러닝**이 유용하다. 자연어처리에서도 딥러닝의 응용이 적극적으로 도입되고 있다.

딥러닝의 방법을 자연어처리에 적용할 경우 자연어로 표현된 데이터를 신경망에 입력하는 방법을 고민해야 한다. 예를 들어 한국어 자연어 문장을 형태소(단어)로 나누는 경우를 생각해보자. 형태소 분석으로 개개의 형태소를 신경망에 입력하려면 어떤 방법이든 자연어 표현을 수치로 나타내야 한다.

자연어를 수치로 처리하기 위한 방법 중 **원-핫 벡터**(one-hot vector)라는 방법이 있다. 예를 들어 '봄에 꽃이 피다'라는 문장을 원-핫 벡터로 기술하면 **그림 8.10**과 같은 순서로 나타낼 수 있다.

우선, 형태소를 분석해 입력문에 포함된 단어를 열거한다. 그리고 형태소의 종류와 같은 차원 수의 벡터를 이용해 형태소마다 고유한 벡터 표현을 분배한다. 그림에서 형태소는 5종류이므로 5차원의 벡터를 준비한다. 그리고 처음부터 나타나는 순서대로 '봄'에는 (   )을 부여하고 '꽃'에는 (   )을 부여하는 식으로 형태소에 벡터를 분배한다.

원-핫 벡터에서는 하나의 형태소를 나타내는 벡터가 한 종류의 차원, 즉 요소를 가진다. 그래서 규모가 큰 문장을 대상으로 하는 경우에는 벡터의 차원 수가 수만 가지로 늘어난다. 이처럼 하나의 형태소 표현에 고차원 벡터를 이용해 형태소 수만큼 벡터를 준비해야 하므로 원-핫 벡터를 도입하는 자연어처리 시스템에는 대규모 데이터 처리가 가능한 구조가 필요한 것이다. 그래서 딥러닝과 같은 기술이 이용된다.

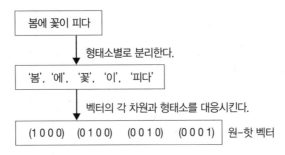

●그림 8.10 원-핫 벡터(one-hot vector)에 의한 자연어 문장의 벡터 표현

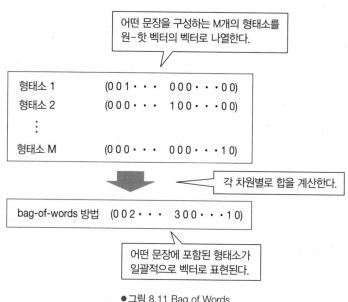

어떤 문장을 구성하는 M개의 형태소를
원-핫 벡터의 벡터로 나열한다.

형태소 1	$(0\ 0\ 1\ \cdots\ \ 0\ 0\ 0\ \cdots\ 0\ 0)$
형태소 2	$(0\ 0\ 0\ \cdots\ \ 1\ 0\ 0\ \cdots\ 0\ 0)$
⋮	
형태소 M	$(0\ 0\ 0\ \cdots\ \ 0\ 0\ 0\ \cdots\ 1\ 0)$

각 차원별로 합을 계산한다.

bag-of-words 방법 $(0\ 0\ 2\ \cdots\ \ 3\ 0\ 0\ \cdots\ 1\ 0)$

어떤 문장에 포함된 형태소가
일괄적으로 벡터로 표현된다.

● 그림 8.11 Bag of Words

그러나 원-핫 벡터를 그대로 적용하지는 않고, 원-핫 벡터 방식을 이용해서 하나의 벡터를 사용하는 어떤 문장에 포함된 형태소를 일괄적으로 표현하는데, 이것이 **Bag of Words**라는 방법이다. **그림 8.11**은 Bag of Words의 작성 방법을 나타낸 것으로, 그림과 같이 어떤 문장을 구성하는 형태소를 원-핫 벡터로 나열하고 벡터의 합을 계산한다.

Bag of Words 방법을 이용해 어떤 문장에 포함된 형태소가 일괄적으로 벡터로 표현되므로 그 문장의 의미를 표현할 수 있다. 또한 형태소가 반복적으로 사용되는 문장과 같은 **연어**(collocation)도 조사할 수 있다.

8.2.2 Word2vec

Bag of Words 방법은 자연어처리에 유용한 기술이지만 형태소의 출현이나 전후 관계와 같은 정보가 사라지기 때문에 문장이 가진 모든 정보를 표현하지는 못한다. 이에 반해 신경망을 이용해 더욱 정밀한 표현을 기술하는 모델로 **Word2vec**가 제안된다.

Word2vec는 단어의 맥락을 신경망으로 표현하는 방법이다. Word2vec의 기본적인 관점은 **그림 8.12**처럼 나타낼 수 있다.

그림 8.12와 같이 Word2vec에는 두 가지 모델이 있다. 하나는 CBOW(Continuous Bag Of Words)라는 모델이고, 다른 하나는 Skip-Gram이라는 방법이다. 그리고 그림 속의 형태소는 원-핫 벡터 방법으로 기술한 다차원 벡터이다.

CBOW는 어떤 형태소의 전후에 출현하는 형태소를 입력하고, 그 사이에 있는 형태소를 출력하는 3층 신경망이다. CBOW 신경망은 앞뒤의 형태소 사이에 해당하는 최적의 형태소를 학습한다. 학습을 위해 학습 데이터세트를 작성하고 적절한 형태소가 출력되도록 CBOW의 네트워크를 학습시킨다(그림 8.12 (1)).

Skip-Gram은 CBOW와 반대 개념의 모델이다. 그림 8.2 (2)와 같이 어떤 형태소를 입력해 그 전후에 출현하는 형태소를 출력하는 신경망을 학습해서 획득한다.

이와 같은 신경망 학습을 마치면 네트워크의 매개변수인 가중치를 찾아야 한다. 이 가중치는 형태소를 수치로 나타낸 데이터 표현으로 간주한다. 즉, Word2vec 기법은 신경망 학습을 이용해 형태소에 관련된 정보를 벡터 표현으로 꺼내는 것

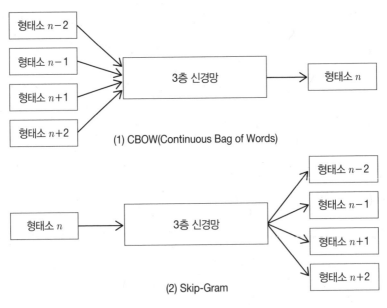

(1) CBOW(Continuous Bag of Words)

(2) Skip-Gram

●그림 8.12 Word2vec의 기본적인 관점
형태소의 연쇄에 관한 학습을 통해 신경망에 형태소 관련 정보를 축적한다.

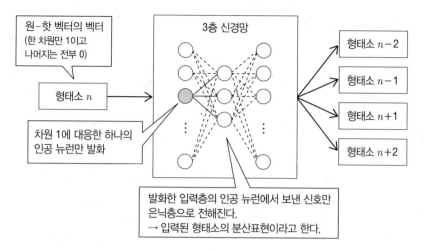

● 그림 8.13 Skip-Gram에 의한 분산표현의 획득

이다. 이때 얻은 벡터 표현을 **분산표현**(distributed representation)이라고 한다.

Skip-Gram의 예로 분산표현의 획득 방법에 대해 살펴보자. 학습 종료 후 입력으로 원-핫 벡터의 형태소가 주어진 경우를 생각해보자. 원-핫 벡터에서 벡터는 벡터의 한 차원만 1이고 나머지는 전부 0이다. 그러면 입력층의 인공 뉴런 중에서 차원 1에 대응한 하나의 인공 뉴런만 발화하고 나머지 인공 뉴런은 아무것도 출력하지 않는다. 따라서 입력층에서 은닉층으로 전해지는 신호는 발화된 입력층의 인공 뉴런에서 보낸 신호뿐이다. 이 신호값은 입력층에서 은닉층으로 전해지는 가중치이다. 그래서 이 가중치를 입력한 형태소의 분산표현이라고 여기는 것이다.

은닉층의 인공 뉴런 수는 보통 수백 개 정도라 분산표현의 벡터는 수백 가지 차원이 된다. 따라서 분산표현의 벡터는 수만 가지 차원인 원-핫 벡터보다도 차원 수가 훨씬 적다. 또한 원-핫 벡터의 벡터 차원은 대부분이 0이고 한 곳만 1인 듬성듬성한 벡터인데, 분산표현의 벡터는 각 차원이 값을 가진 벡터이다. 그 결과 원-핫 벡터는 형태소의 레이블 정도의 의미밖에 없지만 분산표현의 벡터는 각 차원의 값이 형태소의 다양한 특징을 나타내는 수치라고 볼 수 있다.

또한 **그림 8.14**와 같은 방법의 분산표현으로 형태소를 표현하면 같은 문맥에서 출현하는 비슷한 의미의 형태소는 각각 서로 비슷한 분산표현에 대응하게 된다.

그래서 이것을 이용해 비슷한 단어를 조사하거나 벡터끼리 연산을 적용해 개념의 덧셈과 뺄셈이 가능해진다. 이와 같이 분산표현에 의한 형태소 표현은 원-핫 벡터의 벡터로는 표현하지 못하는 정보를 유지할 수 있다.

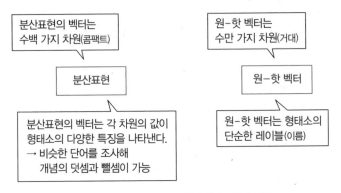

● 그림 8.14 분산표현을 이용한 벡터 표현의 장점

8.3 음성인식

8.3.1 음성의 인식

음성인식(voice recognition, speech recognition)은 자연어처리 시스템에서 문자 대신 음성으로 입력이 가능한 인식기술이다.

그림 8.15는 일반적인 음성인식 시스템의 구성을 나타낸 것이다. 음성인식 시스템에 음성이 주어지면 음성에 포함된 음향신호의 특징을 추출한다. 그리고 음향신호의 특징을 사전에 구축한 사전(데이터베이스)과 대조해본다. 그 결과로 음성에 대응한 단어열을 출력한다.

음향신호의 특징을 파악하려면 시간축 또는 주파수축에서 분석을 해야 한다. 추출한 음향신호의 특징량은 데이터베이스의 **음향 모델**(acoustic model)과 비교해 언어를 표현하는 음소를 결정한다. 또한 음소의 배열로 단어열을 형성하려면 데이터베이스의 **언어 모델**(language model)과 비교해 가장 확률이 높은 단어열을 생성한다.

최근에는 이러한 처리를 하는 데 딥러닝이 적극적으로 이용되고 있다. 예를 들

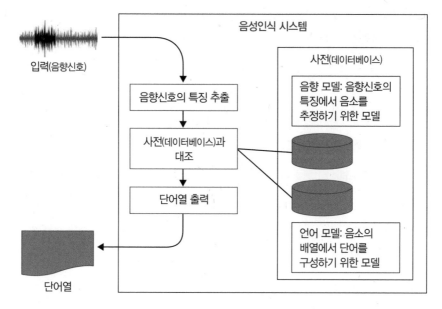

음성인식 시스템

입력(음향신호)

음향신호의 특징 추출

사전(데이터베이스)과 대조

단어열 출력

사전(데이터베이스)

음향 모델: 음향신호의 특징에서 음소를 추정하기 위한 모델

언어 모델: 음소의 배열에서 단어를 구성하기 위한 모델

단어열

●그림 8.15 음성인식 시스템의 구성

면 종래에는 단어를 구성하는 음소 배열 방법의 모델에 언어 모델로 n-gram 모델이 이용되었지만 이와 같은 n-gram 대신 순환신경망, 특히 LSTM을 적용해서 모델화하면 더욱 정밀한 인식 시스템을 구성할 수 있다.

8.3.2 음성응답 시스템

음성응답 시스템은 음성으로 입력해서 조작이나 검색의 결과를 음성으로 출력하는 시스템이다(그림 8.16). 음성응답 시스템은 음성인식 시스템과 음성합성 시스템으로 구성된다.

음성합성(speech synthesis, voice synthesis)은 음성인식과는 반대로 주어진 문장을 음성으로 고쳐서 처리한다. 예를 들면 음소를 조합한 음성을 합성하는 **코퍼스 방식 음성합성**(corpus-based speech synthesis)이나 통계적으로 작성한 생성 모델을 이용한 **통계 기반 파라미터 합성**(statistical parametric speech synthesis) 등이 있다. 특히 후자는 음성인식의 경우와 마찬가지로 딥러닝을 적용하면서 최근에 합성 품질이 상당히 향상되었다.

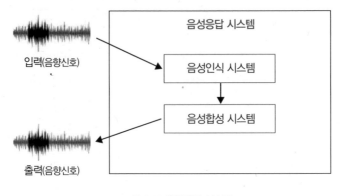

입력(음향신호)

음성응답 시스템

음성인식 시스템

음성합성 시스템

출력(음향신호)

●그림 8.16 음성응답 시스템

연습문제

이 장에서 설명했듯이 형태소 분석은 사전을 사용하는 것이 일반적이다. 본문에서 소개한 메캡도 사전을 사용하고 있다. 메캡은 널리 이용되는 표준적인 형태소 분석 툴로 설치하기도 쉽고 이용하기도 편해 파이썬 프로그램에 도입할 수 있다. 게다가 메캡 이외에도 몇 가지 종류의 형태소 분석 툴이 공개되었다. 따라서 한국어 띄어 쓰기 표현이 필요한 경우에는 메캡을 비롯한 기타 형태소 분석 툴을 이용하면 된다.

그러나 여기에서는 사전을 사용하지 않고 간단한 띄어 쓰기 형태소 분석을 사용해보자. 여기에서 사용하는 방법은 글자 종류의 차이를 이용해 형태소의 띄어 쓰기 표현을 이끌어내는 방법이다. 문자의 종류는 편의상 한글, 알파벳, 숫자로 3종류로 구분한다. 띄어 쓰기를 표현하기 위해 입력된 문장을 맨 앞부터 한 글자씩 조사해서, 문자의 종류가 변한 곳은 형태소가 분리된다고 판단한다.

예를 들어 다음과 같은 문장을 띄어쓰기 표현으로 작성해보자.

TOTAL합계120000원입니다.

문자의 종류가 변하는 부분에 공백을 넣으면 다음과 같이 띄어쓰기를 표현할 수 있다.

TOTAL 합계 120000 원입니다 .

　알고리즘은 단순해서 입력된 문자열의 맨 처음부터 문자의 종류를 조사하다가 다른 종류의 문자가 나오면, 사이에 공백을 넣기만 하면 된다. 이때 문자의 종류를 판별하려면 정규표현을 이용하는 것이 편리하다. Python에서 정규표현을 다루는 표준 모듈로 re가 준비되어 있다.

　re 모듈을 이용해 문자 ch가 한글인지 판별하는 if문의 조건 판정은 다음과 같이 기술할 수 있다.

　　　　if re.match('[가-힣]+',ch): #한글

　여기에서, ch가 한글일 경우 [가-힣] 중 한 글자와 일치된다. 마찬가지로 알파벳이나 숫자는 다음과 같이 정규표현을 지정해서 판단할 수 있다.

　　　　[A-Za_z] # 영문자 정규표현
　　　　[0-9]　 # 숫자 정규표현

연습문제 해답

　간단한 형태소 분리 프로그램인 morph.py 프로그램으로 작성한 것이 **그림 8.A** 이다. morph.py 프로그램에서는 문제의 문장을 제시한 정규표현을 이용해 글자 종류를 판정하고 글자 종류가 변하는 지점에서 공백을 출력하여 띄어쓰기 표현을 작성한다. 프로그램에 포함된 whatch( ) 함수에서는 글자 종류를 한글, 알파벳, 숫자로 분류해 결과를 0부터 3까지의 정수를 부여한다. 메인 실행부에서는 whatch( ) 함수를 이용해 글자 종류가 변한 부분에서 공백을 출력한다.

```
1  # -*- coding: utf-8 -*-
2  """
3  morph.py 프로그램
4  정규표현을 이용한 간단한 형태소 분리 프로그램
```

```
 5    사용 방법  c:\>python morph.py
 6    """
 7    # 모듈 가져오기
 8    import re
 9
10    # 형식 인수의 정의
11    # whatch() 함수
12    def whatch(ch):
13        """글자 종류의 판정"""
14        if re.match('[가ー힣]+',ch):
15            chartype = 0
16        elif re.match('[A-Za_z]+',ch):
17            chartype = 1
18        elif re.match('[0-9]+',ch):
19            chartype = 2
20        else:
21            chartype = 3
22        return chartype
23    # whatch() 함수 끝내기
24
25    # 메인 실행부
26    # 분석 대상 문자열의 설정
27
28    # 띄어쓰기 문장의 생성
29    outputtext = ""
30    for i in range(len(inputtext) - 1):
31        print(inputtext[i], end = "")
32        if whatch(inputtext[i]) != whatch(inputtext[i + 1]):
33            print(" ", end = "")
34    print(inputtext[-1:])
35    # morph.py. 끝내기
```

●그림 8.A morph.py 프로그램

제 **9** 장

이미지 인식

이 장에서는 이미지 데이터의 인식과 응용에 관해 설명한다.
처음에는 이미지 데이터를 다루는 기초적인 내용을 언급하고
이미지 특징 추출 방법을 설명한다. 그리고 이미지 인식기술의
응용 예로 문자인식, 얼굴인식, 이미지 검색을 다룬다.

9.1.1 이미지 인식의 기초

컴퓨터에서 이미지 데이터는 **화소(픽셀, pixel)**의 집합으로 표현된다. **그림 9.1**에는 컴퓨터에 정지 이미지를 표현하는 방법을 나타내었다. 일반적으로 컴퓨터에서는 정사각형 픽셀을 사용하고, 정사각형 픽셀을 가로세로 일정한 개수로 배열해 정지 이미지를 표현한다.

정지 이미지의 픽셀은 정보를 수치로 나타낸다. 대부분의 경우 컬러 이미지의 색 정보는 빛의 삼원색인 **빨강**, 초록, 파랑 각 성분의 휘도값으로 표현되는데, 이 방법을 RGB라고 한다. 이러한 휘도값은 적당한 정수로 표시된다.

정사각형 화소를 가로세로 일정한 개수를 배열하여 정지 화면을 표현

각 요소는 색 정보를 수치로 표시

●그림 9.1 정지 이미지의 표현

동영상은 정지 이미지를 시간축으로 배열해서 표현한 것이다(**그림 9.2**). 동영상을 구성하는 정지 이미지를 프레임이라고 한다. 초당 프레임 수인 **프레임 레이트** (fps; frames per second)는 영화의 경우는 1초 동안 24장(fps), 텔레비전 방송은 약 30장(약 30fps)이다.

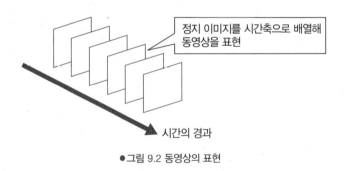

정지 이미지를 시간축으로 배열해 동영상을 표현

시간의 경과

●그림 9.2 동영상의 표현

이미지 인식은 정지 이미지나 동영상으로 주어진 이미지에서 문자나 숫자를 읽어내거나 이미지의 특징을 추출해서 이미지에 찍힌 것이 무엇인지를 식별하는 기술이다. 그리고 이미지 인식 결과를 이용해서 구체적인 정보를 처리하는 기술을 **이미지 이해**라고 한다.

일반적으로 카메라와 같은 이미지 입력 장치로 얻은 이미지에는 노이즈와 같은 이미지 인식의 대상이 아닌 정보가 포함되어 있다. 그래서 원하는 이미지 인식을 얻으려면 노이즈 제거 등 주어진 이미지의 전 처리가 필요하다. 전 처리 방법 중 하나로 이미지 필터의 적용이 있다.

공간 필터는 6장에서 소개한 합성곱 신경망의 연산 처리를 이미지에 적용하는 방법이다. 즉, 필터의 각 요솟값과 대응하는 이미지의 픽셀 값을 곱해서 합한 값을 필터의 출력값으로 하고 필터를 이미지 전체로 이동하면서 적용하여 출력 이미지를 구성한다(**그림 9.3**).

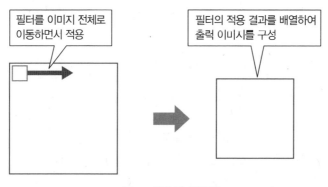

●그림 9.3 공간 필터의 적용

그림 9.4는 이미지 필터의 한 예로 3×3의 공간 필터를 나타낸 것이다. 그림 (1)은 **평균화 필터**(averaging filter)다. 그림에서 평균화 필터는 3×3의 영역에 포함된 9개의 이미지 값을 평균화해서 중앙의 픽셀 값으로 출력하는 필터다. 평균화 필터는 인접한 픽셀의 변화 값을 줄여 사진에서 자주 보이는 까만 알갱이 같은 노이즈를 제거하는 기능이 있다.

그림 9.4 (2)의 **중앙값 필터**(median filter)는 9개의 픽셀 중에서 5번째로 밝은 것을 필터로 출력한다. 미디언 필터는 평균화 필터와 마찬가지로 노이즈를 줄이는

기능과 평균화 필터보다 눈에 띄는 흐릿함이 훨씬 적은 특징이 있다. (3)은 이미지의 에지를 검출하는 필터로 9개의 픽셀 중 최댓값에서 최솟값을 뺀 값을 출력하는 필터다. 이미지의 에지 검출에는 MAX-MIN 필터 외에 **소벨 필터**(sobel filter)나 **라플라시안 필터**(laplacian filter) 등이 있다.

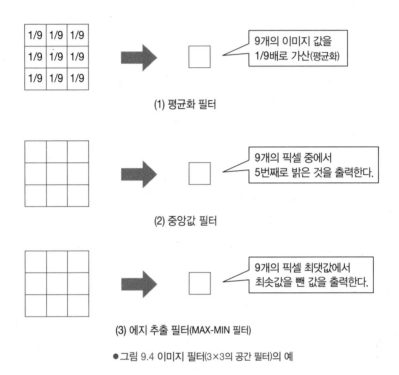

(1) 평균화 필터

(2) 중앙값 필터

(3) 에지 추출 필터(MAX-MIN 필터)

●그림 9.4 이미지 필터(3×3의 공간 필터)의 예

이미지에 따라서는 휘도를 조절해서 인식하기가 좋아지기도 한다. 이 경우 전체적인 휘도를 위아래로 조절하거나 휘도 분포를 변경하는 등의 처리가 가능하다. 휘도 분포의 조절에는 입력 이미지와 출력 이미지 휘도값의 대응 관계를 나타내는 톤 곡선(tone curve)을 이용한다.

그림 9.5에서 경사가 1인 직선으로 나타낸 톤 곡선은 입력된 이미지에 아무 변환도 가하지 않았음을 의미한다. 직선의 위아래에 그린 두 개의 곡선에서 경사가 1보다 큰 부분에서는 콘트라스트가 강화되고 1보다 작은 경우에는 콘트라스트가 약화한다. 톤 곡선으로 적당한 곡선을 사용하면 이미지의 어두운 부분의 콘트라

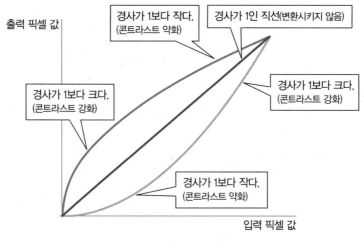

입력 픽셀 값

●그림 9.5 톤 곡선

스트를 강조하는 변환이 가능하다.

　이미지 인식의 전 처리로 이미지를 변형하고 싶은 경우가 있다. 예를 들면 인물의 얼굴을 인식할 경우에는 이미지에서 얼굴이 찍힌 장소를 확대하거나 경우에 따라서는 회전할 필요가 있다. 그리고 반대로 이미지를 축소해서 인식하기 쉽게 만들기도 한다. 또한 이미지의 가로세로비를 변경하거나 직사각형의 영역이 사다리꼴인 경우에는 반대로 변환해서 원래의 형태로 복원하기도 한다. 이와 같은 처리는 이미지 연산 처리로 표현할 수 있다(**그림 9.6**).

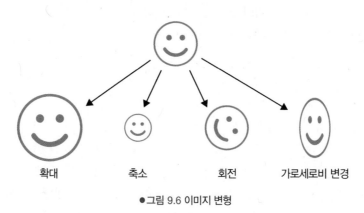

●그림 9.6 이미지 변형

동영상은 정지 이미지를 시간축으로 배열해서 표현된다. 즉, 복수의 정지 이미지를 어떤 시간 간격으로 배열해서 동영상으로 표현하는 것이다. 이 경우의 개별 정지 화면을 프레임이라고 한다. 동영상을 다룰 때는 각 프레임의 처리 외에도 프레임 간의 처리도 가능하다.

예를 들면 두 장의 연속되는 프레임의 차분을 계산해서 이미지에 포함된 물체의 운동을 검출할 수 있다. 그리고 단순한 차분이 아닌, 프레임 내 물체의 시간적 이동을 벡터로 표현하면 **광흐름**(optical flow)이라는 정보를 얻을 수 있다.

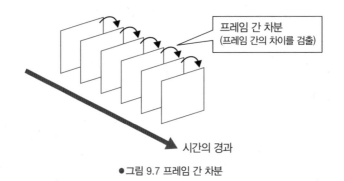

프레임 간 차분
(프레임 간의 차이를 검출)

시간의 경과

●그림 9.7 프레임 간 차분

9.1.2 이미지 특징 추출

이미지를 인식하기 위해서는 주어진 이미지 속에서 어떤 특징을 추출해야 한다. 예를 들어 이미지 속에서 어떤 부분에 주목할지를 결정하는 영역추출은 이미지의 특징적인 영역을 끄집어내기 위한 기술이다.

영역추출은 어떤 기준으로 영역을 정의하는가에 따라 다양한 방법을 선택할 수 있다. 예를 들면 이미지 속에서 비슷한 휘도를 가진 인접 픽셀의 집합은 어떤 특징 영역을 구성하기도 한다. 이 경우에 휘도를 단서로 영역을 추출할 수 있다. 또한 에지 추출 필터를 사용해 휘도 변화가 뚜렷이 드러난 부분을 찾아내고, 이를 단서로 특징 영역을 검출할 수도 있다.

영역추출에서는 공간적인 단서만이 아닌 주파수 영역의 특징을 이용할 수 있다. 이미지의 주파수 영역의 특징이란 이미지 농도의 변화가 어느 정도인지를 수치로 나타낸 것을 말한다. **텍스처 분석**(texture analysis)이라는 방법으로는 고속 푸리에 변환을 이용해 이미지가 변하는 모습을 구하여 유사한 텍스처 분석을 가진 영역을 추출할 수 있다.

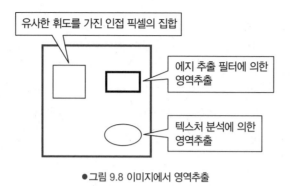

●그림 9.8 이미지에서 영역추출

9.1.3 템플릿 매칭

템플릿 매칭(template matching)은 템플릿이라는 작은 이미지와 대상 이미지를 비교하여 템플릿과 유사한 영역을 찾아내는 방법이다. 예를 들면 **그림 9.9**와 같이 대상 이미지에 다양한 도형이 포함되어 있을 경우 템플릿으로 주어진 특정 도형을 찾으려면 대상 이미지 전 영역에 걸쳐 템플릿을 비교해서 가장 유사한 영역을 찾아낸다.

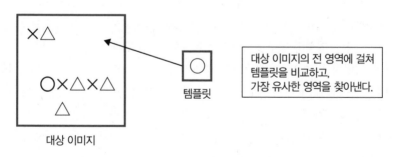

●그림 9.9 템플릿 매칭

대상 이미지의 일부와 템플릿을 비교하려면 두 개를 픽셀 단위로 비교해서 유사도를 계산하면 된다. 유사도를 계산하는 방법으로 픽셀 단위 차분의 제곱 합을 구하는 방법이 있다. 즉, 대상 이미지 I와 템플릿 T를 겹쳐서 대응하는 픽셀 값

Ix, y와 Tx, y를 다음과 같이 구할 수 있다.

$$\sum (Ix, y - Tx, y)^2$$

이것은 머신러닝 등에서 도입하는 제곱오차와 동일한 관점으로 오차의 최소 위치가 템플릿과 매치한 장소가 된다.

또한 템플릿 매칭을 위해서는 대상 이미지에 포함된 템플릿에 대응하는 영역이 템플릿과 같은 크기이거나 휘도가 같아야 한다. 그러기 위해 대상 이미지에 필터링이나 변형과 같은 전 처리가 필요한 것이다.

9.2 이미지 인식기술의 응용

여기에서는 이미지 인식기술의 응용 분야로 문자인식, 얼굴인식, 유사 이미지 검색에 관해 살펴본다.

9.2.1 문자인식

문자인식은 대상 이미지에 포함된 문자를 읽어오는 기술로, OCR(Optical Character Recongnition, Optical Character Reader)로 실용화되었다. OCR은 인쇄 문자인지 손으로 쓴 문자인지에 따라 구분된다. 손으로 쓴 문자인식은 종이에 기록한 정적인 문자 정보를 대상으로 하는 경우와 펜의 움직임과 같은 동적인 정보를 이용하는 온라인 문자인식의 경우로 분류되는데, 후자는 OCR과는 다른 기술이다.

템플릿 매칭은 문자인식의 소박한 방법이다. 즉, 인식 대상인 템플릿을 준비해서 대상 이미지와 계산한 후 유사도가 가장 높은 문자를 인식 결과로 한다. 그러나 이 방법은 인쇄 문자에서 인식 대상이 한정되는 경우에는 적용할 수 있으나 다양한 글자체가 포함되어 있는 문자나 이미지 변형에는 대응하기 어려울 뿐만 아니라 손으로 쓴 문자에는 적용하기도 어렵다.

템플릿 매칭처럼 문자를 이미지로 직접 다루는 대신 문자의 특징을 추출해서 벡터를 작성하고 특징 벡터의 유사도로 문자를 인식하는 방법이 있다. 이 방법은 문자를 구성하는 세로줄과 가로줄 등의 직선이거나 연속한 도형이지만 도중에 굽은 곡선과 같은 특징을 추출해 그 분포 상황을 특징량으로 수치화한다. 그리고 사전에 준비한 특징량의 데이터와 비교하여 문자를 인식한다. 또한 특징량을 적절하게 고르면 단순한 템플릿 매칭으로는 인식하지 못하던, 손으로 쓴 문자도 인식할 수 있게 된다.

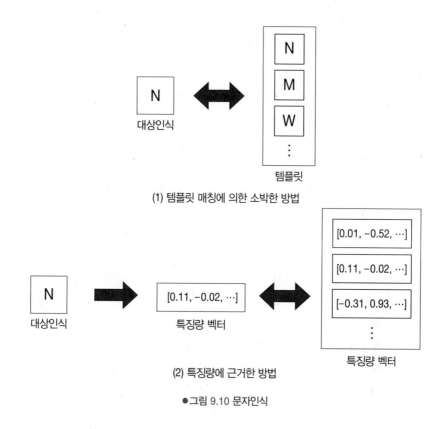

●그림 9.10 문자인식

문자는 단순한 이미지가 아닌 언어의 표현이다. 그래서 언어가 가진 특징을 이용해 문자인식의 정밀도를 향상시킬 수 있다. 예를 들어 주어진 문자의 배열이 형태소 표현으로 적절한지 어떤지, 문법 지식과 대조하여 자연어 표현으로 가능한지 아닌지와 같은 것을 조사할 수 있다. 예를 들면 **그림 9.11**에서 단어 'I' 뒤에 이어지는 문자 후보로 'N' 'M' 'W'가 있다고 하자. 이 경우 자연어 표현으로는 'M'을 선택하는 편이 자연스럽다.

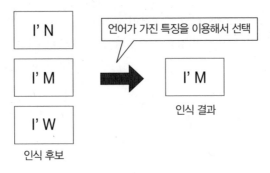

●그림 9.11 문자의 언어표현이 가진 특징을 이용

9.2.2 얼굴인식

얼굴인식은 이미지 속에서 사람의 얼굴을 찾아내고 그 이미지의 주인이 누구인 지를 식별하는 기술이다. 얼굴인식은 스마트폰의 사용자 인증이나 감시카메라 이 미지에서 특정 인물을 추출하는 등 널리 활용되고 있다.

얼굴인식을 구현하기 위해서는 우선 이미지 중에서 얼굴이 찍힌 영역을 추출할 필요가 있다. 이 기술을 얼굴인식이라고 한다. 얼굴인식을 위해서는 얼굴을 특징 짓는 선험적 지식을 이용해 이미지 전체에서 얼굴 영역을 추출한다. 얼굴 영역의 이미지적인 성질로는, 가령 눈의 영역에서는 눈 주변이 바로 아랫부분보다 휘도 가 낮다거나 얼굴에서는 코 영역의 휘도가 높다는 등의 특징이 있다. 이것을 휴리 스틱으로 활용해 이미지 속 얼굴 영역을 찾아낸다.

그 다음에는 찾아낸 얼굴 영역의 특징을 이용해 얼굴을 식별한다. 이것을 **얼굴 대조**라고 한다. 얼굴 대조 방법은 얼굴 영역에서 눈이나 코 등의 특징적인 부분을 단서로 이미지 영역의 크기나 방향을 정규화한 후 사전에 준비된 템플릿 이미지 를 대조해서 얼굴을 특정하는 것이다. 최근에는 얼굴 대조에 딥러닝 기술을 도입 해 정밀도를 향상시키고 있다. 예를 들어 합성곱 신경망을 이용해 과거보다 뛰어 난 대조 정밀도를 얻고 있다.

얼굴인식(얼굴의 검출)　　얼굴 대조(얼굴을 식별)

●그림 9.12 얼굴인식

9.2.3 유사 이미지 검색

이미지 인식을 응용해 이미지 데이터베이스에 저장해둔 대량의 이미지 데이터에서 유사 이미지를 검출하는 이미지 검색기술이 있다.

이미지 데이터 검색에는 TBIR(Text Based Image Retrieval)이나 CBIR(Content Based Image Retrieval) 방법을 이용한다. TBIR은 미리 개개의 이미지에 부여한 키워드를 이용해 이미지 검색을 구현하는 방법이다. 한편 CBIR은 이미지 자체를 대상으로 이미지를 검색하는 방법이다. 이번에는 CBIR에 의한 이미지 검색 방법에 대해 알아본다.

이미지 검색에도 이미지를 직접 비교 대조하는 방법 외에 이미지의 특징량에 근거해서 검색하는 방법이 도입된다. 또한 이미지에서 해시 값을 구해 해시 값을 특징 벡터로 이용할 수도 있다. 여기서 말하는 해시 값이란 어떤 이미지 데이터에 대응하는 해시 함수의 출력값이다. 그리고 해시 함수란 하나의 디지털 데이터가 주어질 때 그 데이터에 임의의 계산을 해서 데이터를 반영한 수치를 얻는 계산을 말한다. 이미지 검색에서 해시 값 계산에는 pHash(perceptual hash)나 average Hash 등의 알고리즘을 이용한다. 이러한 방법으로 특징량을 추출해 특징 벡터를 작성하고 이것을 검색 대상으로 삼는다.

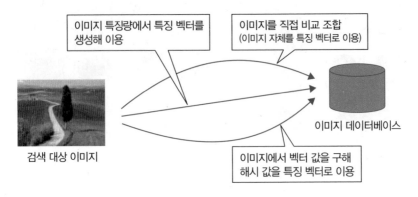

이미지 특징량에서 특징 벡터를
생성해 이용

이미지를 직접 비교 조합
(이미지 자체를 특징 벡터로 이용)

이미지 데이터베이스

검색 대상 이미지

이미지에서 벡터 값을 구해
해시 값을 특징 벡터로 이용

●그림 9.13 특징 벡터에 근거한 유사 이미지 검색

특징 벡터의 작성에 딥러닝을 이용하는 경우도 있다. 예를 들어 합성곱 신경망
을 이용해서 특징 벡터를 작성할 때 처음에 딥러닝 신경망을 분류 문제로 학습시
킨다. 이미지를 구별하도록 합성곱 신경망을 학습시킨 후에 네트워크 후단의 가
중치를 꺼내어 이것을 특징 벡터로 이용한다. 합성곱 신경망은 이미지의 특징을
학습하지만, 특히 네트워크 후단에서는 네트워크 전단에서 분류된 기하학적 특징
을 중심으로 더욱 고차의 특징을 분류하는 것으로 보인다. 그래서 네트워크 전단
의 가중치 벡터에 대응하는 이미지의 특징을 표현한다고 생각하는 것이다.

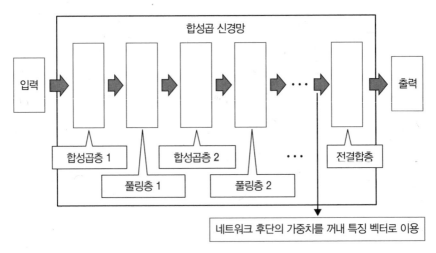

합성곱 신경망

입력

출력

합성곱층 1

합성곱층 2

전결합층

풀링층 1

풀링층 2

네트워크 후단의 가중치를 꺼내 특징 벡터로 이용

●그림 9.14 합성곱 신경망에 의한 특징 벡터의 구성

　파이썬을 이용해 이미지 필터의 알고리즘을 구현해보자. 이미지 필터의 계산 알고리즘은 합성곱 신경망에서 합성곱 연산이나 풀링 처리에 응용할 수 있다.

　처음에 이미지 필터의 계산 방법을 생각해보자. 간단한 방법으로 처리할 이미지를 정사각형으로 하고 사이즈는 가로세로 픽셀 수를 INPUTSIZE로 표현한다(**그림 9.A**). 이미지 데이터는 플롯(float)의 수치로 리스트에 보관된 것이다. 이에 반해 이미지 필터의 가로세로 사이즈는 여기에서는 3×3으로 고정시킨다(**그림 9.B**).

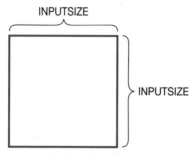

●그림 9.A 처리 대상의 이미지 데이터

●그림 9.B 필터의 구성(여기에서는 3×3 고정 사이즈로 한다)

　필터 적용의 알고리즘은 합성곱 신경망의 합성곱 연산과 동일하다. 즉, 필터를 처리 대상의 이미지 데이터 전체에 단일 곱셈 누산기를 적용해서 조금 작은 이미지를 작성한다(**그림 9.C**). 필터 적용은 이미지의 어디에서 시작해도 상관없지만 왼쪽 위에서 오른쪽 아래로 1픽셀씩 이동하면서 필터를 적용한다. 필터의 출력값은 이미지와 필터가 대응하는 요소를 곱해 더한 값이다. 만약 계산 결과가 마이너스이면 픽셀 값으로는 부적절하므로 0으로 하기로 정한다. 이것은 전달함수로 5장에서 소개한 램프 함수(ReLU)를 이용하는 것과 같다.

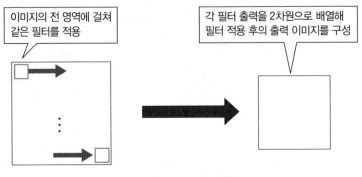

●그림 9.C 필터 적용 방법

필터는 본문에서 소개한 평균 필터나 라플라시안 필터를 구현해보자. 라플라시안 필터는 이미지 윤곽을 추출하는 성질의 필터다(**그림 9.D**).

0	1	0
1	-4	1
0	1	0

●그림 9.D 라플라시안 필터

단순한 이미지에 라플라시안 필터를 적용해 결과를 조사한다. 그림 **9.E** (1)과 같은 이미지에 라플라시안 필터를 적용하면 그림 (2)와 같은 결과를 얻게 된다. 그림 (2)는 그림 (1)의 윤곽을 추출한 결과이다.

```
00000000000
00000000000
00000000000
00011110000
00011110000
00011110000
00011110000
00000000000
00000000000
00000000000
00000000000
```

(1) 입력 이미지

```
0.000 0.000 0.000 0.000 0.000 0.000 0.000 0.000 0.000 0.000 0.000
0.000 0.000 0.000 0.000 0.000 0.000 0.000 0.000 0.000 0.000 0.000
0.000 0.000 0.000 1.000 1.000 1.000 1.000 0.000 0.000 0.000 0.000
0.000 0.000 1.000 0.000 0.000 0.000 0.000 1.000 0.000 0.000 0.000
0.000 0.000 1.000 0.000 0.000 0.000 0.000 1.000 0.000 0.000 0.000
0.000 0.000 1.000 0.000 0.000 0.000 0.000 1.000 0.000 0.000 0.000
0.000 0.000 1.000 0.000 0.000 0.000 0.000 1.000 0.000 0.000 0.000
0.000 0.000 0.000 1.000 1.000 1.000 1.000 0.000 0.000 0.000 0.000
0.000 0.000 0.000 0.000 0.000 0.000 0.000 0.000 0.000 0.000 0.000
0.000 0.000 0.000 0.000 0.000 0.000 0.000 0.000 0.000 0.000 0.000
0.000 0.000 0.000 0.000 0.000 0.000 0.000 0.000 0.000 0.000 0.000
```

(2) 라플라시안 필터의 출력 이미지

●그림 9.E 라플라시안 필터의 기능

다음으로 앞의 필터 처리 방법을 응용해 합성곱 신경망의 풀링 처리를 구현해
보자. 풀링 처리는 입력 이미지의 특정 소영역 중에서 대푯값을 꺼내서 처리한다.
여기에서는 소영역으로 2×2의 영역을 대상으로 하고 대푯값으로 최댓값을 이용
한다.

프로그램은 2×2 영역 내에서 최댓값을 찾아 그것을 출력의 픽셀 값으로 하는
처리를 입력 이미지 전체에 반복한다. 예를 들면 **그림 9.F** (1)과 같은 입력 이미지
에 대해서는 2×2 영역 중의 최댓값을 순서대로 검출해 그림 (2)와 같은 출력 이
미지를 얻는다. 그림에서 출력 이미지는 입력 이미지 픽셀 수의 1/2 크기이다.

```
00000000
03004050
00000000
22222222
11111111
00000000
30701030
06050103
```

(1) 입력 이미지

```
3.000 0.000 4.000 5.000
2.000 2.000 2.000 2.000
1.000 1.000 1.000 1.000
6.000 7.000 1.000 3.000
```

(2) 최댓값 풀링의 출력 이미지

●그림 9.F 풀링 처리

연습문제 해답

처음에 필터 처리 프로그램 filter.py를 **그림 9.G**처럼 작성했다. filter.py 프로그램은 표준 입력에서 이미지 데이터를 읽어오고 프로그램에 도입한 공간 필터를 적용해 결과를 출력한다. 이미지 데이터는 수치를 텍스트로 표현한 필터에 저장해둔다.

이미지 데이터의 입력에는 getdata( ) 함수를 이용한다. getdata( ) 함수는 표준 입력에서 데이터를 읽어와 리스트 im[ ][ ]에 값을 보관한다.

필터 적용에는 filtering( ) 함수를 이용한다. filtering( ) 함수는 형식 인수로 calcfilter( ) 함수를 이용하고 입력 이미지 전체에 걸쳐 필터를 적용해 결과를 리스트 im_out[ ][ ]에 저장한다.

```
1  # -*- coding: utf-8 -*-
2  """
3  filter.py 프로그램
```

```
4       공간 필터 적용
5       2차원 데이터를 읽어내고 공간 필터를 적용한다
6       사용 방법 c:\>python filter.py < data1.txt
7       """
8       # 모듈 가져오기
9       import math
10      import sys
11
12      # 글로벌 변수
13      INPUTSIZE = 11      # 입력 수
14
15      # 형식인수의 정의
16      # getdata()함수
17      def getdata(im):
18          """이미지 데이터 읽어오기"""
19          n_of_e = 0   # 데이터세트의 행 수
20          # 데이터의 입력
21          for line in sys.stdin :
22              im[n_of_c] = [float(num) for num in line.split()]
23              n_of_e += 1
24          return
25      # getdata()함수 끝내기
26
27      # filtering()함수
28      def filtering(filter,im,im_out):
29          """필터 적용"""
30          for i in range(1,INPUTSIZE - 1):
31                  for j in range(1,INPUTSIZE - 1):
32                      im_out[i][j] = calcfilter(filter,im,i,j)
33          return
34      # filtering()함수 끝내기
35
36      # calcfilter()함수
37      def calcfilter(filter,im,i,j):
38          """필터 적용"""
39          sum = 0.0
40          for m in range(3):
41                  for n in range(3):
```

```
42                  sum += im[i - 1 + m][j - 1 + n] * filter[m][n]
43         if sum < 0 : # 결과가 마이너스일 경우는 0으로 한다
44             sum = 0
45         return sum
46   # calcfilter()함수 끝내기
47
48   # 메인 실행부
49   np = 1.0 / 9.0
50
51   filter = [[0,1,0],[1,-4,1],[0,1,0]]              # 라플라시안 필터
52   # filter = [[np,np,np],[np,np,np],[np,np,np]] # 평균 필터
53
54   im = [[0.0 for i in range(INPUTSIZE)]
55          for j in range(INPUTSIZE)]               # 입력 데이터
56   im_out = [[0.0 for i in range(INPUTSIZE)]
57               for j in range(INPUTSIZE)]          # 출력 이미지
58
59   # 입력 데이터 읽어오기
60   getdata(im)
61
62   # 필터 적용
63   filtering(filter,im,im_out)
64
65   # 결과 출력
66   for i in im_out:
67       for j in i:
68           print("{:.3f} ".format(j),end = "")
69       print()
70
71   # filter.py 끝내기
```

●그림 9.G filter.py 프로그램

이번에는 pooling.py 프로그램을 **그림 9.H**처럼 작성했다. pooling.py 프로그램은 프로그램 내부에서 초기화한 이미지 데이터를 저장한 리스트 im[ ][ ]에 대해 2×2 영역에 관한 최댓값 풀링 처리를 적용한다. 풀링 처리에는 pool( ) 함수 및 maxpooling( ) 함수를 이용한다.

```
1    # -*- coding: utf-8 -*-
2    """
3    pooling.py 프로그램
4    풀링 처리
5    2차원 데이터를 읽어와 풀링을 처리한다
6    사용 방법 c:\>python pooling.py
7    """
8    # 모듈의 가져오기
9    import math
10   import sys
11
12   # 글로벌 변수
13   INPUTSIZE = 8      # 입력 수
14
15   # 형식 인수의 정의
16   # pool() 함수
17   def pool(im,im_out):
18       """풀링 계산"""
19       for i in range(0, INPUTSIZE, 2):
20           for j in range(0, INPUTSIZE, 2):
21               im_out[int(i / 2)][int(j / 2)] = maxpooling(im,i,j)
22       return
23   # pool() 함수 끝내기
24
25   # maxpooling() 함수
26   def maxpooling(im,i,j):
27       """최댓값 풀링"""
28       # 값 설정
29       max = im[i][j]
30       # 최댓값 검출
31       for m in range(2):
32           for n in range(2):
33               if max < im[i + m][j + n]:
34                   max = im[i + m][j + n]
35       return max
36   # maxpooling() 함수 끝내기
37
38   # 메인 실행부
```

```
39   im = [[0, 0, 0, 0, 0, 0, 0, 0],
40         [0, 3, 0, 0, 4, 0, 5, 0],
41         [0, 0, 0, 0, 0, 0, 0, 0],
42         [2, 2, 2, 2, 2, 2, 2, 2],
43         [1, 1, 1, 1, 1, 1, 1, 1],
44         [0, 0, 0, 0, 0, 0, 0, 0],
45         [3, 0, 7, 0, 1, 0, 3, 0],
46         [0, 6, 0, 5, 0, 1, 0, 3]
47         ]                                    # 입력 데이터
48   im_out = [[0.0 for i in range(INPUTSIZE)]
49                 for j in range(INPUTSIZE)]   # 출력 데이터
50
51
52   # 풀링 계산
53   pool(im,im_out)
54
55   # 결과 출력
56   for i in range(int(INPUTSIZE / 2)):
57       for j in range(int(INPUTSIZE / 2)):
58           print("{:.3f} ".format(im_out[i][j]),end = "")
59       print()
60
61   # pooling.py 끝내기
```

●그림 9.H pooling.py 프로그램

제 10 장

에이전트와 강화학습

이 장에서는 상태(status: 환경이 보유하는 환경의 상태를 말하며, 에이전트가 일으키는 행동에 따라 업데이트된다-옮긴이 주)를 가지고 있고 환경과 상호작용하는 에이전트에 관한 이야기를 한다.

에이전트에는 실체가 없는 소프트웨어 에이전트와 몸체를 가진 로봇이 있다. 여기에서는 처음에 소프트웨어 에이전트를 설명하고, 이어서 로봇을 고찰한다. 또한 에이전트 학습 기능으로 잘 알려진 강화학습에 대해서도 살펴본다.

10.1   소프트웨어 에이전트

10.1.1 에이전트와 셀룰러 오토마타

에이전트(agent)는 상태(status)를 가지고 있고 환경이나 기타 에이전트와 상호작용할 수 있는 시스템을 말한다. **그림 10.1**처럼 내부에 기억이 있고 상태를 보유한다. 그리고 시간의 경과에 따라 에이전트는 외부 환경이나 다른 에이전트와의 상호작용을 반복하면서 자신의 상태를 갱신한다.

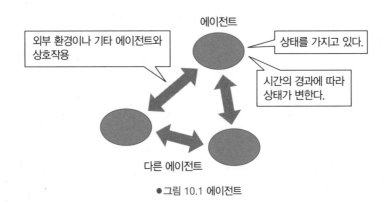

에이전트

외부 환경이나 기타 에이전트와 상호작용

상태를 가지고 있다.

시간의 경과에 따라 상태가 변한다.

다른 에이전트

●그림 10.1 에이전트

에이전트에는 컴퓨터 네트워크나 프로그램 세계에서 기능하는 **소프트웨어 에이전트**와 실제로 몸체가 있고 실세계에서 활동할 수 있는 하드웨어 에이전트, 즉 **로봇**이 있다. 우선은 소프트웨어에 관해 검토해보고자 한다.

소프트웨어를 살펴보기 전에 우선 기초 개념인 **셀룰러 오토마타**(CA; Cellular Automata)에 대해 알아보자. 2장에서 설명한 바와 같이 셀룰러 오토마타는 존 폰 노이만이 제창한 소프트웨어 에이전트의 일종이다.

셀룰러 오토마타는 상태를 가진 셀이 다른 셀과 상호 접속해서 시간의 추이에 따라 상태를 변화시키는 정보처리 모델이다. 상호 접속 방법은 다양한데, 예를 들어 셀을 1차원으로 배열해서 이웃한 것들과 접속하면 **그림 10.2**와 같은 1차원 셀룰러 오토마타가 완성된다. 그림에서 셀의 상태는 0 또는 1 두 개뿐이다. 또한 접속 대상은 인접한 셀로 한정한다. 이와 같은 셀룰러 오토마타를 1차원 2상태 3이웃 셀룰러 오토마타라고 한다.

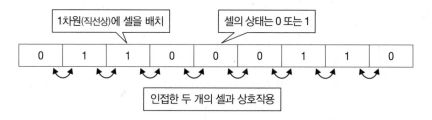

| 0 | 1 | 1 | 0 | 0 | 0 | 1 | 1 | 0 |

1차원(직선상)에 셀을 배치

셀의 상태는 0 또는 1

인접한 두 개의 셀과 상호작용

●그림 10.2 1차원 2상태 3이웃 셀룰러 오토마타

1차원 2상태 3이웃 셀룰러 오토마타의 시간 경과를 계산하려면 시간의 추이에 따라 달라지는 상태의 규칙을 정할 필요가 있다. 이 규칙은 자신과 인접한 총 세 개인 셀의 상태를 조합해서 다음 시간에서 자신의 상태를 어떻게 할지 결정한다. 상태는 0 또는 1의 두 개인 상태이므로 총 세 개인 셀의 상태를 조합하면 (000)에서 (111)까지 전부 8가지가 된다. 규칙은 각각에 대해 다음 시간 자신의 상태를 0 또는 1로 결정한다.

예를 들면 **표 10.1**과 같은 규칙을 이용할 경우에 대해 생각해보자. 표의 규칙을 적용해 어떤 상태의 셀룰러 오토마타의 다음 시간의 상태를 계산한다. **그림 10.3**에 몇 가지 예를 제시해두었다.

●표 10.1 1차원 2상태 3이웃 셀룰러 오토마타의 전이 규칙 예1(규칙 18)

패턴	다음 시간의 상태
111	0
110	0
101	0
100	1
011	0
010	0
001	1
000	0

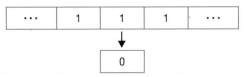

(1) 자신 및 좌우 셀의 상태가 모두 1이라면 다음 시간 자신의 상태는 0

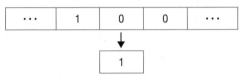

(2) 왼쪽 셀의 상태가 1이고 자신과 오른쪽 셀의 상태가 0이라면 다음 시간 자신의 상태는 1

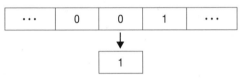

(3) 오른쪽 셀의 상태가 1이고 자신과 왼쪽 셀의 상태가 0이라면 다음 시간 자신의 상태는 1

●그림 10.3 표 10.1의 규칙(규칙 18)에 따른 상태 전이의 예

그림 10.3 (1)에서 자신과 좌우 셀의 상태가 모두 1이라면 표 10.1의 맨 처음 행의 패턴과 일치하므로 다음 시간 자신의 상태는 0이 된다. (2)에서는 왼쪽이 1이고 자신과 오른쪽이 0이므로 표 10.1의 위에서 네 번째 패턴과 같기 때문에 다음 시간 자신의 상태는 1이 된다. (3)도 마찬가지로 표 10.1의 밑에서 두 번째 패턴과 일치하므로 다음 시간 자신의 상태는 1이 된다.

표의 규칙은 1차원 2상태 3이웃 셀룰러 오토마타 규칙의 한 예이다. 규칙은 **표 10.2**와 같이 어떤 패턴에 대해서도 다음 시간에는 상태 0이 되는 규칙이나 **표 10.3**과 같이 모든 상태에 대해 상태 1을 주는 규칙 등 다양한 규칙을 생각할 수 있다. 규칙의 종류는 다음 시간의 상태가 (00000000)에서 (11111111)까지 2^8개, 즉 256개가 있다. 이러한 규칙은 다음 시간의 상태를 8자릿수의 2진법으로 간주한 번호로 구별한다. 예를 들어 표 10.2는 $(00000000)_2=(0)_{10}$이므로 규칙은 0이고, 표 10.1은 $(00010010)_2=(18)_{10}$으로 규칙 18, 또한 표 10.3은 $(11111111)_2=(255)_{10}$이므로 규칙은 255라고 한다.

패턴	다음 시간의 상태
111	0
110	0
101	0
100	0
011	0
010	0
001	0
000	0

패턴	다음 시간의 상태
111	1
110	1
101	1
100	1
011	1
010	1
001	1
000	1

1차원 2상태 3이웃 셀룰러 오토마타의 시간 전개를 계산하기 위해서는 모든 셀에 대해서도 그림 10.3과 같은 조작을 해야 한다. 예를 들면 **그림 10.4**와 같이 중앙에 상태 1인 셀을 배치하고 남은 셀을 상태 0으로 한 경우 규칙 18과 같은 셀룰러 오토마타에서는 시간의 경과에 따라 10.4의 그림과 같은 변화가 나타난다.

```
0000000000000000001000000000000000000
0000000000000000010100000000000000000
0000000000000000100010000000000000000
0000000000000001010101000000000000000
0000000000000010000000100000000000000
0000000000000101000001010000000000000
0000000000001000100010001000000000000
0000000000010101010101010100000000000
0000000000100000000000000010000000000
0000000001010000000000000101000000000
0000000010001000000000001000100000000
0000000101010100000000010101010000000
```

● 그림 10.4 1차원 2상태 3이웃 셀룰러 오토마타의 시간 전개 예(규칙 18을 이용)

그림 10.4에서는 셀의 상태를 나타내는 0과 1의 수치를 가로 일직선으로 배열해서 특정 시간의 1차원 셀룰러 오토마타의 상태를 표현한다. 맨 처음 1행이 셀룰러 오토마타의 초기 상태이고 중앙 근처에 상태 1인 셀이 단 하나 있다. 시간의 전개에 따른 상태 변화를 위에서부터 차례대로 각 행에 표현하고, 두 번째 행은 초기 상태에서 오직 1의 시간만 진행한 상태를 나타낸다. 그림 10.4에는 12행의 1차원 셀룰러 오토마타를 제시하고 있으므로 초기 상태에서 12시간만큼의 변화를 나타내고 있는 것이다.

그림 10.4의 시간 전개를 조금 더 계산해서 그래피컬로 표시한 예를 **그림 10.5**에 나타내었다. 그림 10.5에는 부분 반복을 동반한 삼각형이 반복적으로 그려져 있다.

마찬가지로 **그림 10.6**은 규칙 110을 적용한 경우의 셀룰러 오토마타의 시간 전개를 나타낸 것이다. 그림에서는 초기 상태에서 오른쪽 단에 상태 1의 셀이 배치되었고, 그림 10.5의 규칙 18의 경우와 마찬가지로 복잡한 모양이 반복해서 나타난다. 이러한 패턴과 비슷한 형태는 조개껍데기의 모양과 같은 생물 활동의 결과나 어떤 종의 생리 현상으로 나타난다고 한다.

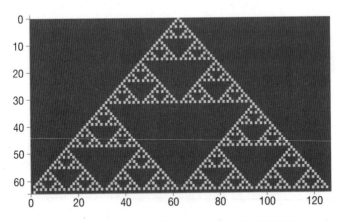

●그림 10.5 규칙 18을 적용한 셀룰러 오토마타의 시간 전개

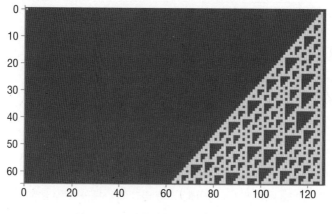

●그림 10.6 규칙 110을 적용한 셀룰러 오토마타의 시간 전개

셀룰러 오토마타는 생리현상이나 생물의 활동 모델로 이용할 수 있을 뿐만 아니라 사회 현상의 시뮬레이션에도 응용이 가능하다. 예를 들면 1차원 2상태 3근변 셀룰러 오토마타를 이용해서 자동차의 차량 흐름을 시뮬레이션할 수 있다. 1차원 셀룰러 오토마타를 도로라고 가정하고 셀의 상태 1을 자동차가 있는 상태, 상태 0을 자동차가 없는 상태라고 하자. 여기에서 왼쪽에서 오른쪽으로 자동차가 이동한다고 하면 오른쪽 셀이 비어 있을 때는 다음 시간에 오른쪽으로 이동하게 하고, 오른쪽이 자동차로 막혀 있을 경우에는 이동할 수 없게 한다.

그림 10.7 (1)에서는 중앙 셀에만 자동차가 있고 전후는 비어 있는 상태다. 이 경

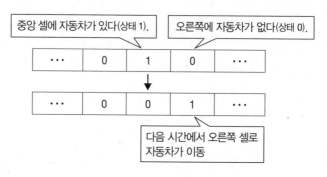

(1) 오른쪽에 자동차가 없는 경우(이동 가능)

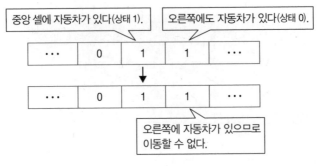

(2) 오른쪽에 자동차가 있는 경우(이동 불가능)

●그림 10.7 1차원 2상태 3이웃 셀룰러 오토마타에 의한 자동차 이동 시뮬레이션

우 다음 시간에서 자동차는 오른쪽 셀로 이동한다. 그리고 그림 (2)에서는 중앙과 오른쪽에 자동차가 있다. 이 경우 중앙의 자동차는 오른쪽 자동차로 인해 방해를 받아 앞으로 나아갈 수 없다. 그 결과 1시간 후에도 중앙 셀에는 자동차가 있다.

이와 같은 움직임을 셀룰러 오토마타의 규칙으로 기술할 수 있다. 규칙의 표현은 세 개가 연속된 규칙 상태에 대해 다음 시간에 나타나는 중앙 셀의 상태를 기술하는 형식이다.

그림 10.7 (1)의 경우에는 (010)이라는 상태에 대한 중앙 셀의 다음 시간 상태가 0이 되므로 다음과 같은 전이 규칙이 적용된다.

$$010 \rightarrow 0$$

또한 그림 (2)의 경우라면 (011)이라는 상태에 대해 중앙 셀의 다음 시간 상태가 1이 되므로 다음과 같이 기술할 수 있다.

$$011 \rightarrow 1$$

이와 같은 방법을 (000)에서 (111)까지 8가지의 패턴 규칙을 구성하면 셀룰러 오토마타에 의한 차량 흐름 시뮬레이션에는 **표 10.4**와 같은 규칙을 적용할 수 있다. 이 규칙은 규칙 184에 대응한다.

패턴	다음 시간의 상태
111	1
110	0
101	1
100	1
011	1
010	0
001	0
000	0

이렇게 구성한 차량 흐름의 셀룰러 오토마타를 이용하면 차량 정체의 시뮬레이션이 가능하다. 설정을 복잡하게 하여 차선을 늘리거나 좌회전, 우회전 또는 신호를 도입하면 도시계획에도 응용할 수 있다.

10.1.2 소프트웨어 에이전트

소프트웨어 에이전트는 상태를 가진 에이전트가 외부와 상호작용하면서 상태의 변화를 반복하는 소프트웨어다. 시뮬레이션이나 인공생명은 물론 인터넷으로 대표되는 컴퓨터 네트워크 시스템에서 자율적으로 움직이는 프로그램 시스템에도 응용된다.

시뮬레이션의 응용 예로 소프트웨어 에이전트 시스템을 활용한 피난행동 시뮬레이션이 있다. 이것은 화재가 나서 건물 안이나 지하도에서 안전한 장소로 이동할 때 어떤 현상이 발생하는지를 조사하는 시뮬레이션이다. 에이전트는 피난하는 사람을 시뮬레이트해서 자신이 있는 장소나 주변 상황, 주위에 있는 다른 에이전트의 모습 등을 기반으로 규칙에 따라 다음 행동을 결정한다.

이때 에이전트가 만들어 놓은 규칙을 설정해서 리더가 있는 경우와 없는 경우의 피난 행동의 차이 등을 조사할 수 있다. 또한 에이전트를 배치하는 건물이나 지하도의 구조, 도로, 출입구의 설정 등을 변경해서 건물 설계에 관한 지침을 정할 수 있다.

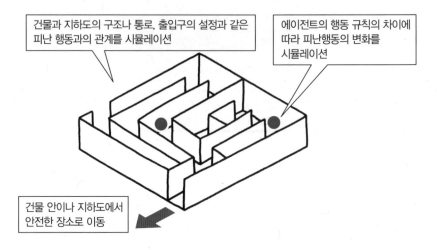

건물과 지하도의 구조나 통로, 출입구의 설정과 같은 피난 행동과의 관계를 시뮬레이션

에이전트의 행동 규칙의 차이에 따라 피난행동의 변화를 시뮬레이션

건물 안이나 지하도에서 안전한 장소로 이동

●그림 10.8 피난 행동의 에이전트 시뮬레이션

시뮬레이션의 응용과는 별도로 네트워크에서 동작하는 소프트웨어의 예로는 1장에서 설명한 **웹크롤러**가 있다. 웹 검색 엔진으로는 사전에 네트워크를 검색해 검색 대상이 되는 정보를 수집해야 한다. 이러한 정보 수집을 자율적으로 하는 것이 웹크롤러다.

웹크롤러는 현재 참조한 웹 페이지에 포함된 링크 정보를 추출하여 링크의 주소 페이지를 순서대로 방문하고, 링크를 차례차례 찾아가면서 그 페이지의 정보를 서버에 축적한다. 소프트웨어 엔진으로서의 웹크롤러는 네트워크 환경이라는 외부와 상호작용하는 소프트웨어이고, 웹 페이지의 정보를 순차적으로 모아 상태를 갱신한다.

웹크롤러

링크 정보를 추출하고 링크의 주소 페이지를 순서대로 방문하여 서버로 송신

네트워크 환경과 상호작용해서 상태를 갱신

●그림 10.9 웹크롤러의 동작

이 외에도 소프트웨어 엔진으로 게임 AI 플레이어가 있다. 게임 AI 플레이어는 게임 세계에서 게임 환경이나 다른 플레이어와 상호작용하면서 처리를 진행한다. 게임 AI 플레이어에 대해서는 11장에서 다시 다룬다.

10.2 실체가 있는 에이전트

10.2.1 로봇공학

로봇공학(Robotics)은 로봇을 구축하기 위한 기술로 제어기술, 센싱 기술, 지식 처리기술 등이 융합된 공학기술이다. 이들 중에 인공지능 기술과 직접 관련된 것은 로봇 센싱으로 대표되는 센싱 기술과 로봇 운동제어, 운동계획기술, 자기 위치 추정기술 등이다.

로봇의 감각계인 센서에는 **표 10.5**와 같은 다양한 디바이스가 활용된다. 표에서 터치센서는 로봇과 외부와의 접촉이나 충돌을 검출한다. 압력센서는 물리적인 접촉 유무만이 아닌 접촉 압력을 계측한다.

적외선센서나 초음파센서는 로봇과 외부 대상물과의 거리를 측정한다. 위치센서는 자신의 위치를 계측하고 속도센서나 가속도센서는 자신의 운동에 관한 정보를 속도나 가속도로 검출한다. 광센서는 외부의 명암을 검출하고 카메라는 로봇비전으로 처리해야 할 이미지를 인식한다.

●표 10.5 로봇 센서(대표 예)

명 칭	설 명
터치센서	물리적 접촉의 검출
압력센서	압력 측정
적외선센서	적외선으로 거리 측정
초음파센서	초음파를 이용한 거리 측정
위치센서	위치 검출(GPS 등)
속도센서	이동 속도나 회전 속도 검출
가속도센서	가속도 검출
광센서	명암 등의 측정
카메라	명암 검출, 로봇 비전

로봇 비전은 기본적으로는 이미지 처리기술이나 이미지 인식기술의 일종이다. 그러나 로봇 비전은 일반적인 이미지 처리보다 더욱 어려운 조건에서 처리해야 한다.

일반적인 이미지 처리나 이미지 인식에서는 대상 물체의 위치나 조명을 처리 상황에 따라 적절하게 설정할 수 있다. 예를 들면 일반적인 인식기술이라면 사람 얼굴의 정면과 일정한 방향의 거리에서 찍을 수 있고, 조명도 일정한 방향에서 일 정한 밝기를 주는 등의 조건을 부여할 수 있다. 그러나 로봇 비전에서는 로봇과의 위치 관계로 각도나 거리, 조명의 방향 등을 일정하게 유지하기 어렵다. 따라서 일반적인 얼굴인식보다 로봇 비전의 얼굴인식이 더 까다로운 문제다.

로봇의 동작제어와 운동계획은 어떤 목적에 따라 로봇을 작동시키기 위한 기술 이다. 동작제어에서는 목적에 따라 로봇의 동작을 제어하여 로봇팔로 대상물을 붙잡거나 다리를 상호 교차로 내밀면서 이족보행을 구현하기도 한다. 운동계획에 서는 동작제어 기능을 이용해 대상물체를 로봇팔로 붙잡아서 이동시키거나 이족 보행으로 목적지까지 이동하는 계획을 세운다.

로봇의 자기 위치추정은 실세계에서 이동하는 로봇이 지금 어디에 있는지를 스 스로 추정하는 기술이다. 가정에서 사용하는 로봇 청소기는 방의 지도를 알려주 지 않아도 방의 구석구석까지 청소한다. 그러기 위해서는 이동하면서 자신의 위 치를 추정해 현재 로봇이 있는 방의 지도를 작성해야 한다. 이런 식으로 이동하 면서 자기 위치를 추정해 그 결과로 지도를 작성하는 기술을 SLAM(Simultaneous Localization and Mapping)이라고 한다. SLAM은 로봇 제어만이 아닌 자동차의 자 동운동기술에도 응용된다.

10.2.2 로봇의 신체성(인지과학)

앞에서 소개한 로봇공학 기술은 일찍부터 공장의 조립라인 등에서 산업용 로봇 에 응용되면서 실용화되었다. 산업용 로봇은 조립이나 용접, 도장, 공장에서 운반 등의 분야에 지금도 널리 이용되고 있다. 산업용 로봇은 공장과 같이 특정 환경에 서 정해진 작업을 하는 경우가 대부분이고, 이와 같은 응용에는 전통적인 제어기 술을 중심으로 한 로봇공학 기술이 효과적이다.

더욱 일반적인 환경에서 문제에 유연하게 대응하면서 동작하는 로봇을 구현하려면 산업용 로봇의 구현에서는 나타나지 않는 다양한 문제가 발생한다. 예를 들면 혹성탐사를 목적으로 화성 표면에서 동작하는 로봇을 만들 경우 제어 대상인 로봇이 지구에서 너무 먼 거리에 있기 때문에 실시간 원격제어는 불가능하다.

그래서 로봇에는 예상하지 못한 문제에 유연하게 대응할 수 있는 처리능력이 필요하다. 그러나 이러한 능력에는 외부 인식이나 모델화, 운동계획 등에 관한 매우 방대한 계산이 필요한데, 로봇에 탑재 가능한 컴퓨터 능력으로는 도저히 이러한 문제를 처리할 수 없다. 이것은 12장에서 언급할 프레임 문제와 연결되는 AI 연구에 있어 중요한 문제이기도 하다.

이러한 문제에 대처하기 위해 **인지과학**(embodied cognitive science)이라는 관점이 제창되었다(**그림 10.10**). 인지과학에서는 로봇과 외부의 상호작용에 중점을 두고 그 결과를 적극적으로 이용하고 있다. 결과적으로 정밀한 외부 모델이나 운동계획이 필요하지 않고 반사적인 동작을 중심으로 처리를 진행한다. 이를 통해 정보처리능력의 문제를 해결한다.

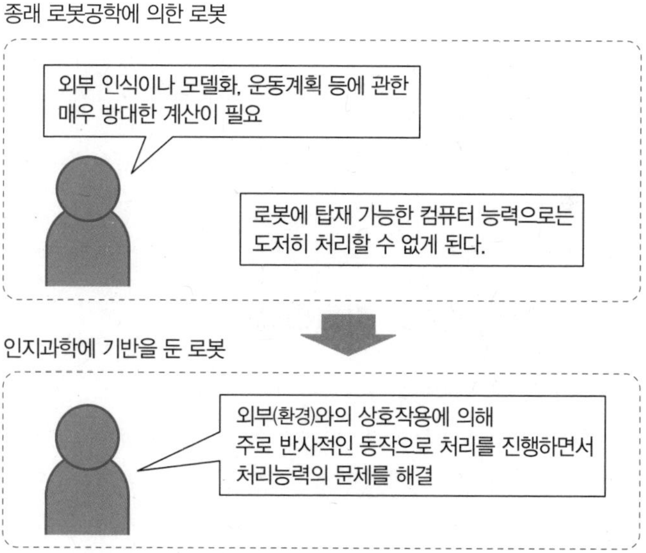

종래 로봇공학에 의한 로봇

> 외부 인식이나 모델화, 운동계획 등에 관한 매우 방대한 계산이 필요

> 로봇에 탑재 가능한 컴퓨터 능력으로는 도저히 처리할 수 없게 된다.

인지과학에 기반을 둔 로봇

> 외부(환경)와의 상호작용에 의해 주로 반사적인 동작으로 처리를 진행하면서 처리능력의 문제를 해결

●그림 10.10 인지과학

인지과학에 기반을 둔 로봇의 구체적인 구성 방법으로 **포섭 아키텍처**(subsumption

architecture)가 있다. 포섭 아키텍처에서는 계층구조를 가진 제어 시스템을 이용해 각 계층의 처리기구가 병렬적으로 처리를 진행한다.

그림 10.11은 포섭 아키텍처를 기반으로 한 이동 로봇의 구성 예를 나타낸 것이다. 이 그림에서는 세 개의 계층으로 구성된 제어 시스템을 제시했다.

레벨 0은 제일 하단의 처리기구로 로봇을 전진시키는 기능을 한다. 그 윗단에 있는 레벨 1은 전진하다가 장애물과 충돌 가능한 상황이 되면 충돌을 피하는 처리기구이다. 레벨 1은 레벨 0의 위에 있어 레벨 0 처리기구의 지시를 바꿀 수 있다. 그림의 경우라면 레벨 0으로 전진처리를 하다 장애물에 충돌할 경우에는 레벨 1의 처리 결과가 우선되어 충돌을 피한다. 그 상위에는 레벨 2의 목적행동 처리기구가 배치되어 하위기구를 이용하면서 목적지로 로봇을 유도하는 처리가 이루어진다.

| 레벨 2 목적 행동 |
| 레벨 1 충돌 회피 |
| 레벨 0 전진 |

●그림 10.11 포섭 아키텍처에 기반을 둔 이동 로봇의 구성 예

포섭 아키텍처는 행성 표면 탐사 로봇과 지뢰 제거 로봇 등에 응용되는 외에 가정용 청소 로봇에 이용되고 있다.

10.3 에이전트와 강화학습

10.3.1 에이전트와 머신러닝

에이전트를 학습 환경에서 효율적으로 움직이게 하기 위해서는 어떤 방법을 이용해서 에이전트의 제어지식을 획득해야 한다. 그 방법으로 머신러닝이 효과적이다. 3장에서 설명한 바와 같이 에이전트의 학습에는 머신러닝 중에서도 특히 강화학습 방법이 효과적이다.

강화학습은 개별 동작에 대한 평가를 얻지 못해 지도학습을 못할 경우에도 일련의 동작이 끝난 뒤에 얻은 보상을 근거로 학습을 진행하는 학습 방법이다. 예를 들어 이족보행 제어지식을 획득할 경우 로봇의 여러 가지 상태에 대한 제어지식은 방대한데, 이것을 하나씩 지도학습으로 획득하는 일은 현실적이지 않다.

반면에 강화학습에서는 일정 시간 보행이 원활하게 진행되었을 경우 보행에 사용한 일련의 제어지식을 정리하여 보상해주고 학습을 진행한다. 이 시행을 반복하는 동안 이족보행에 도움이 되는 제어지식에는 반복적으로 보상이 주어지게 되고 결과적으로 유용한 제어지식을 획득할 수 있다(**그림 10.12**).

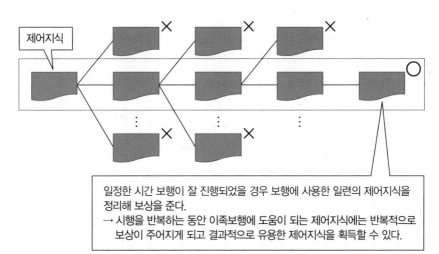

●그림 10.12 강화학습으로 이족보행 지식 획득

강화학습은 학습 환경에 노이즈가 있어도 학습을 진행하는 완고함이 있다. 또한 학습 도중에 학습 목표가 변할 수 있는 동적 환경에도 대응할 수 있다. 이러한 특징은 실세계에서 동작하는 에이전트인 로봇이 지식을 획득하는 데 유용하다.

강화학습을 구현하는 방법 중 하나가 **몬테카를로 방법**(Monte Carlo Method)에 의한 강화학습이다. 일반적으로 몬테카를로 방법은 불규칙한 시행에 기초한 탐색 방법이다. 강화학습에 몬테카를로 방법을 적용할 경우 불규칙한 행동을 반복하여 일련의 행동이 끝난 후에 잘 된 행동의 계열을 정리해서 보상을 준다. 그때 개별 행동에 대한 평가는 얻을 수 없기 때문에 학습의 진행은 일련의 행동이 끝난 후에 그 결과가 좋았을 경우만으로 한정된다. 시행을 몇 번이나 반복하면 잘 된 행동 계열에 대한 평가는 높아지지만 그 외의 행동은 평가 점수를 얻지 못한다. 따라서 좋은 결과를 얻는 행동 계열에 대한 평가가 높아져 결과적으로 행동지식을 획득할 수 있다.

10.3.2 Q학습

강화학습을 구현하는 다른 방법으로 **Q학습**(Q Learning)이 있다. Q학습은 몬테카를로 방법과는 달리 한 가지 행동마다 학습을 진행할 수 있다. 여기에서는 Q학습의 구체적인 방법에 관해 살펴본다.

Q학습의 틀에서는 어떤 국면의 행동 선택을 **Q값**(Q Value)에 따라 결정한다. Q값은 앞으로 설명할 학습 순서에 따라 미리 결정해둔다. 실제 행동제어에서는 Q값이 높은 행동을 취해 가장 좋은 최종 결과에 도달할 수 있다.

예를 들면 **그림 10.13**에서 어떤 상태에서 선택 가능한 행동이 세 종류라고 하자. 이때 두 번째 행동에 대응하는 Q값이 가장 높으므로 이 상태에서는 두 번째 행동을 선택한다. 행동을 선택하면 다음 상태로 전이한다. 이때도 미리 정해진 Q값을 조사해 가장 높은 Q값에 대응하는 행동을 선택한다. 이렇게 행동 선택을 반복하면서 최선의 최종 결과를 얻을 수 있다.

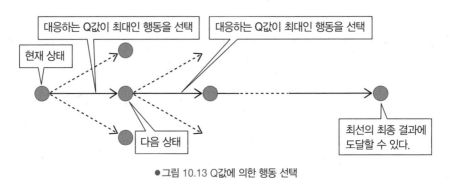

●그림 10.13 Q값에 의한 행동 선택

그림처럼 사전에 적절한 Q값을 알고 있다면 최적의 행동을 순서대로 선택해 최선의 결과를 얻을 수 있다. Q학습에서는 다음과 같은 순서를 반복하면서 Q값을 학습한다.

Q학습 순서

> **초기화**
>
> 모든 행동에 대응하는 Q값을 난수로 초기화한다.
>
> **학습 루프**
>
> 다음을 적당한 횟수만 반복한다.
>
> (1) 일련 행동의 초기 상태로 돌아간다.
>
> (2) 다음 행동을 Q값을 근거로 선택하고 행동한다.
>
> (3) 보상이 주어지면 보상에 비례한 값을 Q값에 더한다. 보상이 주어지지 않으면 다음 상태에서 선택 가능한 행동에 대응하는 Q값 중에서 최댓값에 비례한 값을 Q값에 더한다.
>
> (4) 목표 상태에 도달하거나 사전에 설정한 조건에 이르면 (1)로 돌아간다.
>
> (5) (2)로 돌아간다.

앞의 순서를 이족보행의 제어지식을 획득하는 과정을 예로 들어 설명하겠다. 우선 초기화 순서에서는 학습 루프에 의한 지식 획득에 앞서 Q값의 초깃값을 난수로 결정한다. 이 상태에서 제어지식인 Q값은 엉터리 값이기 때문에 당연히 제대로 이족보행을 하지 못한다.

Q학습의 본체인 앞의 학습 루프에서는 반복해서 이족보행을 시도하면서 Q값을 조금씩 개선한다. 먼저 학습 루프 (1)에서 시작 위치에 이족보행 로봇을 세운다. 그리고 (2)의 순서에 따라 각 관절에 주어진 회전력을 결정하고 로봇을 조금씩 움직인다. 이 상태에서 보행은 막 시작한 상태이므로 (3)의 조건 판정에서 보상이 부여되지는 않는다. 그래서 이 상태에서 다시 다음 행동에 대응하는 Q값을 조사하고 그 최댓값에 비례한 값을 직전에 이용한 Q값에 더한다. 이 처리를 식으로 나타내면 다음과 같다.

$$Q(s, a) \leftarrow Q(s, a) + \alpha(r + \gamma max Q(s_{next}, a_{next}) - Q(s, a))$$

단,

s : 상태

a : 상태 s에서 선택한 행동

$Q(s, a)$: 상태 s에서 행동 a에 대응하는 Q값

α : 학습계수(0.1 정도)

r : 행동의 결과로 얻은 보상(보상이 주어지지 않으면 0)

γ : 할인율(0.9 정도)

$maxQ(s_{next}, a_{next})$: 다음 상태에서 취할 수 있는 행동에 대한 Q값 중의 최댓값

이 식에서는 현재 상태 s에서 행동 a에 대응하는 Q값인 $Q(s, a)$에 대해 보상 r이나 다음 스텝에서의 Q값의 최댓값 $maxQ(s_{next}, a_{next})$ 등에 계수를 곱한 값을 더하면서 Q값의 학습을 진행한다.

계속해서 순서 (4)로 이어지는데 막 보행을 시작해서 목표 상태에는 도달하지 못했고, 넘어지는 등 사전에 정한 조건에 해당하지 않기 때문에 다음 (5)로 진행한다. (5)에서는 순서 (2)로 돌아가 학습 루프를 거듭한다.

학습 루프에서 반복하는 과정 중에 만약 넘어지는 등 미리 정해둔 조건이 발생하면 순서 (4)에서 순서 (1)로 돌아가 이족보행의 초기 상태로 복귀하여 다시 보행을 시작한다. 만약 우연히 잘 걷게 되면 보상이 주어지고 앞의 갱신 식에 따라 Q값이 갱신된다.

이와 같은 학습 루프를 되풀이하면 최초 Q값이 엉터리라서 거의 걷지 못하고 Q값은 개선되지 못한다. 그러나 우연히 걷게 되어 보상이 주어지면 보상이 주어지기 직전 행동에 대응하는 Q값이 증가한다. 이후 보상을 받을 가능성이 있는 행동에 대해 순서대로 Q값이 증가하면서 차차 일련의 Q값이 증가한다. 마지막에는 잘 걸을 수 있는 행동 선택에 대응하는 일련의 Q값의 값이 커져 이족보행의 지식 획득이 완료된다.

▌ 연습문제

Q학습으로 행동지식을 획득하는 프로그램 qlearning.py를 작성해보자. **그림 10.A**에서 제시한 가지처럼 생긴 미로에 대해 시작점에서 목표 지점까지 도달하

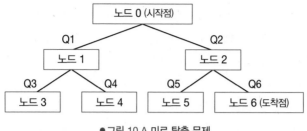

●그림 10.A 미로 탈출 문제

는 길을 찾아가기 위해 행동지식을 회득하는 방법을 생각해보자. 미로의 시작점은 노드 0이고, 목표 지점은 노드 6이다. 각 노드로 향하는 가지에 Q1에서 Q6이라는 이름을 붙이고 가지에 대응하는 Q값을 Q학습으로 구한다.

노드 0에서는 노드 1 또는 노드 2로 향하는 두 종류의 행동에서 하나의 행동을 선택할 수 있다. 그리고 각각의 행동에 대응하는 Q값을 Q1및 Q2로 나타낸다. 마찬가지로 노드 1에서 노드 3 또는 노드 4로 향할 수 있다. 그리고 각각의 행동에 대응하는 Q값을 Q3과 Q4로 나타낸다. 또한 노드 5와 노드 6에 도달하는 행동에 대응하는 Q값을 Q5 및 Q6으로 한다.

미로 탈출을 반복하다가 도착점의 노드 6에 도달하면 보상이 주어진다. 기타 노드에는 보상이 주어지지 않는다.

우선 Q값의 표현 방법을 생각해보자. Q값은 리스트 qvalue[ ]에 저장해두기로 하자. 그러면 Q학습의 초기화 순서는 i번째 Q값에 대해서는 다음과 같이 기술할 수 있다.

```
qvalue[i] = random.uniform(0,00)  # 0에서 100 사이의 난수로 초기화
```

다음으로 학습 루프 처리에 대해 생각해보자. 우선순서 (1)의 '일련 행동의 초기 상태로 돌아간다'는 상태를 나타내는 변수 s를 준비해서 다음과 같이 시작점의 노드 번호인 0을 변수 s로 대입한다.

```
s = 0  # 행동의 초기 상태
```

순서 (2)의 '다음 행동을 Q값에 근거해 선택하고 행동한다'에 대해서는 행동을 선택하기 위한 함수인 selecta( ) 함수를 작성해서 대응한다. selecta( ) 함수는 현재 상태 s와 Q값을 저장한 리스트인 qvlue[ ]을 인수로 받고 다음 상태를 선택해 선택한 상태의 노드 번호를 부여한다. 이때 확률적인 탐색을 가능하게 하기 위해 ε-greedy법으로 행동을 선택한다.

ε-greedy법은 기본적으로 Q값에 따라 행동을 선택하지만 일정한 확률로 불규칙한 행동을 선택해서 탐색을 진행하는 방법이다. 여기에서는 정수 EPSILON으로 정해진 확률로 불규칙하게 행동하고 기타의 경우에는 Q값에 따라 행동을 선택하도록 한다. 또한 EPSILON 값은 0.3으로 한다. selecta( ) 함수의 개요는 다음과 같다.

```
# selecta() 함수
def selecta(olds, qvalue):
    """행동을 선택한다"""
    # ε-greedy법에 따라 행동 선택
    if random.random() < EPSILON:
        # 불규칙하게 행동
        (불규칙한 행동의 처리)
    else:
        # Q값 최댓값 선택
        (Q값 최댓값 선택의 처리)
# selecta() 함수 끝내기
```

다음으로 순서 (3)에서 Q값의 갱신에 대해서는 updateq( ) 함수를 준비해서 대응한다. updateq( ) 함수는 보상이 주어지면 보상에 비례한 값을 Q값에 더하고 기타 경우에는 다음 상태에서 선택 가능한 행동에 대응하는 Q값 중에서 최댓값에 비례한 값을 Q값에 더한다. 이 중 보상이 부여된 경우의 처리는 다음과 같다.

```
# 보상의 부여
qv = qvalue[s] + int(ALPHA * (REWARD - qvalue[s])
```

여기에서 ALPHA는 학습계수이고 0.9로 한다. 또한 REWARD는 보상이고 1000.0
으로 한다.

그림 10.B는 qlearning.py 프로그램의 실행 예다. 그림에서 행동의 반복으로 Q
값이 변하고 학습의 진행에 따라 도착점으로 향하는 행동에 대응하는 Q값인 Q2
및 Q6의 값이 증가하는 양상이 나타난다.

학습 초기 상태에서 Q값은
불규칙하게 설정된다.

```
1   C:\Users\odaka>python qlearning.py
2   [69.43396974274387, 87.37597709801236, 14.746468834158332,
    98.83507365260908, 35.91095836699413, 78.7172598909215,
    10.388132081005597]
3   [69.43396974274387, 87.53353601694593, 14.746468834158332,
    98.83507365260908, 35.91095836699413, 78.7172598909215,
    10.388132081005597]
4   [69.43396974274387, 87.67533904398616, 14.746468834158332,
    98.83507365260908, 35.91095836699413, 78.7172598909215,
    10.388132081005597]
5   (이하, Q값의 값이 반복해서 출력된다)
6   [69.43396974274387, 88.9512564838931, 218.01793010711037,
    98.83507365260908, 35.91095836699413, 78.7172598909215, 571.3881320810056]
7   [69.43396974274387, 88.9512564838931, 247.64106898368985,
    98.83507365260908, 35.91095836699413, 78.7172598909215, 613.3881320810056]
8   [69.43396974274387, 88.9512564838931, 278.0818939726114,        Q2
    98.83507365260908, 35.91095836699413, 78.7172598909215, 651.3881320810056]
    C:\Users\odaka>
```

학습의 마지막 상태에서 목표 지점으로 향하는 행동에   Q6
대응하는 Q값인 Q2 및 Q6의 값이 현저하게 증가한다.

● 그림 10.B qlearning.py 프로그램의 실행 예

연습문제 해답

qlearning.py 프로그램의 구현 예를 **그림 10.C**에 작성했다. qlearning.py 프로그
램은 메인 실행부 외에 행동을 선택하기 위한 함수인 selecta( ) 함수와 Q값의 갱
신을 담당하는 updateq( ) 함수로 구성된다.

메인 실행부에서는 처음에 Q값을 저장한 리스트인 qvalue를 준비해 난수로 초기화한다. 학습의 본체인 반복은 본문에서는 보여준 Q학습의 순서에 따라 초기 상태인 노드 0에서 마지막 단의 노드까지 이동을 반복하면서 Q값을 학습한다. 학습에서는 행동 선택을 위해 selecta( ) 함수를 이용하고, Q값의 갱신을 위해 updateq( ) 함수를 이용한다.

```python
1   # -*- coding: utf-8 -*-
2   """
3   qlearning.py 프로그램
4   강화학습 (Q학습)의 예제 프로그램
5   사용 방법 c:\>python qlearning.py
6   """
7
8   # 모듈 가져오기
9   import random
10
11  # 글로벌 변수
12  GENMAX = 100        # 학습 반복 횟수
13  NODENO = 7          # Q값의 노드 수
14  ALPHA = 0.1         # 학습계수
15  GAMMA = 0.9         # 할인율
16  EPSILON = 0.3       # 행동 선택의 불규칙성을 결정
17  REWARD = 1000.0     # 보상
18  SEED = 32767        # 난수 시드
19
20  # 형식 인수의 정의
21  # selecta()함수
22  def selecta(olds,qvalue):
23      """행동을 선택한다"""
24      # ε-greedy법에 따른 행동 선택
25      if random.random() < EPSILON:
26          # 불규칙하게 행동
27          if(random.randint(0,1) == 0):
28              s = 2 * olds + 1
29          else:
30              s = 2 * olds + 2
```

```python
31          else:
32              # Q값 최댓값을 선택
33              if (qvalue[2 * olds + 1]) > (qvalue[2 * olds + 2]):
34                  s = 2 * olds + 1
35              else:
36                  s = 2 * olds + 2
37      return  s
38  # selecta()함수 끝내기
39
40  # updateq()함수
41  def updateq(s,qvalue):
42      """Q값을 갱신한다"""
43      if(s >= 3): # 마지막 단의 경우
44          if s == 6:
45              # 보상 부여
46              qv = qvalue[s] + int(ALPHA * (REWARD - qvalue[s]))
47          else:
48              # 보상 없음
49              qv = qvalue[s]
50      else:  # 마지막 단 외
51          if (qvalue[2 * s + 1]) > (qvalue[2 * s + 2]):
52              qmax = qvalue[2 * s + 1]
53          else:
54              qmax = qvalue[2 * s +2 ]
55          qv = qvalue[s] + ALPHA * (GAMMA * qmax - qvalue[s])
56      return  qv
57  # updateq()함수 끝내기
58
59  # 메인 실행부
60  qvalue = [0.0 for i in range(NODENO)]        # Q값을 저장한 리스트
61
62  # 난수의 초기화
63  random.seed(SEED)
64
65  # Q값의 초기화
66  for i in range(NODENO):
67      qvalue[i] = random.uniform(0,100)        # 0에서 100 사이의 난수로 초기화
68  print(qvalue)
```

```
69
70    # 학습의 본체
71    for i in range(GENMAX):
72        s = 0    # 행동의 초기 상태
73        # 마지막 단까지 반복
74        for t in range(2):
75            # 행동 선택
76            s = selecta(s,qvalue)
77            # Q값의 갱신
78            qvalue[s] = updateq(s,qvalue)
79        # Q값의 출력
80        print(qvalue)
81
82    # qlearnign.py 끝내기
```

●그림 10.C qlearning.py 프로그램

제 **11** 장

인공지능과 게임

이 장에서는 인공지능 연구와 게임의 관계를 살펴본다.

게임은 인공지능 연구의 역사 초기부터 자주 다뤄진 주제였다. 여기에서는 특히 체스나 바둑과 같은 보드게임에 대한 연구를 중심으로 알아보고, 다른 화제로 퀴즈쇼의 챔피언이 된 왓슨(Watson)의 경우를 예로 들어본다.

2장에서 소개했던 바와 같이 체스와 체커는 인공지능 연구 초기부터 다뤄진 주제다. 여기에서는 탐색으로 대표되는 인공지능의 기초 기술과의 관계를 통해 체스와 체커의 인공지능 연구에 관해 알아본다.

11.1.1 초기 게임 연구의 성과 – 탐색과 휴리스틱에 기초를 둔 방법

초기 게임 연구에서 자주 다뤄지던 체스와 체커에는 다음과 같은 공통된 특징이 있다.

① 두 명이 대전한다.
② 한쪽이 유리해지면 다른 한쪽은 불리해진다.
③ 플레이어는 게임에 관한 모든 정보를 알 수 있다.

이와 같은 게임을 **제로섬게임**이라고 한다. 게다가 체스나 체커는 주사위와 같은 확률적 요소가 없는 확정적 게임이다. 이러한 특징은 나중에 살펴볼 바둑과 장기에서도 공통적으로 나타난다.

확정적인 제로섬게임은 원리적으로는 가능한 한 모든 순서를 탐색하여 최적의 게임 전략을 획득할 수 있다. 이 경우 두 명의 플레이어가 각각 최선책을 선택해서 게임을 하면 결과는 어느 한 선수의 승리나 패배 또는 무승부가 된다. 체스나 체커 또는 나중에 살펴볼 장기나 바둑도 순서를 탐색하면 이와 같은 세 가지 중 하나에 해당할 것이다.

실제로 이러한 게임은 보드의 상태 수가 방대하고 계산 시간이나 데이터 양의 제약이 있어 모든 순서를 탐색하는 것은 현실적으로 불가능하다. 그래서 AI 게임 플레이어는 모든 순서를 탐색하는 대신 정해진 범위에서 순서를 탐색하여 그 결과로 게임을 유리한 국면으로 이끄는 착수(着手: 바둑에서 바둑돌을 번갈아가며 한 수씩 두는 일-옮긴 이)를 찾아내려고 노력한다.

체스나 체커의 AI 게임 플레이어는 **그림 11.1**에 나타내었듯이 **게임트리**(game tree)에 대해 **탐색**(serch)으로 유리한 국면을 찾아내어 그 국면을 구현하는 착수 지점을 탐색한다. 그림에서는 게임 상태 전이를 게임트리로 나타내었다. 게임트리는 게임의 초기 상태를 **뿌리**(root)라고 하고, 선수와 후수가 착수를 반복하여 보드를 변경해 가는 모습을 **노드**(node)와 **가지**(branch)로 표현하였다. 나무 마지막 단에는 게임 최종 상태인 **잎**(leaf)이 나타난다. 잎까지 거슬러 올라가면 게임의 승패가 결정된다.

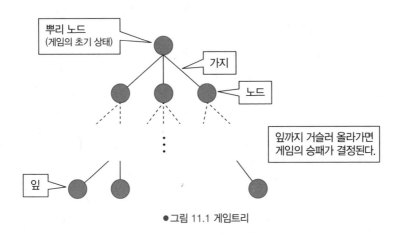

●그림 11.1 게임트리

게임트리 표현을 체스 게임에 대응시켜 보자.

우선 뿌리 노드는 체스의 초기 보드, 즉 게임 개시 전에 규칙에 따라 말을 보드 위에 배치한 상태에 대응한다. 다음에 선수가 룰에 따라 착수 가능한 수 중에서 하나의 수를 선택해 말을 움직인다. 선수가 말을 움직인 후의 상태가 뿌리 노드에서 가지를 타고 한 번 이동한 노드에 대응한다. 선수의 수 선택에는 복수의 가능성이 있으므로 이러한 노드도 여러 개 있다. 또한 다음에 후수가 수를 선택하면 보드의 상태가 변한다. 여기에도 수의 선택에는 복수의 가능성이 있으므로 노드의 수는 더욱 증가한다.

이러한 과정을 반복하면서 게임이 진행되면 게임트리의 단 수가 늘어나고 노드의 수도 증가해 게임트리가 성장한다. 어느 지점까지 게임이 진행되면 노드 속에 마지막 상태인 체크메이트(외통수) 또는 드로(무승부)의 상태가 발생한다. 이 노드가 잎이 되고 가지를 더 늘릴 수 없게 된다.

게임트리에서는 선수와 후수가 교대로 가지를 선택한다. 그때 자신의 순서에서는 자유롭게 가지를 선택할 수 있으므로 탐색에서는 자신에게 가장 유리한 가지를 선택한다. 또한 상대의 순서에서도 상대에게 가장 유리한 가지가 선택되기 때문에 제로섬게임에서는 자신에게 가장 불리한 가지가 선택되는 것이다.

AI 게임 플레이어를 구성하려면 게임트리를 탐색하여 탐색 결과로 자신에게 최선의 수를 선택하는 구조를 만들어야 한다. 가장 좋은 구조는 게임트리가 잎 노드까지 완전히 탐색을 끝낸 후 진정한 의미의 최선의 수를 구하는 것이다. 그러나 앞에서 말했듯이 대부분의 게임에서는 잎까지 탐색을 진행하기 어렵다. 그래서 어느 정도 범위까지 탐색한 후 얻은 도중의 노드를 뭔가의 수단으로 평가하고, 최선의 노드를 선택한다. 그리고 최선의 노드에 도달하는 착수를 선택한다.

그림 11.2는 그림 11.1에서 탐색 가능한 범위의 서브 트리를 잘라낸 단면이다. 그림 11.2에서 서브 트리의 뿌리에 해당하는 노드가 현재 보드의 상태를 나타내고, 뿌리에서 나오는 가지는 현재 보드에서 착수 가능한 수를 나타낸다. 가지 끝에는 착수 후의 보드에 대응하는 노드가 있다. 현재 보드에서 자신이 수를 놓을 차례라고 하면, 착수 후에 노드는 상대의 차례를 나타내는 상태가 된다. 이 노드도 일반적으로 여러 개의 착수가 가능하기 때문에 각각의 노드에서는 복수의 가지가 나온다.

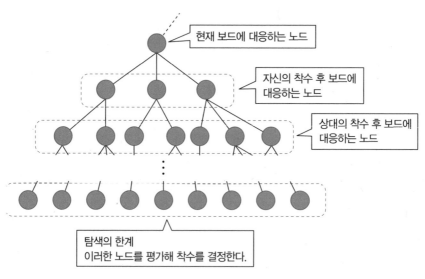

●그림 11.2 게임트리의 서브 트리 탐색

앞에서 언급한 바와 같이 시간 계산이나 메모리 용량의 제약으로 서브 트리의 크기에 제약이 생긴다. 그림에서 탐색의 한계로 나타낸 노드군은 서브 트리의 잎에 해당하는 노드다. 이러한 잎 노드는 게임 도중인 보드에 해당한다. 서브 트리의 탐색에서는 이러한 게임 도중의 보드에서 자신에게 가장 유리한 보드를 선택하고 그 보드에 도달하는 순서를 발견하게 된다.

가장 유리한 보드를 선택하기 위해서는 탐색의 한계에서 출현한 게임 도중의 보드를 평가해 점수를 줘야 한다. 그러기 위해서는 **휴리스틱 함수**(heuristic function) 또는 **평가함수**(evaluation function)를 이용해 보드에 득점을 주고 가장 고득점인 노드를 선택한다.

휴리스틱 함수란 선험적 지식에 근거한 평가 방법을 의미한다. 휴리스틱 함수는 게임에 따라 다르지만 체스의 경우에는 자신이 게임에서 이기는 체크메이트가 되는 노드, 즉 상대의 킹이 도망갈 곳이 없는 상태에 대응하는 노드에는 가장 높은 평갓값을 준다. 또한 적의 유력한 말을 잡을 수 있는 상태에서는 상대 말의 가치에 적합한 득점을 준다. 기타 우열을 가릴 수 있는 다양한 항목을 고려해 득점을 결정한다.

보드 평가에서 착수를 선택하기 위해 평갓값을 주는 휴리스틱 함수의 구성 방법은 AI 게임 플레이어의 우열과 직결된다. 초기 AI 게임 플레이어에서는 인간이 경험적으로 휴리스틱 함수를 구성했기 때문에 시스템을 만드는 사람의 게임에 대한 이해도가 AI 게임 플레이어의 강약과 직결되었다.

그러다가 머신러닝을 이용해 휴리스틱 함수를 구성하는 방법에 대한 연구가 발전하면서 프로그램이 자동으로 휴리스틱 함수를 구성할 수 있게 되었다. 최근에는 딥러닝을 이용하여 대규모 데이터에서 정밀한 휴리스틱 함수를 구성하고 인간을 초월한 실력을 갖춘 게임 플레이어가 구성되고 있다.

서브 트리의 탐색에서는 더욱 고속으로 탐색하는 알고리즘이 요구된다. **알파-베타 가지치기**(Alpha-beta pruning)라는 방법은 오래 전부터 이용되던 기본 알고리즘이다.

알파-베타 가지치기는 **미니맥스법**(minimax method)이라 불리는 탐색 알고리즘을 효율화한 알고리즘이다. **그림 11.3**은 미니맥스법의 사고 방법을 설명한 것이다.

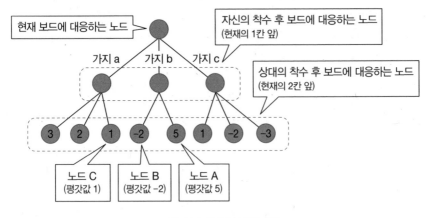

●그림 11.3 미니맥스법의 개념

그림 11.3은 자신의 순서가 되었을 때의 경우를 보여준다. 서브 트리로 자신이 착수하고 상대가 착수한 후인 현재부터 2칸 앞까지 나타낸다. 2칸 앞의 보드를 휴리스틱 함수를 이용해서 평가한 결과 각각의 노드에 대한 평갓값은 그림과 같은 형태가 된다.

이 그림의 2칸 앞에서 평갓값이 가장 큰 노드는 노드 A이다. 노드 A까지 도달하려면 자신의 순서인 첫 번째 수에서 중앙의 가지(가지 b)를 선택해야 한다. 그러나 가지 b를 선택해서 착수하면 상대는 여기에 대응해 자신에게 불리한 노드 A가 아닌 더 유리한 평갓값이 -2인 노드 B를 선택한다. 그래서 상대가 착수의 선택을 실수하지 않는 한 가지 b를 선택해도 노드 A에는 도달하지 못한다.

그림의 경우 사실 첫 번째 수에서 가지 a를 선택해 자신에게 가장 유리한 결과를 얻을 수 있다. 즉, 가지 a를 선택하면 상대의 착수로 전이되는 노드의 평갓값은 3, 2 그리고 1이다. 따라서 상대는 자신에게 가장 유리한 평갓값 1을 주는 노드 C를 선택한다. 이것은 가지 b를 선택한 경우의 평갓값 -2나 가지 c를 고른 경우의 평갓값 -3과 비교해 가장 좋은 평갓값이다.

이와 같은 선택은 자신의 순서일 때는 평갓값이 가장 높은 것을 고르고, 상대의 순서일 때는 평갓값이 가장 낮은 것을 고른다는 개념에 따른 것이다. 그래서 **그림 11.4**에 나타낸 것처럼 잎 노드에서 순서대로 가지를 고르면 처음에 어떤 가지를 선택할지 결정할 수 있다. 이와 같이 최솟값(미니멈)과 최댓값(맥시멈)을 번갈아가

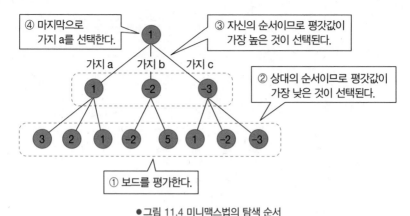

●그림 11.4 미니맥스법의 탐색 순서

면서 선택하기 때문에 이 알고리즘을 **미니맥스법**이라고 한다.

미니맥스법을 이용하면 최적의 착수를 선택할 수 있다. 그러나 미니맥스법을 그대로 알고리즘으로 구현하면 불필요한 부분이 생긴다. 불필요한 부분을 생략하고 탐색을 효율화한 것이 알파-베타 가지치기이다. 알파-베타 가지치기에서는 미니맥스법의 불필요한 부분을 줄이기 위해 **가지치기**(pruning)를 한다.

알파-베타 가지치기에서 가지치기의 예는 **그림 11.5**에 나타내었다. 그림 11.5에서 가지 a에 대해 탐색한 결과 가지 a가 선택된 경우의 마지막 보드의 평갓값이 1이라는 것을 미리 알고 있다고 하자. 그리고 가지 b로 진행해서 노드 B의 평갓값을 구하면 -2라는 것을 알 수 있다. 이 시점에서 가지 b를 선택할 경우의 마지막 평갓값은 -2보다 좋아지지 않을 것임이 결정된다. 따라서 가지 b는 가지 a보다 불리하기 때문에 가지 b를 선택하지 않을 테고 가지 b의 탐색은 더 이상 필요가 없어진다. 마찬가지로 가지 c에 대해서도 평갓값이 -2인 노드가 발견된 지점에서 가지 c에 대한 탐색을 중단할 수 있다.

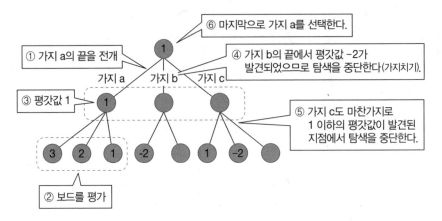

① 가지 a의 끝을 전개

가지 a

③ 평갓값 1

② 보드를 평가

⑥ 마지막으로 가지 a를 선택한다.

④ 가지 b의 끝에서 평갓값 −2가
발견되었으므로 탐색을 중단한다(가지치기).

가지 b 가지 c

⑤ 가지 c도 마찬가지로
1 이하의 평갓값이 발견된
지점에서 탐색을 중단한다.

●그림 11.5 알파−베타 가지치기의 가지치기 예

기본적으로 서브 트리의 탐색에서는 가능한 한 다단에 걸쳐 탐색을 진행해야
한다. 그러나 게임의 마지막 상태까지 탐색이 가능할 경우를 제외하면 탐색의 단
수를 아무리 늘려도 충분하지 않다. 왜냐하면 탐색을 중단한 노드의 바로 앞에 전
혀 다른 상태가 존재할 수도 있기 때문이다. 이것을 **수평선효과**(horizon effect)라고
한다.

그림 11.6은 수평선효과를 나타낸 예로, 그림에서 서브 트리 중에서 점선으로
표시한 위치보다 윗부분이 탐색의 범위이다. AI 게임 플레이어 시스템은 이 점선
의 윗부분밖에 볼 수 없기 때문에 이것을 수평선이라고 부르는 것이다.

그림에서 수평선보다 아랫부분에는 탐색되지 않은 보드 상태에 대응한 노드가
나타난다. 이 부분이 어떻게 될지 게임 플레이어 시스템은 알 수 없다. 그림에 나
타낸 것처럼 이러한 노드 속에는 직전 순서의 평갓값과는 완전히 다른 평갓값을
줄 수도 있다는 가능성이 내포되어 있다. 탐색으로 선택된 노드가 만약 수평선 끝
에 평갓값이 매우 낮은 노드로 이어질 경우에는 그 노드를 선택하는 것은 나쁜 수
가 된다. 수평선효과는 탐색을 중단하는 한 반드시 발생하는 문제다.

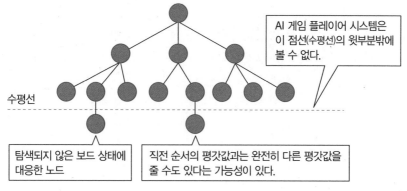

●그림 11.6 수평선효과

　지금까지는 체스와 체커를 염두에 두면서 탐색과 보드 평가에 중심을 둔 AI 게임 플레이어의 구성에 관해 설명했다. 이와 같은 설명은 기본적으로 바둑이나 장기 게임을 작성하는 경우에도 동일하다. 그러나 체스나 체커, 바둑과 장기는 탐색해야 할 상태의 수가 현저하게 다르다.

　예를 들면 체스는 체커보다 게임이 복잡해서 탐색해야 할 게임트리의 크기가 커지기 때문에 AI 게임 플레이어에게는 어려운 문제가 된다. 체스와 장기를 비교하면 장기 쪽이 보드가 넓고 잡은 말을 다시 이용하는 등의 규칙상 특징이 있어 장기가 탐색해야 할 상태의 수가 더 많다.

　바둑은 보드가 장기의 4배 이상인 데다 규칙이 단순한 만큼 착수가 자유로워 상태의 수가 매우 많다고 한다. 게다가 바둑은 나중에 설명하겠지만 어느 쪽 플레이어가 우수한지를 추정하는 모드 평가가 어렵다는 특징이 있다. 이러한 이유로 AI 플레이어 연구 역사를 보면 체커 → 체스 → 장기 → 바둑의 과정을 거치면서 AI 플레이어가 인간 플레이어의 실력에 가까워질 수 있었던 것이다.

11.1.2 딥블루(Deep Blue)

　2장에서 설명했듯이 **딥블루(Deep Blue)**는 인간 세계의 챔피언을 1997년에 무너뜨린 IBM이 개발한 체스 전용 컴퓨터다. 딥블루는 지금까지 이야기한 탐색으로 대표되는 소프트웨어 기술만이 아닌 탐색을 고속화하기 위한 전용 하드웨어까지 이용한 공격적인 탐색에 기반을 둔 시스템이다.

탐색에 기반을 둔 AI 플레이어의 능력을 향상시키려면 수평선효과의 영향을 피하기 위해서라도 가능한 한 탐색 범위를 확장할 필요가 있다. 그래서 딥블루에서는 고속화를 위해 체스라는 문제에 특화된 하드웨어 체스 칩(chess chip)을 새롭게 개발하여 탐색과 평가를 고속으로 실행했다.

그림 11.7에는 딥블루의 구성을 나타내었다. 딥블루 자체가 하나의 시스템 내에 30 노드의 컴퓨터 시스템을 가진 병렬 컴퓨터다. 각각의 노드에 16개의 체스 칩을 심어 시스템 전체로 치면 480개의 체스 칩을 사용해서 병렬처리를 하는 것이다.

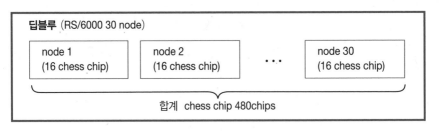

●그림 11.7 딥블루의 구성

이처럼 딥블루는 소프트웨어와 하드웨어 양쪽의 기술을 이용해 체스라는 특수한 문제를 효율적으로 다루는 시스템으로 구성되었다. 병렬처리를 활용한 탐색에 기반을 둔 딥블루 방법은 인간이 체스 게임을 할 경우의 정보처리와는 방법이 전혀 다른 것 같다.

인공지능, 특히 12장에서 기술한 약한 AI의 입장에서는 인공지능 시스템의 동작이 지적이기만 해도 괜찮다고 생각했다. 그리고 동작만 지적이라면 인공지능 시스템의 내부구조나 처리기구가 인간과 완전히 다르다고 해도 딱히 문제로 삼지 않았다. 그런 의미에서 딥블루는 전형적인 인공지능 시스템이라고 할 수 있다.

11.2 바둑과 장기

2장에서 소개한 알파고(AlphaGo)는 알파고 등장 이전의 AI 게임 플레이어의 모습을 완전히 바꿔놓은, 굉장히 영향력이 큰 시스템이다. 여기에서는 알파고 등장이전의 AI 바둑 플레이어를 개괄한 후에 알파고를 비롯해 그 이후의 일련의 연구 성과에 대해 설명한다.

11.2.1 알파고 이전의 AI 바둑 플레이어

체스나 장기의 경우와 마찬가지로 AI 바둑 플레이어도 탐색기술을 중심으로 구성된다. 바둑이 체스나 장기와 다른 점은 강한 인간 플레이어에 필적하는 AI 플레이어가 출현하기까지 긴 시간이 걸렸다는 점이다.

AI 바둑 플레이어의 연구가 시작된 이래 21세기 초까지는 앞에서 설명한 체스나 체커 플레이어와 거의 비슷한 방법으로 AI 바둑 플레이어도 구현되었다. 즉, 착수 가능한 수를 가능한 만큼 탐색하고 어느 정도의 탐색 범위에서 중단해서 얻은 보드의 평가에 근거해 착수를 결정했다.

바둑은 체스나 장기와 비교해 규칙상 허용이 되는 착수 가능한 탐색 범위가 상당히 넓다는 어려운 문제가 있다. 즉, 이 방법으로 바둑 게임트리를 작성하면 가지가 무성한 나무가 생성되고, 결과적으로 조사해야 할 가지가 늘어난 만큼 수를 자세히 검색하기 어려워진다.

또한 바둑은 보드 평가의 휴리스틱 함수를 작성하기 어렵다는 특징이 있다. 체스나 바둑에서는 말의 종류에 따라 능력이 다르기 때문에 말의 가치도 달라진다. 그러나 바둑은 모든 돌의 역할이 같다. 게다가 체스나 장기는 마지막 지점의 우열이 그대로 게임의 승패로 이어지기 쉽지만, 바둑은 보드 전체가 평가 대상이라 일부의 평가로 보드 전체의 우열을 가리기 어렵다는 특징도 있다.

보드 평가가 어렵다는 점, 즉 평갓값의 신뢰가 낮다는 점은 알파-베타 가지치기에 의한 탐색이 정확하게 기능하지 않는다는 것을 의미한다. 이러한 단점 때문에 AI 바둑 플레이어의 실력은 긴 시간 동안 향상되지 못했다.

이런 상황을 타파한 것이 **몬테카를로 트리 탐색**(Monte Carlo Tree Search)이다. 몬테카를로 트리 탐색에서는 휴리스틱 함수가 아닌 몬테카를로 트리 탐색, 즉 랜덤 탐색으로 보드 평가가 이루어진다.

몬테카를로 트리 탐색에서 어떤 보드에 대한 랜덤 탐색의 보드 평가란 다음과 같은 순서로 이루어지는 평가 방법이다.

(1) 다음을 보드에서 시작해 적당한 횟수를 반복한다.

(1-1) 어떤 보드에서 시작해 착수 가능한 수를 차례차례 랜덤으로 선택해서 승부가 날 때까지 게임을 진행한다.

(1-2) 위의 (1-1)로 이기면 득점 1을 얻는다. 지면 득점 0이 된다.

(2) 위 (1)을 반복하고 합계 득점을 반복한 횟수로 나누어 승률을 계산한다. 승률을 보드의 평갓값으로 한다.

위 (1-1)에서는 규칙상 허용되는 수를 랜덤으로 선택해 게임을 진행한다. 이처럼 승부가 날 때까지 게임을 진행하는 것을 **플레이아웃**(playout)이라고 한다. 플레이아웃에서는 게임의 최소한의 규칙은 지키지만, 자신의 수는 물론 상대의 수도 랜덤으로 선택하기 때문에 시합은 엉터리로 진행된다. 그러나 어떤 보드에 대한 플레이아웃을 반복하면, 그 보드가 평균적으로 어느 정도의 평갓값인지를 조사할 수 있다고 여긴다.

그림 11.8은 어떤 보드에 대해 랜덤 탐색으로 보드 평가한 예다. 그림에서 왼쪽 노드 a에서 플레이아웃을 하면 10회 중 8회는 자신이 이겼다고 하자. 마찬가지로 중앙 노드 b에서는 5회 중 1회만 승리하고 오른쪽 노드 c에서는 7회 중 2회 승리한다. 그 결과 왼쪽 노드 a의 승률이 가장 높기 때문에 노드 a의 평갓값이 가장 높아진다.

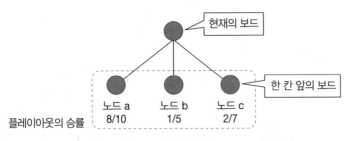

●그림 11.8 어떤 노드에 대해 랜덤 탐색으로 보드 평가한 예

몬테카를로 트리 탐색의 보드 평가를 이용하면 게임트리를 효율적으로 탐색할 수 있다. 이 방법이 몬테카를로 트리 탐색이다. 몬테카를로 트리 탐색에서는 플레이아웃의 보드 평가를 이용해 게임트리를 탐색한다.

몬테카를로 트리 탐색에서는 현재의 보드에 대해 몇 가지 후보 수를 설정하고 각각에 대해 복수의 플레이아웃을 실행한다. 이때 평갓값이 더 높은 노드에 대해 복수의 플레이아웃을 실행한다. 그리고 미리 설정한 횟수를 넘어선 플레이아웃이 실행된 노드에 대해 노드를 전개해서 다음 수에 대응한 노드를 설정한다. 이 상황에서 다시 각각의 설정에 대해 플레이아웃을 실행한다. 이렇게 플레이아웃의 평갓값을 이용해 노드를 전개하고 트리를 성장시켜 정밀도가 높은 착수를 선택한다.

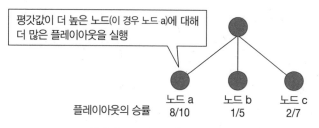

(1) 현재의 보드에 대해 몇 가지 후보 수를 설정하고
　　각각에 대해 복수의 플레이아웃을 실행한다.

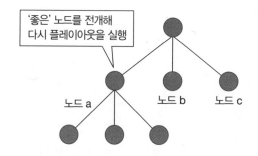

(2) '좋은' 노드를 전개　게임트리가 유망한 가지를 따라서 성장한다.

●그림 11.9 몬테카를로 트리 탐색

몬테카를로 트리 탐색으로 바둑처럼 휴리스틱 함수가 구성되기 힘든 문제에서도 확률적 탐색으로 일정한 성능을 달성할 수 있다는 것이 증명되었다. 이러한 사실은 바둑의 AI 플레이어를 구성하기 위해서만이 아닌, 탐색이 일반적인 문제 해결에 더욱 넓고 새로운 지침을 준다는 의미에서도 중요한 돌파구가 되었다.

11.2.2 알파고, 알파고 제로, 알파 제로

몬테카를로 트리 탐색에 의한 돌파구에 이어 딥러닝을 몬테카를로 트리 탐색에 적용해 비약적인 발전을 거둔 것이 **알파고(AlphaGo)**다. AI 바둑 플레이어는 몬테카를로 트리 탐색 덕에 아마추어 고단자 레벨까지 발전했다. 한편 딥러닝을 이용한 알파고는 최종적으로는 톱 레벨인 프로를 이길 정도의 실력을 갖추게 된다.

알파고는 몬테카를로 트리 탐색에 심층 신경망을 결합한 AI 바둑 플레이어다. 즉, 다음에 선택할 수를 추정하거나 보드의 형세를 판단하는 신경망을 작성하고 이것을 이용해 몬테카를로 트리 탐색의 정밀도를 향상시켰다.

알파고에서는 다음 수를 선택하는 신경망을 **폴리시 네트워크(policy network)**라 하고, 형세를 판단하는 신경망을 **밸류 네트워크(value network)**라고 한다.

그림 11.10에 나타낸 것처럼 알파고는 우선 인간의 기보(碁譜: 바둑이나 장기를 둔 내용의 기록-옮긴이) 데이터를 이용해 지도학습을 한다. 그리고 강화학습을 기초로 알파고끼리의 대국으로 학습을 진행한다. 지도학습에서는 과거 인간의 대국에서 배운 네트워크를 학습시키고, 알파고끼리의 대국에서는 그것을 한층 더 개량한 학습을 진행한다.

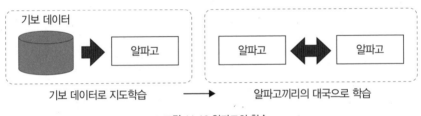

●그림 11.10 알파고의 학습

이어서 출현한 **알파고 제로(AlphaGo Zero)**는 알파고의 신경망을 개량하고 폴리시 네트워크와 밸류 네트워크를 통합해서 강화한 것이다. 그 결과 보드의 평가 능력이 향상되었고 몬테카를로 트리 탐색을 끝까지 진행하는 플레이아웃이 필요 없어졌다.

또한 알파고 제로는 알파고에서 이용한 인간의 기보를 이용하지 않고, 알파고 제로끼리의 대국으로 학습을 진행한다. 이런 틀에서 알파고 제로는 알파고를 뛰어넘는 능력을 획득한 것이다.

게다가 알파고 제로의 틀을 이용해 바둑이 아닌 다른 게임에서도 다룰 수 있게 일반화한 것이 **알파 제로**(Alpha Zero)다. 알파 제로는 장기나 체스에서도 몬테카를로 트리 탐색과 딥러닝을 이용해 스스로 대국을 벌여 지식을 획득하는 장치가 효과적이라는 것을 보여준다.

11.2.3 장기와 딥러닝

장기의 AI 플레이어 연구는 일본을 중심으로 진행되었다. 그 이유는 장기라는 게임 자체가 일본이 아닌 다른 나라에서는 별로 대중적이지 않은 놀이이기 때문이다.

장기도 게임트리 탐색으로 도달한 노드를 휴리스틱 함수로 평가한다는 체스나 체커의 방법이 기본을 이룬다. 처음에는 보드 평가를 위한 휴리스틱 함수를 수작업으로 만들어 넣는 방법이 시도되었다. 그래서 장기 AI 플레이어 연구자들 중에는 아마추어 고단자 등 장기에 대한 지식이 깊은 사람이 많다.

이후 머신러닝을 적극적으로 이용하는 **보난자**(bonanza)라는 장기 AI 플레이어가 등장해 연구의 흐름이 머신러닝 주체로 변했다. 그리고 2010년대 이후에는 장기 AI 플레이어에 딥러닝을 이용하는 것이 주류가 되었다.

11.3 장기와 딥러닝

11.3.1 왓슨(Watson) 프로젝트

체스 컴퓨터 딥블루 프로젝트를 마친 후 IBM에서는 차기 도전 과제로 퀴즈에서 인간이 승리하는 시스템 개발에 주목하였다. **왓슨**(Watson)의 개발 프로젝트는 이렇게 21세기 초기에 개시되었다.

퀴즈 대상으로 미국의 퀴즈 프로그램인 제퍼디(Jeopardy!)가 선정되었다. 제퍼디는 힌트가 되는 설명문을 주면 그 설명문이 나타내는 단어를 재빨리 답하는 형태의 퀴즈 프로그램이다.

힌트가 되는 설명문이 단순하면 게임 AI는 어렵지 않게 인간보다 빨리 정답을 찾을 수 있다. 예를 들면 '우리나라에서 가장 높은 산은?'이라는 질문에 데이터베이스 검색으로 '백두산'을 찾는 일은 간단하다. 그러나 퀴즈에서는 직접적인 질문만이 아닌 예를 들어 '애국가에도 나오고 민족의 성산이라고 불리며, 활화산으로 여러 지층이 발달해 있고 산 정상에는 큰 호수가 있으며 빼어난 자연경관과 양질의 온천 및 약수가 있는 곳은 어디입니까?'와 같은 번거로운 표현을 즐겨 사용한다. 그래서 단순한 검색만으로는 답을 찾기 어렵다.

체스 컴퓨터 딥블루의 문제해결 방법과 마찬가지로 왓슨도 인간의 사고 과정을 모방하는 것이 아닌 공격적인 정보 검색이 기본이다. **그림 11.11**은 왓슨의 처리 과정이다.

왓슨은 입력으로 '부문명'과 '힌트 문장'을 자연어의 기호열로 받아들인다. 여기에서 부문명이란 제퍼디에서 문제를 내는 출제 분야명(카테고리명)이다. 왓슨은 입력을 분석해서 꺼낸 기호열을 내장된 데이터베이스와 대조한다. 그 결과 입력과 상관관계가 강한 키워드가 해답의 후보어로 추출된다.

다음으로 왓슨은 해답 후보어와 부문명 및 힌트 문장을 조합해 같이 출현하는 빈도를 데이터베이스에서 추출한다. 그 결과 빈도에 따른 해답 후보어의 스코어를 매길 수 있다. 이 스코어를 정확성을 나타내는 것으로 확신하고 최종적으로 해답어를 결정해서 출력한다. 결국 왓슨은 2011년에 인간과 동일한 규칙을 적용한 대전에서 인간 챔피언에 승리하였다.

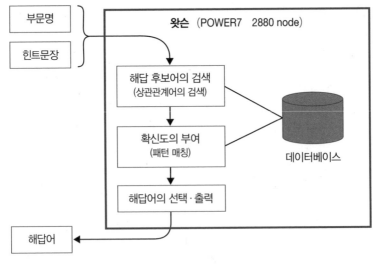

●그림 11.11 왓슨의 처리 과정

왓슨 프로젝트로 양성된 기술은 자연어처리를 중심으로 한 AI 기술의 산업 응용에 도움을 준다. 예를 들면 여러 가지 분야의 질문대답 시스템이나 대화 시스템의 응용을 비롯한 음성처리기술이나 이미지 처리기술과의 융합 등 다양한 인공지능 시스템의 구축이 진행되고 있다.

11.3.2 컴퓨터 게임에 응용되는 인공지능

11장의 마지막에는 컴퓨터 게임에 응용되는 인공지능의 예를 들어보겠다. 인공지능 기술을 인간이나 생물의 지적 활동을 모방해서 유용한 프로그램을 작성하는 기술이라고 이해하면 인공지능이 컴퓨터 게임에 응용되는 여러 가지 상황을 떠올릴 수 있을 것이다.

게임 전용기나 스마트폰의 게임 소프트웨어에서는 인간 플레이어를 모방해서 동작하는 AI 플레이어가 널리 이용된다. 이것은 일종의 소프트웨어 에이전트이고 인공지능 기술의 응용이다. 이와 같은 AI 플레이어는 일반적으로 **NPC**(non-player character)라고 부른다.

플레이어와 함께 직접 게임에 참가할 뿐만 아니라 게임 환경이나 게임 진행의 설정에 관여하는 게임 AI도 널리 이용되고 있다. 인공지능 기술을 응용해 게임의 매개변수를 적절히 조절하고 게임의 균형을 유지하면서 매력적인 게임을 구현하는 방식이 자주 이용된다.

인공지능 기술을 적용하기 어려웠던 게임 연구를 통해 미래를 전망하기도 하는데, 예를 들어 〈한밤의 늑대인간〉처럼 인간의 대화에 초점을 맞춘 게임과 같은 AI 게임 플레이어의 연구가 이루어지고 있다.

연습문제

간단한 게임의 게임트리를 탐색하는 프로그램을 작성해보자. 게임은 님(Nim) 게임을 다뤄보려고 한다.

님 게임은 임의의 돌더미를 몇 개로 나누어놓고, 두 명의 플레이어가 교대로 적당한 개수의 돌을 집어간다. 단 돌은 한 개의 돌더미에서만 가져올 수 있다. 또한 돌은 반드시 집어가야 한다. 교대로 돌을 가져가다가 마지막에 돌을 집어가면서

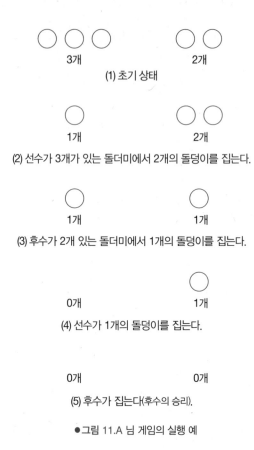

(1) 초기 상태

3개   2개

(2) 선수가 3개가 있는 돌더미에서 2개의 돌덩이를 집는다.

1개   2개

(3) 후수가 2개 있는 돌더미에서 1개의 돌덩이를 집는다.

1개   1개

(4) 선수가 1개의 돌덩이를 집는다.

0개   1개

(5) 후수가 집는다(후수의 승리).

0개   0개

●그림 11.A 님 게임의 실행 예

돌더미를 없앤 플레이어가 게임에서 이긴다.

예를 들면 돌더미가 2개 있고, 각 돌더미에 돌덩이 3개와 2개가 있다고 가정하자(그림 11.A).

이때 선수가 예를 들어 3개가 있는 돌더미에서 2개의 돌덩이를 집어간다고 하자. 이어서 후수가 2개가 있는 돌더미에서 1개의 돌덩이만 집어간다고 하자. 선수는 어느 쪽이든 1개의 돌덩이만 집어갈 수 있기 때문에 이 경우에는 후수가 승리한다.

님 게임의 게임트리를 생각해보자. 뿌리 노드는 게임 초기 상태에 대응한다. 그림 11.A를 보면 3개와 2개가 있는 돌더미가 있는 상태이다. 이것을 (3 2)라고 쓰기로 하자. 그리고 적당한 노드 번호를 ⓪번부터 순서대로 매긴다. 선수의 수는 **그**

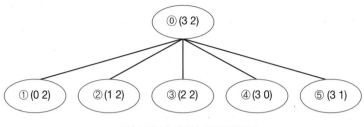

●그림 11.B 님 게임의 게임트리(일부)

림 11.B에서 제시한 것처럼 5가지 방법이 있다. 각각의 노드에 후수의 수가 다시 이어진다.

이와 같이 게임트리를 작성하는 데는 횡형 탐색 순서가 효과적이다. 횡형 탐색에서는 다음과 같은 알고리즘으로 노드를 순서대로 작성한다.

횡형 탐색에 의한 게임트리 작성 알고리즘

(1) 초기화
　　오픈 리스트와 클로즈드 리스트를 작성
　　오픈 리스트에 뿌리 노드를 설정
(2) 오픈 리스트가 텅 빌 때까지 다음을 반복
　　오픈 리스트의 맨 앞 요소를 expand( ) 함수로 전개
(3) 오픈 리스트와 클로즈드 리스트를 출력

앞의 expand( ) 함수는 다음과 같이 처리한다.

expand( ) 함수

(e1) 오픈 리스트의 맨 앞 요소를 전개
(e2) 얻은 노드를 오픈 리스트의 맨 뒤에 추가
(e3) 오픈 리스트의 맨 앞 요소를 클로즈드 리스트의 맨 뒤에 추가
(e4) 오픈 리스트의 맨 앞 요소를 삭제

앞의 알고리즘에서는 데이터 구조로 오픈 리스트와 클로즈드 리스트라는 두 가

지 리스트를 이용한다. 오픈 리스트는 전개 대상인 노드를 저장하는 리스트이고, 클로즈드 리스트는 전개가 끝난 노드를 기록하는 리스트다. 노드는 다음과 같은 리스트로 표현하기로 한다.

노드를 표현하는 리스트

[노드번호, 부모 노드번호, 돌더미의 상태를 나타내는 리스트]

예를 들면 그림 11.B의 노드 ①은 노드번호 1에서 부모의 노드가 0이고, 상태는 (0 2)이므로 다음과 같이 표현된다.

```
[1, 0, [0, 2]]
```

그림의 뿌리 노드 ⓪은 부모의 노드가 없기 때문에 부모의 노드번호는 자신의 노드번호와 같은 0으로 해둔다.

```
[0, 0, [3, 2]]
```

다른 예로 노드 ②의 밑에 오는 노드는 다음과 같이 표현된다. 여기에서 노드번호는 임시로 ⑧, ⑨, ⑩으로 한다.

```
[8, 2, [0, 2]]
[9, 2, [1, 0]]
[10, 2, [1, 1]]
```

이처럼 리스트에 따른 노드에 대한 정보는 게임트리의 도형적인 표현과 일대일로 대응한다.

횡형 탐색으로 게임트리 작성 알고리즘의 구체적인 동작을 살펴보자. 초기 상태로 그림 11.B의 뿌리 노드에 있는 ⓪(3 2)가 주어졌다고 가정하자. 알고리즘 (1) '초기화'에 따라 오픈 리스트와 클로즈드 리스트를 다음과 같이 설정한다.

```
openlist = [[0, 0, [3, 2]]] #초기 상태가 2개 있는 돌더미(3 2)의 경우
closedlist = [ ]
```

다음에 알고리즘 (2) '오픈 리스트가 텅 빌 때까지 아래를 반복한다'에 따라 오픈 리스트를 조사한다. 여기에서는 오픈 리스트에는 뿌리 노드가 들어 있으므로 반복해서 처리를 진행한다. 반복 처리에서는 '오픈 리스트의 맨 앞 요소를 expand( ) 함수로 전개'한다. 따라서 오픈 리스트의 유일 요소인 뿌리 노드를 전개하면 그림 11.B에는 ①~⑤에서 표현한 다음 5개의 노드가 작성된다.

```
[1, 0, [0, 2]]
[2, 0, [1, 2]]
[3, 0, [2, 2]]
[4, 0, [3, 0]]
[5, 0, [3, 1]]
```

전개 결과의 노드는 오픈 리스트에 저장하는데, 전개가 끝나면 뿌리 노드는 오픈 리스트에서 제거하고 클로즈드 리스트로 이동한다. 이것으로 첫 번째 전개가 끝난다. 전개한 결과 오픈 리스트와 클로즈드 리스트는 다음과 같이 된다.

```
오픈 리스트          [[1, 0, [0, 2]], [2, 0, [1, 2]], [3, 0,
                    [2, 2]], [4, 0, [3, 0]], [5, 0, [3, 1]]]
클로즈드 리스트       [[0, 0, [3, 2]]]
```

두 번째 반복에서는 오픈 리스트의 맨 앞 요소인 [[1, 0, [0, 2]]가 전개 대상이 된다. 전개하면 [6, 1, [0, 0]]과 [7, 1, [0, 1]] 두 개의 노드가 생성된다. 위와 같은 처리를 진행하면 두 번째 반복의 종료 시점에서는 오픈 리스트와 클로즈드 리스트는 다음과 같이 된다.

```
오픈 리스트          [2, 0, [1, 2]], [3, 0, [2, 2]], [4, 0, [3,
```

                    0]], [5, 0, [3, 1]], [6, 1, [0, 0]], [7,
                    1, [0, 1]]]

클로즈드 리스트   [[0, 0, [3, 2]], [1, 0, [0, 2]]]

이것을 계속 반복해서 오픈 리스트가 텅 비면 처리가 끝난다. 종료 시점에서는
클로즈드 리스트에 모든 노드의 접속 관계가 저장된다. 이 정보를 사용하면 게임
트리를 구성할 수 있다. 앞의 예에서는 종료 시점의 클로즈드 리스트에 포함된 노
드의 수는 뿌리 노드를 포함해 86개가 된다.

이와 같이 처리하는 프로그램 nim.py의 실행 예를 **그림 11.C**와 같이 작성했다.
그림에서는 노드의 전개에 따라 오픈 리스트와 클로즈드 리스트가 수정되면서 작
성되는 모습을 볼 수 있다.

```
1   C:\Users\odaka\Documents\>python nim.py
2   openlist  : [[0, 0, [3, 2]]]
3   closedlist: []
    초기 상태
4   openlist  : [[1, 0, [0, 2]], [2, 0, [1, 2]], [3, 0, [2, 2]], [4, 0, [3,
    0]], [5, 0, [3, 1]]]
5   closedlist: [[0, 0, [3, 2]]]
    뿌리 노드 전개 후
6   openlist  : [[2, 0, [1, 2]], [3, 0, [2, 2]], [4, 0, [3, 0]], [5, 0, [3,
    1]], [6, 1, [0, 0]], [7, 1, [0, 1]]]
7   closedlist: [[0, 0, [3, 2]], [1, 0, [0, 2]]]
    노드 ①의 전개 후
8   openlist  : [[3, 0, [2, 2]], [4, 0, [3, 0]], [5, 0, [3, 1]], [6, 1, [0,
    0]], [7, 1, [0, 1]], [8, 2, [0, 2]], [9, 2, [1, 0]], [10, 2, [1, 1]]]
9   closedlist: [[0, 0, [3, 2]], [1, 0, [0, 2]], [2, 0, [1, 2]]]
    노드 ②의 전개 후
10  openlist  : [[4, 0, [3, 0]], [5, 0, [3, 1]], [6, 1, [0, 0]], [7, 1, [0,
    1]], [8, 2, [0, 2]], [9, 2, [1, 0]], [10, 2, [1, 1]], [11, 3, [0, 2]],
    [12, 3, [1, 2]], [13, 3, [2, 0]], [14, 3, [2, 1]]]
11  closedlist: [[0, 0, [3, 2]], [1, 0, [0, 2]], [2, 0, [1, 2]], [3, 0, [2,
    2]]]
    노드 ③의 전개 후
```

●그림 11.C nim.py 프로그램의 실행 예(일부)

연습문제 해답

그림 11.D는 nim.py 프로그램의 소스 리스트를 작성한 것이다. nim.py 프로그램은 문제의 설명에서 나타낸 expand( ) 함수와 오픈 리스트 및 클로즈드 리스트를 출력하는 printlist( ) 함수를 형식 인수로 이용한다. 메인 실행부에서는 처음에 오픈 리스트와 클로즈드 리스트를 초기화하여 초기 상태를 설정한다.

이 부분을 변경하면 서로 다른 설정에 대한 탐색이 가능하다. 탐색의 본체에서는 expand( ) 함수를 사용해 오픈 리스트를 반복적으로 전개하고 오픈 리스트가 텅 비면 탐색을 종료한다.

```
1    # -*- coding: utf-8 -*-
2    """
3    nim.py 프로그램
4    님 게임을 대상으로 한 게임트리 생성 프로그램
5    사용 방법 c:₩>python nim.py
6    """
7    # 형식 인수의 정의
8    # printlist()함수
9    def printlist():
10       """오픈 리스트와 클로즈드 리스트의 출력"""
11       print("openlist  :" , openlist)
12       print("closedlist:" , closedlist)
13   # printlist()함수 끝내기
14
15   # expand()함수
16   def expand(openlist, closedlist):
17       """오픈 리스트의 맨 앞 요소를 전개"""
18       # 글로벌 변수
19       global nodeno
20       # 맨 앞 요소를 꺼낸다
21       firstnode = openlist[0].copy()
```

```python
22      # 전개
23      parentno = firstnode[0]
24      # 각각의 돌더미를 무너뜨린다
25      for i in range(len(firstnode[2])):
26          # i번째의 돌더미에서 돌을 집어내고 j개 남긴다
27          for j in range(firstnode[2][i]):
28              nodeno += 1 # 새로운 노드의 번호
29              newnode = [nodeno, parentno]
30              newnode.append(firstnode[2].copy())
31              newnode[2][i] = j
32              openlist.append(newnode.copy()) # 오픈 리스트의 맨 끝에 추가
33      # 전개 대상 노드의 클로즈드 리스트에 추가
34      closedlist.append(firstnode.copy())
35      # 전개 대상 노드의 오픈 리스트에서 삭제
36      del openlist[0]
37  #expand() 함수 끝내기
38
39  # 메인 실행부
40  # 초기화
41  nodeno = 0 # 게임트리에 포함된 노드번호
42  #openlist = [[0, 0, [2, 1]]] # 초기 상태가 2개인 돌더미 (2 1)의 경우
43  openlist = [[0, 0, [3, 2]]] # 초기 상태가 2개인 돌더미 (3 2)의 경우
44  #openlist = [[0, 0, [3, 2, 1]]] # 초기 상태가 3개인 돌더미 (3 2 1)의 경우
45  closedlist = [ ]
46  printlist()
47
48  # 탐색의 본체
49  while openlist:# 오픈 리스트가 텅 빌 때까지 반복한다
50      # 오픈 리스트의 맨 앞 요소를 전개
51      expand(openlist,closedlist)
52      printlist()
53  print("전개 종료")
54  printlist()
55  # nim.py 끝내기
```

●그림 11.D nim.py 프로그램

제 12 장

인공지능은
어디로 향하는가

마지막인 12장에서는 인공지능의 미래 동향을 고찰하는 데 실마리가 될 만한 이야기를 해보고자 한다.

1장에서도 언급한 '약한 AI'와 '강한 AI'에 대해서는 사고실험인 '중국어 방'을 통해 고찰한다. 그리고 인공지능의 철학적인 측면을 생각할 때 힌트가 되는 '프레임 문제'나 '심벌 그라운딩 문제'에 대해서도 설명한다. 마지막으로 최근 화제가 되고 있는 '싱귤래리티'는 인공지능 연구와 윤리의 관계를 포함해서 살펴본다.

12.1 중국어 방-강한 AI와 약한 AI

1장에서 설명했듯이 인공지능 연구에서는 AI를 어떻게 보는지에 따라 '약한 AI' 와 '강한 AI'라는 두 가지 입장이 있다.

이 책에서는 인간과 같은 생물의 지적 활동에서 힌트를 얻은 소프트웨어 기술 이라는 입장을 취했다. 이것은 약한 AI의 입장이다. 반대로 강한 AI 입장에서 보 는 인공지능의 목표는 생물의 지성을 인공적으로 구현하는 것이다.

둘의 차이를 살펴보기 위한 사고실험으로 철학자 존 설(John Searle)이 제시한 **중국어 방**(Chinese room)이 있다.

중국어 방은 **그림 12.1**에서 보는 것처럼 창이 없는 꽉 막힌 방이다. 방에는 메 모 용지를 넣을 수 있는 작은 창이 열려 있고, 방 안과 밖에 있는 사람은 그 창을 통해 메모 용지를 주고받을 수 있다. 메모 용지를 주고받는 것 이외의 정보교환, 예를 들면 대화나 제스처 등으로 의사를 전달할 수 없다. 이 상황에서는 메모 용 지를 교환하는 것만으로 대화가 성립한다.

우선 메모 용지에 중국어로 질문을 써서 바깥에서 안으로 전달한다. 그러면 메 모 용지에 중국어로 대답을 써서 창문으로 제출한다. 방 밖에서 메모 용지가 교환 되는 상황을 보면 중국어로 대화가 이루어지고 방 안에는 중국어를 이해하는 사 람이 있는 것처럼 보인다.

그러나 이 실험의 설정은 방 안에는 중국어를 전혀 이해하지 못하는 사람이다. 방 안의 사람은 방에 마련된 중국어의 방대한 대답예문집을 사용해 메모를 고쳐 쓰고 있는 것이다. 즉, 주어진 중국어 메모를 읽고 이해하는 것이 아니라 단순히 한자의 문자 형태를 참고하여 대답예문집을 검색해서 해당하는 항목에 적힌 대답 문을 의미도 모른 채 도형처럼 메모 용지에 써넣을 뿐이다.

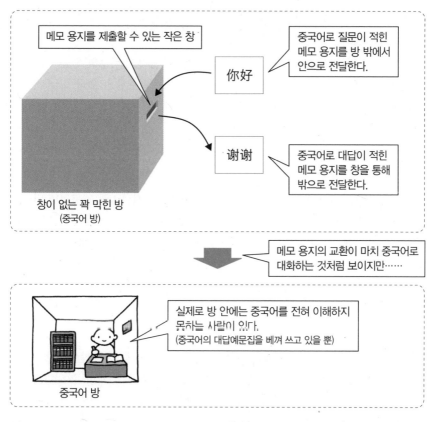

●그림 12.1 중국어 방

중국어 방은 마치 대화라는 고도의 지적인 행동을 하는 것처럼 보이지만 실제로는 전혀 의미를 이해하지 못하는 상황이 설정되어 있다. 방 전체를 컴퓨터로 보고, 방 안의 사람을 CPU, 방대한 중국어 대답예문집을 메모리의 데이터로 간주하면, 중국어 방은 자연어로 대답하는 컴퓨터 시스템과 같은 동작을 한다고 생각할 수 있다. 존 설은 이와 같은 설정을 통해 아무리 자연스럽게 대답하는 컴퓨터 시스템을 완성해도 컴퓨터는 인간과 같이 본질적인 이해가 수반되는 지적 활동은 할 수 없고, 결과적으로 강한 AI의 구현은 불가능하다고 보았다.

중국어 방은 2장에서 설명한 튜링 테스트를 확장한 사고의 실험이다. 튜링 테스트의 취지는 컴퓨터의 행동이 지적이라면 그것을 지성이라고 간주할 수 있다는 주장이다. 그러나 중국어 방은 현재 컴퓨터 시스템의 틀에서 가동하는 컴퓨터 프로그램이 인간과 같은 지성을 발현하지는 못한다는 주장이다.

인공지능 연구의 역사를 돌아보면 지금까지 이루어진 대부분의 인공지능 연구의 목적은 생물의 지능이나 지성을 모델로 해서 공학적으로 도움이 되는 소프트웨어를 만드는 기술 획득에 있었다. 이것은 약한 AI의 입장이고 강한 AI의 구현 가능 여부와는 상관없었다. 그래서 지금까지 대다수의 인공지능 연구자는 강한 AI의 구현을 직접적인 연구 목표로 삼지 않았다.

그러나 최근에 범용 인공지능의 구현을 검토하는 움직임이 인공지능 연구자 사이에서도 나타나기 시작했다. 범용 인공지능의 목표는 지금까지 이루어낸 인공지능 기술의 성과물과는 달리 특정 영역과 상관없이 지적 활동이 가능한 인공지능 기술을 구현하는 것이다. 범용 인공지능 연구는 강한 AI의 연구와 관련이 있어 보인다. 그래서 강한 AI에 관련된 이야기를 조금 더 이어가고자 한다.

12.2 프레임 문제

범용 인공지능은 현실 세계에서 다양한 문제에 유연하게 대처하는 것을 목표로 한 기술이다. 그 구현에는 **프레임 문제**(the frame problem)를 무시할 수 없다.

존 매카시 등이 제창한 프레임 문제는 기호처리적인 인공지능과 인간이 가진 지능의 차이를 지적한 것이다. 존 매카시는 논리에 근거해 추론하는 과정에서 시간의 추이에 따라 어떤 전제조건의 변화 여부를 계산하려고 할 때, 조사 대상이 방대해지다 보니 계산의 결론을 이끌어낼 수 없다는 점을 지적했다.

프레임 문제는 현실 세계에서 행동하는 인공지능에서는 반드시 나타나는 문제이다. 예를 들어 일반 가정에서 공업용 로봇팔로 방을 청소한다고 생각해보자(**그림 12.2**).

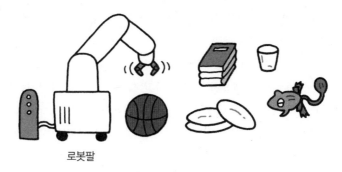

로봇팔

'시간이 지남에 따라 로봇팔의 재질이 변할지 아닐지,
공기의 점성이 변할지 아닐지, 공은 날아올지 아닐지, …'
→ 계산이 끝나면 움직이지 못 한다.

●그림 12.2 로봇팔의 프레임 문제

로봇팔은 스스로 방을 척척 청소할 수 있을 뿐만 아니라 근접 센서에 의해 인간이 다가오면 작업을 일시 정지하기도 한다. 이 정도면 전혀 문제가 없어야 하는데, 방 안에서 놀고 있는 아이들이 던진 배구공이 떨어져 로봇팔에 부딪히면 로봇팔은 뒤집어지고 만다. 공이 떨어지는 것은 전제조건이 아니었기 때문이다.

그래서 공을 피할 수 있게 프로그램을 추가하고 다시 청소를 시작한다. 그러면 이번에는 로봇팔의 시각센서에 빨래가 날아와 시야를 가려서 인식 에러가 발생해 동작이 뒤죽박죽된다. 이것도 예상하지 못한 사건이다.

연이어 발생하는 문제에 대처하면서 게다가 시간의 추이에 따라 로봇팔의 재질 변화나 공기의 점성 변화 유무를 체크하는 등, 생각할 수 있는 모든 대처를 추가한다. 그 결과 로봇팔의 프로그램은 규모가 방대해져서 본래의 청소 작업을 할 수 없게 된다. 이와 같이 공장에서 정해진 장소에서 정해진 작업을 반복하는 단일 기능 인공지능 시스템과 현실 세계에서 다양한 문제에 대처해야 하는 범용 인공지능 시스템은 본질적으로 다루는 문제의 난이도가 다르다.

프레임 문제는 현실 세계에서 여러 가지 문제를 처리하는 인공지능 시스템을 구축하려면 반드시 고민해야 할 문제이다. 단순 작업을 하는 로봇을 현실 세계에서 가동시키는 한 가지 방법으로 인지과학을 들 수 있다. 그러나 인지과학이 프레임 문제를 해결할 수 있다고 단언하기는 어렵다. 예를 들어 보고된 사례로 포섭 아키텍처에 기초를 둔 청소로봇이 공간인식에 실패해 청소하는 방에서 이탈하는 경우도 있다.

거꾸로 인간은 과연 프레임 문제를 해결했는지에 대해서도 생각해보자. 인간은 예상 밖의 현상에 완벽히 대응할 수 있느냐고 물으면 반드시 그렇지는 않다고 대답할 것이다. 만약 인간이 프레임 문제를 해결했다면 교통사고나 산업재해의 대부분은 발생하지 않을 것이다. 인간도 프레임 문제에서 벗어나지 못했기 때문에 자동차가 다가오는 것을 눈치채지 못하거나 기계의 오작동으로 부상을 당하는 것인지도 모른다.

12.3 심벌 그라운딩 문제

심벌 그라운딩 문제(the symbol grounding problem)는 기호로 나타낸 개념과 현실 세계를 어떻게 대응시킬지에 관한 문제이다. 4장에서 설명한 것처럼 기호처리를 기초로 한 인공지능 기술에서는 개념의 레이블인 기호의 의미가 다른 기호와의 관련에 따라 기술된다. 기호 간의 관계를 기술하는 방법으로 의미 네트워크나 프레임 또는 프로덕션 룰이나 술어 등이 있다. 이러한 모든 방법에서 기호의 의미는 다른 기호와의 관계에 의해 기술된다.

이와 비교해 기호로 나타낸 개념을 인간이 어떻게 이해하는지를 생각해보면 다른 기호와의 관계만이 아닌 현실 세계의 경험이나 오감에 근거한 감각과 같이 기호로는 표현할 수 없는 정보를 포함하는 다양한 관계 속에서 그 개념을 이해한다고 여겨진다. 이 상태를 기호가 그라운딩했다고 하는 관점에서, 인공지능 시스템의 지식표현은 그라운딩하지 않았다고 지적하는 것이 심벌 그라운딩 문제이다(그림 12.3).

예를 들어 음식 취향을 인공지능 시스템에 물어볼 경우를 생각해보자. 챗봇과 같은 대화 응답 시스템은 좋아하는 음식과 싫어하는 음식을 사전에 기호적으로 심어두면 인간의 질문에 대해 나름의 대답을 할 수 있다. 그러나 챗봇 시스템이 심벌 그라운딩 방식으로, 즉 '정말로' 음식을 가린다고 생각하기는 어렵다.

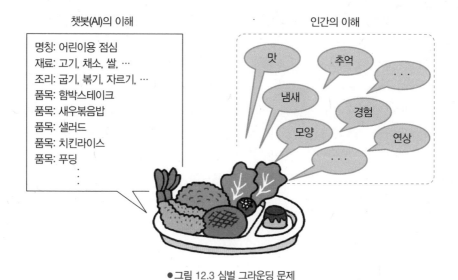

●그림 12.3 심벌 그라운딩 문제

　기호를 그라운딩하기 위해서는 종래의 기호처리 방식의 인공지능이 아닌 현실 세계 속에서 인공지능 시스템을 가동해 인간이 가진 감각계와 운동계를 통한 외부와의 상호작용이 필요해 보인다. 그렇게만 된다면 지금까지 설명한 인공지능 시스템과는 전혀 다른 시스템이 될 수도 있을 것이다.

12.4　싱귤래리티

　마지막으로 **싱귤래리티**(기술적 특이점, technological singularity)라는 인공지능 연구의 윤리적인 문제에 관해 이야기하려고 한다.

　싱귤래리티란 컴퓨터 기술, 특히 인공지능 기술의 발전으로 기계가 가진 지능이 생물의 지능을 뛰어넘을 때 어떤 일이 발생할지 예측할 수 없다는 주장이다. 여기에서 싱귤래리티(특이점)란 본래 수학이나 물리학에서 일반적인 방정식이나 법칙이 성립하지 않는 특수한 좌표를 말한다.

　싱귤래리티를 언제 맞닥뜨릴지에 대한 예상은 다양하고, 일반적으로 널리 알려져 있는 2045년은 그중 하나의 예에 지나지 않는다. 또한 2045년에 벌어질 일에 대해서도 다양한 예측이 있다.

싱귤래리티와 관련해 인간의 직업을 인공지능 시스템한테 **빼앗겨** 사회적인 문제가 될 것이라는 우려는 전문가들도 지적하는 바이다. 또한 가상 세계에서는 싱귤래리티로 지성을 얻어 인류에 반기를 드는 인공지능 시스템이 빈번하게 그려지기도 한다.

이 책의 입장은 단지 싱귤래리티와의 조우만으로 뭔가가 일어날 거라고 보지 않는다. 이 책에서 지금까지 소개한 인공지능 기술은 모두 약한 AI 입장에 기반한 기술이고 생물이 가진 지능 그 자체의 재현이 아닌, 어디까지나 생물의 지적 활동을 시뮬레이션해서 유용한 소프트웨어를 구현하는 데 지나지 않는다. 따라서 이러한 기술의 연장선상에서는 기계가 생물과 비슷한 지성을 획득하는 것과 같은 발전은 불가능하다.

약한 AI의 성과물은 자동차나 잔디 깎는 기계 또는 재봉틀이나 가스레인지와 같이 인공지능이 아닌 공학기술의 성과물과 같은 수준의 위험성은 있을 수 있으나 그 이상으로 위험해질 일은 없다.

그러나 범용 인공지능과 같이 전혀 새로운 기술이 등장하여 발전한다면 약한 AI의 입장과는 완전히 다른 상황이 생길 수도 있다. 그때 문제가 되는 것이 인공지능 연구와 윤리의 관계이다. 현재 범용 인공지능 기술은 존재하지 않지만 애초에 그런 연구가 꼭 필요한 것인지는 생각해 볼 필요가 있다. 그런 연유로 현재 인공지능 연구와 윤리의 문제가 큰 화두로 떠오르고 있다.

지금 인공지능 연구는 주로 약한 AI의 입장에서 이루어지고 있고, 그 연장선상에서는 미래에 알 수 없는 커다란 위험이 도사리고 있다고 생각하기는 어렵다. 그러나 앞으로 인공지능 연구의 동향에 따라서는 완전히 새로운 상황이 발생할 가능성도 부정할 수 없다. 이제는 인공지능 기술이나 연구와 관련된 윤리문제도 고민해야 할 단계에 온 것이다.

참고문헌

제1장 및 책 전반

(1) 인공지능학회 (편) 『인공지능학 대사전』 교리쓰 출판 (2017)

(人工知能学会 (編) 『人工知能学大事典』 共立出版)

인공지능 영역 전반을 다룬 대사전

(2) S.Russell 『Artificial intelligence: A Modern Approach Third Edition』 Pearson Education Limited (2016)

1000페이지가 넘는 분량의 학부 강의용 교과서

제2장

(1) A.M.Turing 『COMPUTING MACHINERY AND INTELLIGENCE』 MIND, vol.59. No. 236, pp.433-460 (1950)

튜링 테스트에 관한 논문. 아래 URL에서 다운로드 가능

https://academic.oup.com/mind/article/LIX/235/433/986238

(2) A PROPOSAL FOR THE DARTMOUTH SUMMER RESEARCH PROJECT ON ARTIFICIAL INTELLIGENCE

다스머스학회 취의서. 아래 URL에서 다운로드 가능

http://www-formal.stanford.edu/jmc/history/dartmouth/dartmouth.html

(3) J. Weizenbaum 『ELIZA-A Computer Program for the Study of Natural Language Communication between Man and Machine』 Communication of the ACM, Vol.9, No.1 (1966)

ELIZA에 관한 논문

(4) SHRDLU

http://hci.stanford.edu/~winograd/shrdlu/

SHRDLU에 관한 웹 사이트

(5) B. Buchanan [저], E. Shortliffe [편] 『Rule-Based Expert Systems: TheMYCIN Experiments of the Stanford Heuristic Programming Project』

http://www.aaaipress.org/Classic/Buchanan/buchanan.html

MYCIN에 관한 web 자료

(6) D.Silver et al. 『Mastering the game of Go without human knowledge』 Nature, Vol. 550, pp.354-359 (2017)

AlphaGoZero에 관한 논문

(7) http://image-net.org/challenges/talks_2017/ILSVRC2017_overview.pdf

ILSVRC에서 이미지 인식기술의 추이를 설명한 pdf

제3장·제5장·제6장

(1) I. Goodfellow and Y. Bengio 「Deep Learning」 MIT Press (2016)

http://www.deeplearningbook.org/

딥러닝의 원리와 응용에 관한 교과서

(2) 아소 히데키 외 (저) 『딥러닝 Deep Learning (감수: 인공지능학회)』 근대과학사 (2015)

(麻生英樹 他 『深層学習 Deep Learning (監修 : 人工知能学会)』 近代科学社 (2015))

인공지능학회지에 게재된 딥러닝을 소개하는 해설을 정리한 책

(3) 오카다니 다카유키 (저) 『딥러닝 (머신러닝 프로페셔널 시리즈)』 고담사 (2015)

(岡谷貴之 『深層学習 (機械学習プロフェッショナルシリーズ』 講談社 (2015))

CNN, RNN, LSTM 등에서 언급한 책

(4) 사이토 고키 (저), 개앞맵시 (옮김) 『밑바닥부터 시작하는 딥러닝』 한빛미디어 (2017)

(斎藤康毅 『ゼロから作る Deep Learning=Pythonで学ぶディープラーニングの理論と実装』 オ
ライリージャパン (2016))

딥러닝 알고리즘의 구현을 상세하게 해석한 책

(5) Christopher Bishop 『패턴 인식과 머신러닝-베이즈 정리에 의한 통계학적 예측』 스프
링거 제팬 (2008)

(『パターン認識と機械学習 ベイズ理論による統計的予測』 シュプリンガー · ジャパン(2008))

{Christopher Bishop 「Pattern Recognition and Machine Learning」 Springer-Verlag,
2006}

딥러닝의 이론적 측면을 다룬 교과서

(6) 오다카 도모히로 『머신러닝과 딥러닝 -C언어에 의한 시뮬레이션』 옴사 (2016)

(小高知宏 『機械学習と深層学習-C言語によるシミュレーション-』 オーム社 (2016))

머신러닝의 알고리즘과 언어에 의한 구현을 다룬 입문서

(7) 오다카 도모히로 『머신러닝과 딥러닝 -Python에 의한 시뮬레이션』 옴사 (2018)

(小高知宏 『機械学習と深層学習-Pythonによるシミュレーション-』 オーム社 (2018))

(6)의 Python 판

(8) S. Hocheriter and J.Shmidhuber 「LONG SHORT-TERM MEMORY」 NERURAL
COMPUTATION Vol.9, No.8, pp.1735-1780 (1997)

LSTM을 최초로 제안한 논문

(9) T. 코흐넨『자기조직화맵』Springer-Verlag 도쿄 (1996)

(T. Kohenen『自己組織化マップ』シュプリンガー・アェアラーク 東京 (1996))

자기조직화맵의 제안자가 쓴 책

제4장

(1) P.Henry Winston『Artificial Intelligence』Addison Wesley; 3판 (1992)

발간 당시까지의 인공지능 기술을 집대성한 교과서

제7장

(1) 무네토모 마사하루 (저)『유전적 알고리즘: 그 이론과 최첨단 방법』모리기타 출판 (2015)

(棟朝雅晴『遺伝的アルゴリズム：その理論と先端的手法』森北出版 (2015))

유전적 알고리즘에 관한 정보를 입수하기 쉬운 책

(2) 이바 히토시 (저)『C에 의한 탐색 프로그래밍 – 기초부터 유전적 알고리즘까지』옴사 (2008)

(伊庭斉志『Cによる探索プログラミング─基礎から遺伝的アルゴリズムまで』オーム社 (2008))

유전적 알고리즘에 관한 정보를 입수하기 쉬운 책

(3) 아지스 알브라함, 크리나 그로산, 라모스 빅토르노 (편) 구리하라 사토시, 후쿠이 겐이치 (옮김)『떼지능과 데이터마이닝』도쿄전기대학 출판사 (2012)

(栗原聡, 福井健一 (訳)『群知能とデータマイニング』東京電機大学出版局 (2012))

{Abraham, Ajith (EDT), Grosan, Crina (EDT), Ramos, Vitorino (EDT)『Swarm Intelligence in Data Mining』Springer-Verlag New York Inc, 2007}

떼지능에 관한 정보를 입수하기 쉬운 책

제8장

(1) MeCab: Yet Another Part-of-Speech and Morphological Analyzer
http://taku910.github.io/mecab/
형태소분석기 MeCab의 웹 사이트

(2) 가와하라 다쓰야 (편저)『음성인식 시스템』옴사 (2016)

(河原達也 (編著)『音声認識システム』オーム社 (2016))

통계적 언어처리나 딥러닝의 응용까지 다룬 음성인식에 관한 교과서

(3) 히로세 게이키치『음성·언어처리』코로나사 (2015)

(広瀬啓吉『音声·言語処理』コロナ社 (2015))

자연어처리와 음성어처리에 관한 교과서

(4) C. 필모 (저) 다나카 하루미, 후나키 미치오 (옮김)『격문법의 원리 – 언어의 의미와 구조』산세이도 (1975)

(田中春美, 船城道雄 (訳) 『格文法の原理-言語の意味と構造』三省堂 (1975))

{Charles J. Fillmore, 「The Case for Case」In Bach and Harms (Ed.): Universals in Linguistic Theory. New York: Holt, Rinehart, and Winston, 1968}

제창자인 필모가 쓴 격문법에 관한 해설서

(5) C. Manning and H. Schuetze 「Foundations of Statistical Natural Language Processing」 The MIT Press (1999)

통계적 자연어처리에 관해서 망라한 책

제9장

(1) 이미지 정보교육 진흥협회 『디지털 이미지처리 개정신판』 이미지 정보교육 진흥협회 (2015)

(画像情報教育振興協会 『ディジタル画像処理 改訂新般』画像情報教育振興協会 (2015))

이미지 처리기술을 체계적으로 해설한 교과서

제10장

(1) Joel L. Schiff (저) 우메오 히로시 외 (옮김) 『셀룰러 오토마타』 교리쓰 출판 (2011)

(梅尾博司 他 (訳) 『セルオートマトン』共立出版 (2011))

{Joel L.Schiff 「Cellular Automata: A Discrete View of the World」Wiley-Interscience, 2008}]

(2) S.Wolfram 「A New Kind of Science」Wolfram Media Inc (2002)

셀룰러 오토마타를 중심으로 한 과학의 존재 양상에 관해 이야기하는 1200페이지를 넘는 대작

(3) R. Pfeifer, Chlistian Scheier (저) 호소다 코우, 이시구로 아키오 (옮김) 『지의 창조-인지 과학으로의 초대』 교리쓰 출판 (2001)

(細田耕, 石黒章夫 (訳) 『知の創造-新体性認知科学への招待』共立出版 (2001))

{R. Pfeife, Chlistian Scheier 「Understanding Intelligence」A Bradford Book, 2001}

인지과학에 관한 입문서

제11장

(1) 마쓰바라 진 (편저) 『컴퓨터 장기의 진보6-프로기사와 견주다』 교리쓰 출판 (2012)

(松原仁 (編著) 『コンピュータ将棋の進歩６－プロ棋士に並ぶ』共立出版 (2012))

딥러닝 입문 이전의 장기 AI 플레이어에 관한 자료

(2) 요시조에 가즈키, 야마시타 히로시, 마쓰바라 진 (편) 『컴퓨터 바둑-몬테카를로 방법 의 이론과 실천』 교리쓰 출판 (2012)

(美添 一樹, 山下宏, 松原仁 (編) 『コンピュータ囲碁ーモンテカルロ法の理論と実践』 共立出版 (2012))

AlpaGo 이전의 바둑 AI 플레이어에 관한 자료

(3) M.Campbell, A. Hoane Jr. and F. Hsu 「Deep Blue」 Artificial intelligence, Vol. 134, pp.57-83 (2002)

Deep Blue의 구성에 관한 자료

(4) Stephen Baker (저), 쓰치야 마사오(옮김) 『IBM 기적의 왓슨 프로젝트』 하야가와쇼보 (2011)
(土屋政雄(訳) 『IBM 奇跡の"ワトソン"プロジェクト』 早川書房 (2011))

{이창희 (역) 『왓슨 인간의 사고를 시작한다』 세종서적 (2011)}

{Stephen Baker 「Final Jeopardy : man vs. machine and the quest to know everything」 Houghton Mifflin Harcourt, 2011}

Watson의 개발 과정을 그린 다큐멘터리. 책 제목에서 받는 인상과 달리 기술적인 측면에 대해서도 언급한다.

제12장

(1) J. Searle 「Minds, brains, and programs」 Behavioral and Brain Sciences, Vol. 3, No.3, pp.417-457 (1980)

중국어 방에 관한 논문

(2) J. MaCarth and P. Hayes 「SOME PHILOSOPHICAL PROBLEMS FROM THE STANDPOINT OF ARTIFICIAL INTELLIGENCE」 Machine Intelligence, Edinburgh University Press (1969)

프레임 문제를 제창한 논문. 다음 링크로 참조 가능

http://www-formal.stanford.edu/jmc/mcchay69/mcchay60.html

(3) 인공지능학회 윤리위원회

http://ai-elsi.org/

인공지능학회 윤리위원회의 설립 취지나 인공지능학회의 윤리지침 등을 게재

찾아보기

기초부터 배우는 **인공지능**

2021. 3. 8. 초 판 1쇄 인쇄
2021. 3. 15. 초 판 1쇄 발행

지은이 | 오다카 토모히로(小高知宏)
감 역 | 이강덕
옮긴이 | 양지영
펴낸이 | 이종춘
펴낸곳 | **BM** ㈜도서출판 **성안당**

주소 | 04032 서울시 마포구 양화로 127 첨단빌딩 3층(출판기획 R&D 센터)
10881 경기도 파주시 문발로 112 파주 출판 문화도시(제작 및 물류)

전화 | 02) 3142-0036
031) 950-6300

팩스 | 031) 955-0510
등록 | 1973. 2. 1. 제406-2005-000046호
출판사 홈페이지 | www.cyber.co.kr
ISBN | 978-89-315-8281-9 (93000)
정가 | **18,000원**

이 책을 만든 사람들
책임 | 최옥현
진행 | 김혜숙
교정 · 교열 | 김연숙
본문 디자인 | 임진영
표지 디자인 | 박원석
홍보 | 김계향, 유미나
국제부 | 이선민, 조혜란, 김혜숙
마케팅 | 구본철, 차정욱, 나진호, 이동후, 강호묵
마케팅 지원 | 장상범, 박지연
제작 | 김유석

■ 도서 A/S 안내

성안당에서 발행하는 모든 도서는 저자와 출판사, 그리고 독자가 함께 만들어 나갑니다.
좋은 책을 펴내기 위해 많은 노력을 기울이고 있습니다. 혹시라도 내용상의 오류나 오탈자 등이 발견되면 **"좋은 책은 나라의 보배"**로서 우리 모두가 함께 만들어 간다는 마음으로 연락주시기 바랍니다. 수정 보완하여 더 나은 책이 되도록 최선을 다하겠습니다.
성안당은 늘 독자 여러분들의 소중한 의견을 기다리고 있습니다. 좋은 의견을 보내주시는 분께는 성안당 쇼핑몰의 포인트(3,000포인트)를 적립해 드립니다.

잘못 만들어진 책이나 부록 등이 파손된 경우에는 교환해 드립니다.